Gert Jugert | Hedwig Jugert | Peter Notz
Fit für kulturelle Vielfalt

W0062680

Pädagogisches Training

Gert Jugert | Hedwig Jugert | Peter Notz

Fit für kulturelle Vielfalt

Training interkultureller Kompetenz
für Jugendliche

Die Autorin/die Autoren

Gert Jugert, Jg. 1940, Dr. phil., Dipl.-Psych., ist Gründer und wissenschaftlicher Berater des „Bremer Institut für Pädagogik und Psychologie" (www.bipp-bremen.de). Schwerpunkte: Soziales und interkulturelles Lernen, Prävention, Supervision, Fort- und Weiterbildung.

Hedwig Jugert, Jg. 1944, Dipl.-Psych., Psychologische Psychotherapeutin. Derzeitiger Schwerpunkt: Therapie mit traumatisierten Flüchtlingen.

Peter Notz, Jg. 1960, Dipl.-Psych., in beratender Funktion innerhalb einer Jugendhilfeeinrichtung tätig. Schwerpunkt: Beratung, Streitschlichtung, Selbstregulierung, Evaluation.

Kontakt
E-Mail: Gert.Jugert@gmail.com

Bibliografische Information der Deutschen Nationalbibliothek
Die Deutsche Nationalbibliothek verzeichnet diese Publikation in der Deutschen Nationalbibliografie; detaillierte bibliografische Daten sind im Internet über http://dnb.d-nb.de abrufbar.

Das Werk einschließlich aller seiner Teile ist urheberrechtlich geschützt. Jede Verwertung außerhalb der engen Grenzen des Urheberrechtsgesetzes ist ohne Zustimmung des Verlags unzulässig und strafbar. Das gilt insbesondere für Vervielfältigungen, Übersetzungen, Mikroverfilmungen und die Einspeicherung und Verarbeitung in elektronischen Systemen.

© 2014 Beltz Juventa · Weinheim und Basel
www.beltz.de · www.juventa.de
Satz und Herstellung: Ulrike Poppel
Illustrationen: Anne Rieken, Bremen · Lisa Jugert, Los Angeles · Holger Fischer, Aurich
Druck und Bindung: Beltz Bad Langensalza GmbH, Bad Langensalza
Printed in Germany

ISBN 978-3-7799-2149-3

Vorwort

We must learn to live together
as brothers or perish together as fools.
Martin Luther King, Jr.

Seit Erscheinen des Buches „Fit for Differences" (2006) ist eine Reihe von Jahren vergangen. Mit ihnen haben sich manche Befindlichkeiten der deutschen Gesellschaft geändert:

Die Themen Migration und Migranten[1] aus den Ländern der Europäischen Union und aus aller Welt werden nicht mehr so aufgeregt diskutiert, der Islam als die Religion eines großen Teils der in Deutschland lebenden Migranten nicht mehr so heftig angegriffen. 18 Prozent der Studenten in Deutschland haben einen Migrationshintergrund. Wie es scheint, sind die Migranten zu einem mehr oder weniger selbstverständlichen Bestandteil der deutschen Gesellschaft geworden.

Und doch gibt es immer wieder Erschütterungen dieser relativen Ruhe durch fremdenfeindliche Verbrechen und widersprüchliche Maßnahmen der zuständigen Behörden. Ein demokratisches Land wie Deutschland, das der UNO-Menschenrechtskonvention verpflichtet ist, wäre gut beraten, sein Bemühen um Chancengleichheit, Inklusion, Partizipation und eine wirksame interkulturelle Bildung zu verstärken.

Ziel des vorliegenden Buches ist die Förderung von Partizipation aller gesellschaftlichen Gruppen an den Ressourcen der Gesellschaft, angefangen mit der gleichberechtigten Teilhabe, Fürsorge und Akzeptanz im Bildungsbereich. Wie bekannt, sind gleiche Chancen noch nicht gewährleistet. Deutschland hat dank seines traditionellen dreigliedrigen Schulsystems einen unverhältnismäßig großen Anteil von Schülern aus der sozialen Unterschicht, einschließlich eines großen Anteils von Migranten, die keinen qualifizierten Schulabschluss erreichen. Das führt bei den betroffenen Jugendlichen zu einer geringeren Chance, einen Ausbildungsplatz zu erlangen mit allen daraus resultierenden politischen, sozialen und persönlichen Folgen.

Neben humanen Gründen sollte ein Land wie Deutschland aus weiteren Gegebenheiten wie demografischer Wandel, Globalisierung, Migration, Transkulturalisierung, Zukunfts- und Innovationsfähigkeit sowie aus gesellschaftlicher Verantwortung entschlossen Bildungs- und Partizipationsgleichheit fördern (Karakaşoğlu, Gruhn & Wojciechowicz, 2011).

Hier nun setzt „Fit für kulturelle Vielfalt" als Training interkultureller und sozialer Kompetenz für Jugendliche an. Durch gezielte Förderung der Selbstsicherheit, Selbstwirksamkeit, Lern- und Leistungsmotivation sowie der sozialen und interkulturellen Kompetenz wird die Chance der benachteiligten Jugendlichen verbessert, einen Schulabschluss zu erlangen und eine Berufsbildung zu absolvieren. Daneben verfolgt das Training interkultureller Kompetenz das Ziel, die Jugendlichen aus allen gesellschaftlichen Schichten durch bewusste interkulturelle Bildung auf das Leben in der gesellschaftlichen Diversität und der globalen Welt zu sensibilisieren und vorzubereiten. Das vorliegende Verhaltenstraining für interkulturelle und soziale Kompetenz spricht ein bestimmtes Alter, das der Jugendlichen von etwa zwölf bis 18 Jahren an. In diesem Alter ist man für die Beschäftigung mit dem Thema generell offen. Jugendliche sind an den Fragen von Schulabschluss, Berufswahl und -ausbildung interessiert und fühlen sich davon besonders angesprochen.

Das Buch „Fit für kulturelle Vielfalt" ist auf der Basis des Manuals „Fit for Differences" gründlich überarbeitet und erweitert worden. Die Autoren haben dem Umstand Rechnung getragen, dass heute in Schulklassen und anderen Gruppen in den meisten Fällen Migranten und Deutsche

---

1 Wegen der besseren Lesbarkeit benutzen wir in unserem Buch durchgehend die maskuline Form, das heißt, wir sprechen von Lesern, Sozialpädagogen, Lehrern, Schülern, Trainern usw.

mit Migrationshintergrund zahlreich vorhanden sind. Ebenso folgen sie der Erkenntnis, dass für die Heranwachsenden außer dem Wahrnehmen und Verstehen von Differenzen zwischen sich und den „Anderen" auch gemeinsame Erfahrungen in gemeinsamen Gruppen wichtig und notwendig sind.

Seit seinem Erscheinen im Jahr 2006 ist das Training „Fit for Differences" in unterschiedlichen Institutionen wie Schule, Berufsschule, Förderschule, Jugendhilfeeinrichtung, Jugendbildungsinstitution, Jugendkreis von Kirchengemeinden, Jugendberufshilfe, Jugendgerichtshilfe, Berufsbildungswerk, Jugendarbeit von Jugendämtern, Bildungseinrichtung der Gewerkschaft, Berufsvorbereitung der Wirtschaftsakademien usw. durchgeführt worden. Diese verbreitete und vielfältige Anwendung hat uns gezeigt, dass interkulturelle Bildung von vielen Menschen und Kräften der Gesellschaft gewollt, gefördert und durchgeführt wird. Sie zeigt uns außerdem, dass sie generell als präventiv wirksam und nachhaltig effektiv beurteilt wird. Unter www.bipp-bremen.de findet der interessierte Leser Hinweise zur autorisierten Fortbildung zum Trainer „Fit für kulturelle Vielfalt".

Nach dem Ausscheiden von Frau Dipl.-Psychologin Sevim Kabak aus dem Autorenteam ist Frau Dipl.-Psychologin Hedwig Jugert, die vorwiegend das kulturtheoretische Kapitel 1 verfasst hat, hinzugekommen.

Wir danken ganz besonders:
Frau Dipl.-Ökonomin *Marina Geneviève Alvares-Wegner*, B.A., Dozentin für Interkulturelles Management an der Hochschule Emden und der Universität Oldenburg für das Lesen, Kommentieren und Korrigieren des ersten Kapitels,
Frau Dipl.-Psychologin *Lalitha Chamakalayil*, B.A., Pädagogische Hochschule Freiburg i. Br. für kritische Hinweise zur Theorie und Praxis des „Fit for Differences",
Herrn *Dr. Philipp Jugert*, Dipl.-Psychologe, MA, Universität Leipzig, für seine Kommentare, Anregungen und Korrekturen zum vorliegenden Buch.

Wie immer freuen wir uns über Kritik und Rückmeldung zum Buch und zur Trainingspraxis.

Bremen, 2014
Gert Jugert, Hedwig Jugert, Peter Notz

Inhalt

Teil III
Anhang

Teil I
Grundlagen

1. Kultur, Interkultur und interkulturelles Training

Eine interkulturelle Orientierung im Bildungswesen wird bereits seit der Kultusministerkonferenz (1996) als Notwendigkeit hervorgehoben. Die erforderlichen institutionellen Strukturen, Konzepte und Lernziele sind jedoch noch immer nicht ausreichend etabliert. Das vorliegende Training interkultureller Kompetenz für Jugendliche stellt einen Baustein zur Verfügung, um Schülern, Jugendlichen und Pädagogen Kompetenzen der interkulturellen Kommunikation und Kooperation zu vermitteln. Während bisher die interkulturellen Trainings überwiegend auf subjektiven Theorien basieren, leitet das vorliegende Training seine Konzepte, Inhalte, Ziele und Methoden aus der Lern- und Kulturtheorie, sowie aus Theorien der interkulturellen Kommunikation, des sozialen, erfahrungsbasierten und reflektierenden Lernens ab.

1.1 Warum ist ein Training interkultureller Kompetenz für Jugendliche notwendig?

Die Prozesse der Migration, der kurzfristigen oder langfristigen Mobilität und des internationalen Austausches führen zur kulturellen Vielfalt in unseren Gesellschaften. Es sind vielfältige Lebenswelten entstanden, in denen eine gesteigerte Sensibilität sowie kontext- und situationsübergreifende Kompetenzen zur Bewältigung der Interaktions- und Kommunikationsprobleme notwendig sind. Exemplarisch sei hier die Selbstreflexion zur Reduzierung der ethnozentrischen Orientierung genannt. Vielfalt oder Diversität sowohl zwischen als auch innerhalb von Kulturen ist, wie etwa bei der Zusammenarbeit von unterschiedlichen Berufsgruppen wie Geistes- und Naturwissenschaftlern in einem Team, heute normal.

Bisher wurde in der Öffentlichkeit und Fachliteratur das Thema „Interkulturelle Kompetenz" vorwiegend im wirtschaftlichen Kontext behandelt. Der Erwerb der erforderlichen Schlüsselkompetenzen kann heute nicht allein auf die Qualifikation von Managern weltweit agierender Unternehmen beschränkt werden, sondern muss zum Bildungsziel für alle gehören. Es ist eine soziale und pädagogische Aufgabe, die Kompetenzen zum Umgang mit kultureller Vielfalt früh zu fördern. „Vor allem gehört dazu, einen klar umrissenen und vor allem selbstbewussten Standpunkt in Bezug auf kulturelle Vielfalt und interkulturelles Handeln vertreten zu können. Nur so lässt sich verhindern, dass eine Akzeptanz der gleich(berechtigten) Gültigkeit unterschiedlicher kultureller Positionen in Gleichgültigkeit, in ein ‚anything goes', umschlägt" (Bolten, 2007, S. 5 f).

Migrationsbewegungen gehen in unserem Land in beide Richtungen – nach Deutschland und von Deutschland in andere Länder. Somit ist der Erwerb der interkulturellen Kompetenz für alle von Vorteil, sowohl für die Ein- und Auswanderer als auch für die Zuhausegebliebenen. Es ist notwendig, sich von den historisch überkommenen Prozessen der Ausgrenzung zu lösen und den Weg für die erforderlichen konstruktiven und ressourcenorientierten Prozesse der interkulturellen Interaktion frei zu machen. Migranten müssen besondere Flexibilität und Kompetenz entwickeln, um sich im pluralen Kontext zurechtzufinden. Eine ihrer herausragenden Kompetenzen ist ihre Mehrsprachigkeit. 90 Prozent der Einwanderungskinder wachsen zwei- oder dreisprachig auf. Mehrsprachigkeit ist eine Chance und ein Muss in der globalisierten Welt. Diese Ressource der mehrsprachigen Kinder wird in Schulen und Kindertageseinrichtungen jedoch bislang kaum systematisch gefördert, nicht einmal durchweg respektiert.

Ziel eines Trainings interkultureller Kompetenz im sozialen und pädagogischen Bereich ist, die Vielfalt in den menschlichen Lebenswelten positiv zu bewerten und zu gestalten. Der Lernprozess muss im gesamten Bildungssystem früh beginnen, wenn die Kinder noch relativ unbefangen miteinander umgehen und Freundschaften schließen (Jugert, 2009). Lehrer sind gegenüber den Schülern die Rollenmodelle für interkulturelle Kompetenz und sollten daher über einen ausreichenden theoretischen und praktischen Hintergrund verfügen (Thijs & Verkuyten, 2013). Dies macht die Fortbildung und Sensibilisierung der Lehrer und anderer pädagogischer Fachkräfte notwendig.[2] Entsprechend dem „Modelllernen" gilt: „Wenn relevante Bezugspersonen und Bezugsgruppen die interkulturelle Begegnung unterstützen, dann werden die gesellschaftlichen Werte und Normen und die darauf aufbauende soziale Praxis für interkulturelles Handeln eine anerkennende und motivierende Atmosphäre schaffen, die Auswirkungen auf die Entwicklung interkultureller Lern- und Verstehensprozesse und die Förderung interkultureller Kompetenz haben" (Thomas, 2003 b, S. 148, Abs. 64). Ein Training interkultureller Kompetenz ist für die Schule im doppelten Sinn von Vorteil: Zum einen schaffen sich Lehrkräfte durch entsprechende Fortbildungsangebote eine Basis für interkulturelle Bildung und Kompetenz in gemeinsamen Erfahrungen und Reflexionen. „Developing the intercultural competence of young people ... requires a core of teachers and teachers educators who have not only attained this sensitivity and skills themselves but are also able to transmit this to the young people in their charge" (Cushner & Mahon, 2009, S. 304). Zum anderen werden durch das Training interkultureller Kompetenz die Schülerinnen und Schüler gleichzeitig in ihrer sozialen Kompetenz gefördert, denn ein Training interkultureller Kompetenz, wie es hier konzipiert ist, hat Ähnlichkeiten und Überschneidungen mit einem Training sozialer Kompetenz. „Es hat sich gezeigt, dass eine interkulturell kompetente Person auch generell sozial kompetent ist" (Thomas, 2003b, S. 142). Das Training interkultureller Kompetenz erfordert darüber hinaus eine eigenständige Struktur und Methodik zur Förderung der interkulturellen Kompetenz und Sensibilisierung. Eine regelmäßige, bewusste Durchführung von Trainingssequenzen ist erforderlich, um die interkulturelle Kompetenz zu lehren, zu erlernen, zu erproben und zu erhalten (Niedersächsisches Landesinstitut für schulische Qualitätsentwicklung, 2011). Das vorliegende Training für Jugendliche soll ein Baustein innerhalb der interkulturellen und sozialen Erziehung sein. Jugendliche stehen insbesondere am Beginn des Arbeitslebens vor der Herausforderung, sich in einer Umgebung zurechtzufinden, in der Menschen mit verschiedenen Denkmustern, Wertvorstellungen und Kommunikationsstilen zusammentreffen. Sie befinden sich mitten in ihrer Persönlichkeits- und Identitätsfindung, die eng mit ihren sozialen Interaktionen verflochten ist. Kulturelle Selbstsicherheit und Identität erfordert es, sich der Besonderheiten der eigenen sowie fremder Kulturen bewusst zu sein, Gemeinsamkeiten und Unterschiede wahrzunehmen und zu reflektieren.

> Das vorliegende Training greift die wichtigsten notwendigen Fertigkeiten zum Erwerb interkultureller Kompetenz heraus, fördert sie bei den Jugendlichen und bereitet modellhaft auf die Interaktion in interkulturellen und sozialen Situationen vor.

---

2 Autorisierte Fortbildungen werden angeboten über: www.bipp-bremen.de. Das „bipp" hat ausgebildete Dozenten für die Fortbildung.

1.2 „Kultur", „Interkultur", „Transkultur", „Kulturelle Vielfalt"

Der folgende Diskurs zum Kulturbegriff ist eine Annäherung an eine definitorische Klärung zum Zweck der Anwendung und des Erwerbs interkultureller Kompetenz, wie sie im vorliegenden Training vermittelt werden soll.[3]

Im psychologischen Sinn ist Kultur ein Orientierungssystem, das einem Menschen hilft, sich in seiner Umgebung zurechtzufinden, Ereignisfolgen und komplexen Prozessabläufen sowie Verhaltenssequenzen Bedeutung und Sinn zu verleihen (Thomas, 2003a). „Kultur" ist ein Ergebnis der Handlungen von Individuen, die aufgrund ihrer kognitiven Muster und Ressourcen mit ihrer Umgebung interagieren, sie dabei beeinflussen und verändern. Kulturen unterscheiden sich in ihren kollektiven Zielen, Methoden und Werten (Treichel, 2011). Der Begriff „Kultur" ist mehrdeutig und wurde im Laufe der Geschichte auf sehr unterschiedliche Weise definiert und bewertet. Noch bis heute werden antiquierte Kulturbegriffe benutzt, die annehmen, „Kultur" sei so etwas wie eine umgrenzte Insel, Zelle oder Kugel, und als gäbe es eine mehr oder weniger unüberbrückbare Bruchlinie zwischen den Kulturen.[4] Die wissenschaftlichen Konzepte von „Kultur" bewegen sich erst ab den 1990er Jahren von den statischen, ethnozentrischen und hierarchischen Wertungen, in denen zum Beispiel „hoch kultivierte" von „weniger kultivierten" unterschieden wurden, weg und hin zu einem „erweiterten" oder „lebensweltlich orientierten" Kulturbegriff (Bolten, 2007). Mit diesem erweiterten Kulturbegriff wird „Kultur" als ein sich permanent entwickelnder und damit sich verändernder dynamischer Prozess beschrieben. Zu diesem Prozess gehören „über Kunst und Literatur hinaus auch Lebensformen, Formen des Zusammenlebens, Wertesysteme, Traditionen und Überzeugungen" (UNESCO, 2001). Kultur wird begriffen als Lebenswelt einer sozialen Gruppe oder Gemeinschaft, die durch ähnliche Interaktionsmuster, Normen, Werte, Praktiken und Gewohnheiten gekennzeichnet ist und die sich auf der Grundlage einer gemeinsamen Wissens- und Erfahrensbasis weiterentwickelt (Lott, 2010). Innerhalb einer Kultur nehmen die Individuen eine aktive Rolle ein, mit der sie den Kulturprozess gestalten, interpretieren und in Interaktion mit anderen und ihrer Umwelt permanent verändern (Berry & Poortinga, 2006). Jede Person gehört gleichzeitig unterschiedlichen Lebenswelten mit differenten Interaktionsanforderungen an – schulischen, organisatorischen, fachlichen, freundschaftlichen, familiären usw. Soziale Strukturen und kulturelle Normen überlagern sich. Wie ein Mitglied einer kulturellen Gruppe sich definiert und wahrnimmt, beziehungsweise welches kulturelle Identitätsgefühl es hat, wird in einer wechselseitigen Interaktion nicht nur durch Mitglieder der eigenen kulturellen Gruppe beeinflusst, sondern auch durch Einstellungen, die es bei anderen Gruppen wahrnimmt und durch Verhalten, das ihm entgegengebracht wird (Lott, 2010). Unter den Bedingungen der Globalisierung hat sich die Vorstellung einer geschlossenen und homogenen Einheit von Raum, Gruppe und „Kultur" als Fiktion erwiesen.[5] „Jede Kultur stellt ein Produkt interkultureller Prozesse dar" (Bolten, 2007, S. 14). Die Grenzen zwischen dem Eigenen und dem Fremden verwischen (wie wir es etwa bei den Menüs in Restaurants oder den technischen Innovationen sehen). Die menschlichen Lebenswelten sind heterogen und miteinander vernetzt. Kultur ist ein reziproker, sich ständig wandelnder Prozess. „Interkulturelle Kompetenz", wie sie im vorliegenden Buch verstanden wird, geht von einem solchen prozessualen, dynamischen Kulturverständnis aus. Kultur bezieht jede Form sozialer Netzwerke mit ein. Das Netzwerk ist offen und reziprok, um Einflüsse von außen aufzunehmen und eigene Einflüsse nach außen geltend zu machen.

---

3 Der Begriff „Kultur" und die nachfolgenden Kulturbegriffe werden so beschrieben, wie sie diesem Buch zugrunde liegen und erheben nicht den Anspruch wissenschaftstheoretischer und terminologischer Vollständigkeit. Die Definitionen sind ohnehin nicht einheitlich, denn es gibt Konzeptualisierungen aus philosophischer, historischer, linguistischer, soziologischer, psychologischer, pädagogischer und anthropologischer Sicht. Ebenso wird auf die Debatte über Kulturgebundenheit („culturebound") oder Universalität („culturefree") menschlichen Handelns verzichtet.

4 Herders Modell von „Kugeln" (1774) beinhaltet eine interne Homogenität und eine klare Abgrenzung nach außen (Herder, 1957).

5 Faktisch gab es in der Geschichte der Menschheit immer schon den Austausch zwischen den Kulturen. Das „Interkulturelle", das dabei entstanden ist, wurde im Laufe der Zeit fortwährend in die jeweiligen Kulturen integriert und damit zum eigenen Kulturbestandteil. Beispielsweise wurden durch diesen Austausch Erfindungen – wie etwa das Rad – weitergegeben und weltweit zum Nutzen aller verbreitet (Földes, 2009).

Storti (2009) skizziert den sichtbaren und unsichtbaren Anteil von „Kultur" im folgenden „Eisbergmodell". Man begegnet nicht einer Kultur, sondern Formen ihres wahrnehmbaren Verhaltens. Die sichtbare Ebene ist wahrnehmbar und beschreibbar. Sie ist Zeichen eines historisch gewachsenen Systems von Einstellungen, Werten, Normen usw., das im „unsichtbaren" Teil verankert ist. Um ein Verhalten richtig interpretieren zu können, muss man die Werte, Normen und Annahmen, die diesem Verhalten zugrunde liegen (die nicht sichtbar sind), kennen oder kennen lernen. So können einem Arbeitsteam in unterschiedlichen kulturellen Kontexten ganz verschiedene Annahmen über den Teamgeist zugrunde liegen (etwa, ob man Emotionen zeigt oder rein sachbezogen argumentiert). Kompetente interkulturelle Kommunikation hat die Aufgabe, das „Unsichtbare" sensibel herauszuarbeiten.

Abbildung 1: Eisbergmodell: „Die Elemente einer Kultur" (nach Storti, 2009, S. 274 und Bolten, 2007, S. 21)

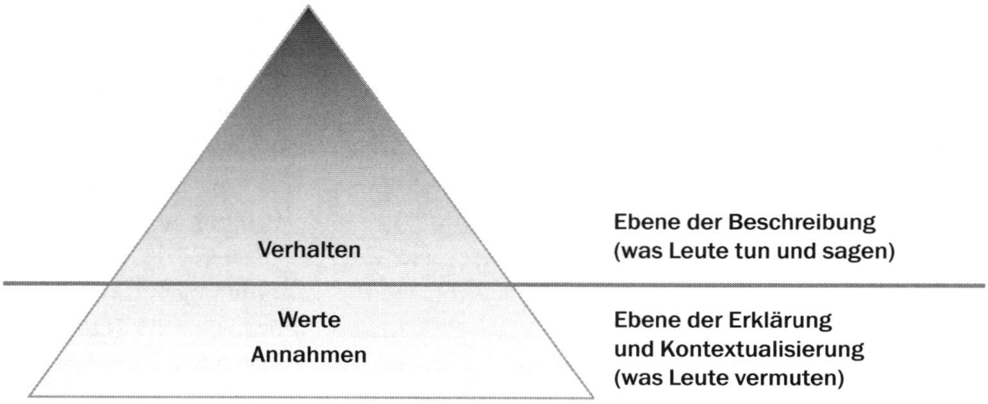

Altmayer (1997) fasst den Begriff „Kultur" in den folgenden sechs Thesen zusammen:

◢ „Kultur hat eine soziale Komponente, das heißt, sie entsteht und besteht nicht im luftleeren Raum, sondern in einer engen Wechselwirkung mit den politischen, gesellschaftlichen und ökonomischen Bedingungen, in denen Menschen leben.

◢ Kultur ist dynamisch, das heißt, sie bezieht sich nicht (nur) auf fertige Produkte, sondern immer auch auf den Prozess der ‚Kultivierung'; Kultur ist ständig im Fluss, sie ist historisch entstanden und entwickelt sich weiter.

◢ Kultur ist in sich vielfach differenziert, gegliedert und geschichtet; es gibt beispielsweise nicht die deutsche Kultur, sondern ein differenziertes Gefüge unterschiedlicher kultureller Prägungen, abhängig von regionalen, sozialen und ökonomischen Gegebenheiten und Unterschieden innerhalb einer Staatsgesellschaft; darüber hinaus gibt es aber auch solche kulturelle Prägungen, die Deutsche mehr oder weniger gemeinsam haben und die sie von Angehörigen anderer Staatengemeinschaften unterscheiden.

◢ Kulturen, insbesondere Nationalkulturen, sind keine in sich abgeschlossenen oder in sich ruhenden autarken Gebilde, sondern stehen immer schon in vielfältigen Beziehungen zueinander … Diese Beziehungen haben selbst einen Einfluss auf das jeweilige kulturelle Gepräge innerhalb einer Kultur.

◢ Kultur als Prägung individuellen Verhaltens, Denkens, Empfindens und Wahrnehmens sowie individueller Werthaltungen ist nicht im Sinne einer eindeutigen und einseitigen Determinierung aufzufassen, vielmehr ist Kultur selbst vielfältigem Wandel und damit auch dem Einfluss individuellen Handelns ausgesetzt.

◢ Der Kulturbegriff ist eine deskriptive, keine normative Kategorie."

(Altmayer 1997, S. 12–13)[6]

---

6   Auf die Modelle von Kulturdimensionen in Hofstede (2001), Hall (1990) oder Trompenaars & Wooliams (2009) sei hier als alternative Möglichkeiten der Konzeptualisierung verwiesen.

Der Begriff **Multikulturalität** erfährt ganz unterschiedlichen Gebrauch. Bei uns wird er eher eng, statisch und wertend gesehen und hat eine negative Konnotation in der Abkürzung „Multikulti" erhalten.[7] Dagegen wird er in den angelsächsischen Ländern – und auch in diesem Buch – deskriptiv als ein Nebeneinander von Kulturen verstanden. Man kann drei Varianten von Multikulturalität unterscheiden (Bolten, 2007): (1) statisch nebeneinander lebende Kulturen, in denen häufig die dominante Kultur an die schwächere strikte Assimilationsforderungen stellt. (2) Kulturelle Gruppen können ihre Identität weitgehend bewahren, grenzen sich aber voneinander ab, im positiven Fall in friedlicher Koexistenz. (3) Kulturelle Gruppen bewahren sich ihre identitätsstiftenden Freiräume, akzeptieren diese gegenseitig und praktizieren ein interkulturelles Miteinander. Die beiden neueren Begriffe **Interkulturalität** und **Transkulturalität** gehen davon aus, dass ein kulturelles Netzwerk unabhängig von festgeschriebenen Kulturräumen (zum Beispiel Nationalstaaten) ist. Interkulturalität wird in diesem Sinn heute ebenso wie Kultur als Prozessbegriff verstanden (Yousefi & Braun, 2011; Terkessidis, 2010; Földes, 2009).[8] Die beiden Begriffe „Interkulturalität" und Transkulturalität" haben je nach Definition und Autor unterschiedliche oder synonyme Bedeutung. Interkulturen entstehen dann, wenn Beteiligte aus unterschiedlichen vernetzten Lebenswelten miteinander interagieren und kommunizieren. Um Missverständnisse zu vermeiden (beispielsweise werden Gesten, wie die Umarmung, unterschiedlich interpretiert) und um sich von dem Einfluss des jeweils eigenen Ethnozentrismus beim Aufeinandertreffen der Eigenkultur und der Fremdkultur zu lösen, erfordert der Austausch eine bewusste interkulturelle Reflexions- und Kommunikationsfähigkeit. Interkultur wird permanent neu erzeugt im Sinne einer „dritten" Lebenswelt. Diese ordnet weder der einen ursprünglichen noch der anderen ursprünglichen Lebenswelt eine Dominanz zu. Sie enthält weder im Verhältnis 50 : 50 von beiden etwas noch ist sie eine Art arithmetisches Mittel. Vielmehr zeichnet sie sich im Sinne eines **synergetischen** Prozesses durch neue Qualitäten aus, die die singulären Kulturen für sich alleine nicht erreicht hätten. Diese dritte kulturelle Lebenswelt entwickelt sich permanent in einem gemeinsamen Lern- und Handlungsprozess und ist ebenso wenig statisch wie eine einzelne Lebenswelt (Bolten, 2007).

Die interaktionistische kontextabhängige Perspektive der modernen Psychologie, für die der individuelle Handlungserfolg von der wechselseitigen Beeinflussung zwischen der Person und der Umwelt abhängig ist (Fisseni, 1991), bildet die Basis für das Konstrukt der **interkulturellen Handlungskompetenz** von Thomas (2003a). Thomas versteht interkulturell kompetentes Handeln als Prozess, in dem persönliche und situationale Faktoren zusammenwirken. Dieser komplexe Prozess findet auf der Ebene der Wahrnehmung, des Lernens, der Wertschätzung, des Verstehens und der Sensibilisierung statt.

Bei dem in Abbildung 2 gezeigten Schema, wird der jeweilige Anteil, der für die Eigen- wie für die Fremdkultur einzigartig ist, differenziert dargestellt. Dann gibt es zwischen beiden Kulturen sowohl eine Interaktion zwischen den Kulturen als auch Gemeinsamkeiten und Überschneidungen beider Kulturen. Das Zusammenspiel dieser vier Faktoren und die konstruktive Nutzung der Interaktion auf der Basis sozial- und interkulturell kompetenten Verhaltens fördern den Entwicklungsprozess zu einer gegenseitigen Wertschätzung, zum Verstehen und zur Sensibilisierung. Daraus kann eine neue Qualität der Weltsicht hervorgehen, die Interkulturalität oder Transkulturalität genannt wird.

Welsch (2009) verwendet den Begriff der **Transkulturalität**, indem er explizit betont, dass Kulturen nicht homogene, klar voneinander abgrenzbare Einheiten sind, sondern ein Geflecht von in sich schon uneinheitlichen und darüber hinaus nach außen vernetzten Lebensräumen. Eine rigorose Trennung zwischen Eigenem und Fremdem besteht nicht, vielmehr findet man Eigenes im

---

7 Schlagworte wie „Leitkultur", „Parallelgesellschaft", „Multikulti", „Überfremdung" sind Begriffe, die auf dem antiquierten statischen Kulturbegriff basieren und zu destruktiven Denk- und Verhaltensmustern führen. Zum „kulturellen Rassismus" und „Kulturdeterminismus" siehe Frederickson (2011).

8 Das antiquierte Verständnis von „Multikultur" und „Interkultur" hält währenddessen noch an der Vorstellung vom geschlossenen Kugelmodell fest. „Transkulturalität ist historisch keineswegs völlig neu. Geschichtlich scheint sie eher die Regel gewesen zu sein. Viele Kulturen waren weitaus weniger rein, waren beträchtlich transkultureller, als die romantische und historische Fiktion der Kulturkugeln das sehen mochte" (Welsch, 2009, S. 7). Das antike Griechenland wäre ohne die Einflüsse aus Ägypten, Asien, Babylonien, Phönizien nicht zur Wiege der „abendländischen Kultur" geworden.

Fremden und Fremdes im Eigenen wieder. Es kommt auf die Fähigkeit des Einzelnen an, die individuelle Transkulturalität anzunehmen, also selbst transkulturell zu werden. Da die Heranwachsenden heute alltäglich mit einer weitaus größeren Anzahl kultureller Muster bekannt werden, als dies in der Elterngeneration der Fall war, können sie bei ihrer kulturellen Identitätsbildung eine Vielzahl von Elementen unterschiedlicher Herkunft aufgreifen und verbinden (Hybridisierung). Das gilt insbesondere für Migranten. „Denn aus je mehr Elementen die kulturelle Identität eines Individuums zusammengesetzt ist, um so wahrscheinlicher ist es, dass eine Schnittmenge mit der Identität anderer Individuen besteht, und von daher können solche Individuen bei aller sonstigen Unterschiedlichkeit in weit höherem Maß in Austausch und Kommunikation eintreten. Sie können bestehende Gemeinsamkeiten entdecken und neue entwickeln" (Welsch, 2009, S. 6). Je komplexer die soziale Identität ist, desto toleranter sind Menschen gegenüber anderen. Die transkulturelle Gesellschaft entspricht der Realität des 21. Jahrhunderts angesichts der weltweiten Globalisierung und Migration. Um dieser Entwicklung gerecht zu werden, müssen die Institutionen und die Politik entsprechend geändert werden.

Abbildung 2: Komponenten einer Interkulturellen Kompetenz

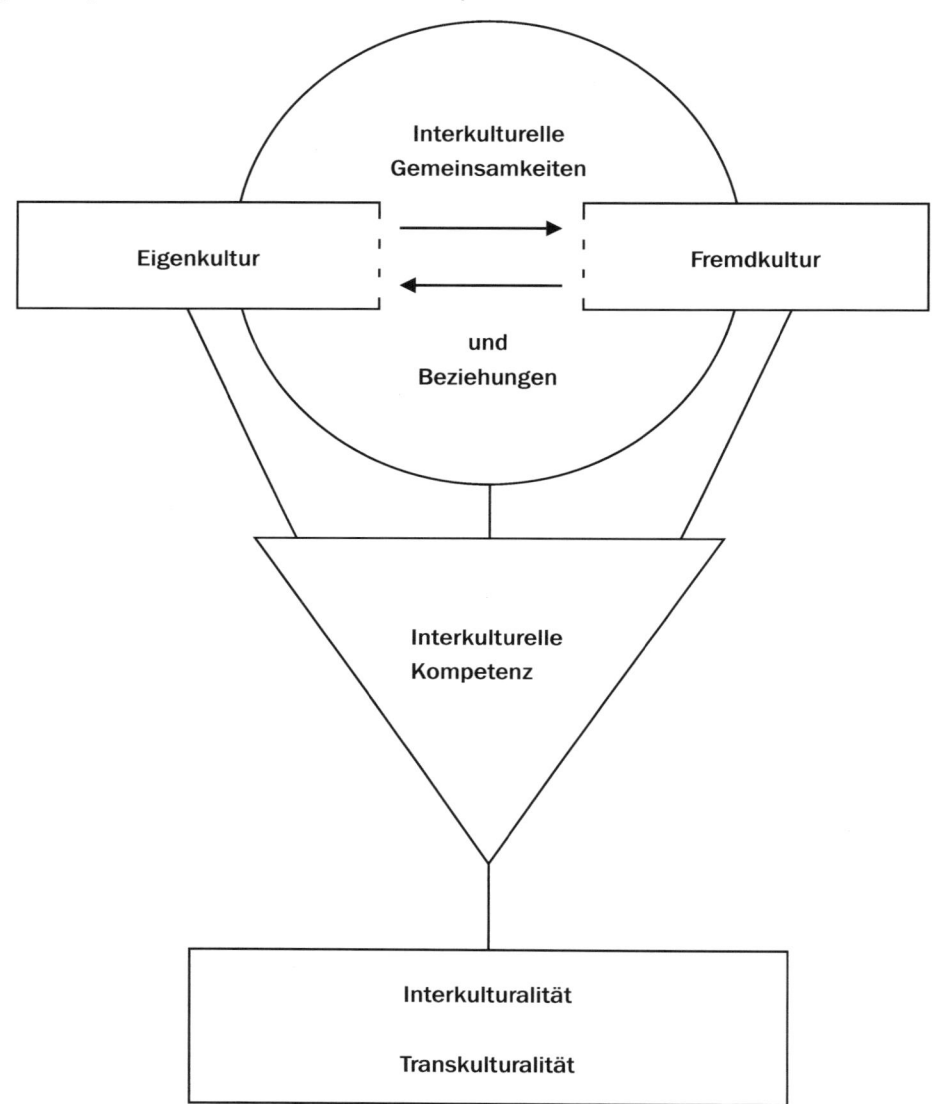

Der Begriff der **Kulturellen Vielfalt** „bezieht sich auf die mannigfaltige Weise, in der die Kulturen von Gruppen und Gesellschaften zum Ausdruck kommen. Diese Ausdrucksformen werden innerhalb von Gruppen und Gesellschaften sowie zwischen ihnen weitergegeben. Es gibt sowohl eine interkulturelle als auch eine soziale Vielfalt. Die kulturelle Vielfalt zeigt sich nicht nur in der unterschiedlichen Weise, in der das Kulturerbe der Menschheit durch eine Vielzahl kultureller Ausdrucksformen zum Ausdruck gebracht, bereichert und weitergegeben wird, sondern auch in den vielfältigen Arten des künstlerischen Schaffens, der Herstellung, der Verbreitung, des Vertriebs und des Genusses von kulturellen Ausdrucksformen, unabhängig davon, welche Mittel und Technologien verwendet werden" (UNESCO, 2001). Spätestens seit der UNESCO-Deklaration zur kulturellen Vielfalt werden „Diversity"-Konzepte in einigen Gesellschaftsbereichen umgesetzt. Häufig beschränken sie sich noch auf die Einhaltung einer „political correctness" oder auf wirtschaftliche Interessen im internationalen Handel. Das Anliegen der UNESCO geht aber darüber hinaus: „In unseren zunehmend vielgestaltigen Gesellschaften ist es wichtig, eine harmonische Interaktion und die Bereitschaft zum Zusammenleben von Menschen und Gruppen mit zugleich mehrfachen, vielfältigen und dynamischen kulturellen Identitäten sicherzustellen … Kulturelle Vielfalt erweitert die Freiheitsspielräume jedes Einzelnen; sie ist eine der Wurzeln von Entwicklung, wobei diese nicht allein im Sinne des wirtschaftlichen Wachstums gefasst werden darf, sondern als Weg zu einer erfüllten intellektuellen, emotionalen, moralischen und geistigen Existenz… Die Verteidigung kultureller Vielfalt ist ein ethischer Imperativ, der untrennbar mit der Menschenwürde verknüpft ist…"(UNESCO, 2001). Kulturelle Vielfalt ist also kein hierarchischer Prozess mit einer leitenden Kultur an der Spitze und mehren Satellitenkulturen um sie herum, vielmehr gibt er jedem Einzelnen die Möglichkeit, an der Gestaltung von Kultur teilzuhaben.

> In einer Welt mit kultureller Vielfalt können sich kulturelle Gruppen ihre identitätsstiftenden Freiräume bewahren, gegenseitig akzeptieren und ein interkulturelles Miteinander praktizieren.

1.3 Interkulturelle Kommunikation

Kommunikation ist die bedeutendste soziale Interaktion und eine unabdingbare Voraussetzung für die prozessuale Bildung von Kulturen und Interkulturen (Bolten, 2007). „Interkulturelle Kommunikation" wird hier natürlich aus dem dynamischen, interkulturellen Interaktionsmodell heraus verstanden, bei dem die Handelnden unterschiedlichen Referenzsystemen angehören, experimentieren und improvisieren, um nach und nach eine gemeinsame Kultur, die Interkultur oder Transkultur zu erreichen. Für ein respektvolles Zusammenleben im interkulturellen Kontext sind besondere kommunikative Fähigkeiten zur Bewältigung von Interaktionsproblemen notwendig sowie die Bereitschaft, kulturelle Vielfalt anzunehmen und zu leben.

Diese Prozesse haben noch viele **„Stolpersteine"**(Barna, 1994) zu überwinden, vor allem die Sprache, Ethnozentrismus, Interaktionsangst, falsche Annahmen über Ähnlichkeiten und Unterschiede zwischen der eigenen und der fremden Kultur, Stereotype und Vorurteile. Wegen der Unterschiedlichkeit der **Sprachen** reicht die Übersetzung der Wörter alleine nicht aus, solange man die kontextabhängigen Bedeutungen nicht kennt. Es bestehen aber auch formale Unterschiede, etwa ob man einen direkten oder einen indirekten Sprachstil pflegt (zum Beispiel ob die Unterbrechung eines Gesprächspartners durch Zwischenbemerkungen Aufmerksamkeit oder Unhöflichkeit bedeutet). Außerdem können sich Missverständnisse in der **nonverbalen Kommunikation** ergeben. Gesten, Haltungen und Mimik können unterschiedliche Bedeutungen haben (etwa, ob es in einer Gesellschaft adäquat ist, Gefühle expressiv auszudrücken oder sie zu unterdrücken). Eigene Wertungen und Erwartungen gehen automatisch und selbstverständlich in die Interpretation einer Geste ein, wenn die kulturellen Spezifika des eigenen Handelns nicht reflektiert werden. Dann werden Sachverhalte unhinterfragt als „normal" angesehen, die für die Wahrnehmungsgewohnheiten des anderen keineswegs plausibel sind. Der „Stolperstein" **Interaktionsangst** bezieht sich auf ein Gefühl der Unsicherheit und Unbeholfenheit, das Personen empfinden, wenn sie sich eine interkulturelle Begegnung vorstellen oder sich in einer solchen befinden. Diese Angst kann zur Vermeidung interkultureller Begegnungen, zu negativen Erwartungen und Interpretationen, möglicherweise zu dem Gefühl der Bedrohung führen. Die Theorie von Gudykunst (1998, 2005), weiter unten dargestellt, macht diesen circulus vitiosus deutlich. Ein nächster „Stolperstein" ist die Tendenz, **Ähnlichkeiten** zwischen der eigenen und der fremden Kultur anzunehmen, obwohl Unterschiede bestehen (so kann es unangenehm berühren, wenn man bei der ersten Begrüßung einen Kuss statt eines Händedrucks erhält, und selbst der Händedruck kann unterschiedlich interpretiert werden). Es sind oft die subtilen, nicht direkt sichtbaren Unterschiede, welche interkulturelle Konflikte auslösen können. Ein weiterer „Stolperstein" betrifft die umgekehrte Tendenz, Unterschiede zwischen der eigenen und der fremden Kultur anzunehmen, obwohl Gemeinsamkeiten existieren (so gibt es bis nach Asien und in die arabische Welt hinein Märchen, die einigen „Grimm'schen Märchen" sehr ähnlich sind). Es kommt darauf an, aufrichtig das Eigene im Fremden zu erkennen und nicht den anderen fremd zu machen. Die Klärung dieser Prozesse erfordert soziale Kompetenzen wie Reflexions- und Selbstreflexionsfähigkeit sowie Fertigkeiten der Kommunikation und Metakommunikation.

Häufig wird über **Stereotype** und **Vorurteile** „gestolpert". Stereotype basieren auf kognitiven „Schemata"[9], die im positiven wie im negativen Sinn der Komplexitätsreduktion durch Generalisierung und Vereinfachung dienen, da niemand in der Lage ist, die gesamte Palette von Reizen und Informationen zu verarbeiten. Einerseits werden neue Informationen in ein bereits vorhandenes kognitives Schema eingeordnet beziehungsweise daran angepasst, damit sie in das eigene Denksystem passen und plausibel sind. Hierbei können Informationen ganz oder teilweise verloren gehen oder falsch gespeichert werden. Das Fremde wird also aus der Perspektive des Eigenen erklärt (Assimilation). Andererseits können die Schemata selbst angepasst, korrigiert, differenziert oder weiterentwickelt werden, damit die neuen Informationen vollständig und adäquat aufgenommen werden (Akkommodation). „Je vielfältiger unsere Erfahrungen sind, desto offener und damit flexibler müssen die Schemata sein, mit denen wir agieren" (Bolten, 2007, S. 47). So führen Schemata, die sich nicht verändern, sowohl zu selektierender Wahrnehmung als auch zu beschränkter Handlungsoption. Aus den unangepassten Schemata gehen die Stereotype hervor. Vorurteile sind die mit den Stereotypen verbundenen Urteile und Wertungen. Daraus bilden sich die Erwartungen und die Zuschreibungen an das Vorhandensein von bestimmten Eigenschaften und Verhaltensweisen bei anderen Personen oder Personengruppen, die sich von der eigenen unterscheiden. In einem Prozess der Generalisierung und Vereinfachung werden sie unreflektiert jedem einzelnen Individuum dieser Gruppe als statische und kontextunabhängige Eigenschaften angehängt. Dies kann in der Interaktion dazu führen, dass eine Person sich entsprechend ihren Erwartungen und Vorurteilen verhält und so beim Gegenüber das erwartete Verhalten hervorruft (zum Beispiel die Verkettung von Fremdenangst → sich bedroht fühlen → Abwehrreaktion → der Andere fühlt sich angegriffen → der Andere reagiert aggressiv). Dieses Phänomen illustriert, wie stereotype Erwartungen und Zuschreibungen das Verhalten auf beiden Seiten beeinflussen.

> Diese und andere „Stolpersteine" sind mit den Fertigkeiten, die in einem Training sozialer und interkultureller Kompetenz modellhaft eingeübt werden, zu bewältigen. Statt vorschnell zu urteilen, pauschal auf- oder abzuwerten, wird eine interkulturell und sozial kompetente Person die eigenen Gedanken und Gefühle reflektieren und sensibel und unvoreingenommen die jeweiligen Gedanken und Gefühle des Gegenübers erfragen, um sich kennenzulernen und sich besser einfühlen und angemessen reagieren zu können.

Gudykunst (1998, 2005) betont in seiner „**Anxiety/Uncertainty Management**"-Theorie, dass das Erleben von Angst und Unsicherheit einen direkten Einfluss auf die Effizienz interkultureller Kommunikation hat. Wenn Angst und Unsicherheit einer Person zu hoch sind, können Informationen sowohl auf der kognitiven als auch auf der emotionalen Ebene nicht adäquat verarbeitet

---

9   Zur Definition von „Schema" siehe Glossar.

und interpretiert werden. Das hat zur Folge, dass sich eine Person schließlich in ihrem Selbstkonzept bedroht fühlen kann und mit Rückzug oder Angriff reagiert. Der effektive Umgang mit Angst und Unsicherheit in interkulturellen Situationen erfordert, dass alle Informationen aufmerksam aufgenommen, bewusst reflektiert und verarbeitet werden. Dies wiederum setzt ein interkulturelles Bewusstsein voraus. Das heißt, man ist sich der Existenz unterschiedlicher kultureller Orientierungssysteme, die Auswirkungen auf das Denken, Urteilen und Handeln haben, bei sich und anderen bewusst. Das Konzept **interkulturelles Bewusstsein** (Herbrand, 2000) wird mit drei Hauptaspekten beschrieben:

◢ Das eigene Orientierungssystem wird von dem Umfeld beeinflusst, in dem man sozialisiert wurde. Es hat eine starke Wirkung auf das eigene Werte- und Normensystem, ebenfalls auf Wahrnehmen, Denken, Urteilen und Handeln.

◢ Man muss berücksichtigen, dass das Orientierungssystem des fremdkulturellen Gegenübers ebenfalls von dessen kulturellen Denk- und Verhaltensmustern geprägt ist.

◢ Man weiß, auf welche Weise sich die verschiedenen Orientierungssysteme unterscheiden beziehungsweise man verfügt über effektive kommunikative Kompetenzen, wie man die Besonderheiten erfragen kann. Hierzu gehören die Fähigkeit zur Perspektivenübernahme, genaues Beobachten und die Fähigkeit, Urteile, Wertungen und Attributionen solange zurückzustellen, bis genügend Hintergrundinformationen über die Kultur des Anderen vorhanden sind.

Storti (2009, S. 276) macht am Modell „Kultur im Kontext" (Abbildung 3) deutlich, wie wichtig es ist, sich bewusst zu machen, dass immer, wenn von Kultur gesprochen wird, es sich dabei zwangsläufig um eine Generalisierung handelt. Vor allem gilt es, zwischen universellen Verhaltensweisen, kulturtypischen Verhaltensweisen und individuellen Verhaltensweisen zu trennen. Ein Individuum kann sich innerhalb eines kulturellen Kontextes völlig „untypisch" verhalten.

Abbildung 3: Kultur im Kontext (nach Storti, 2009)

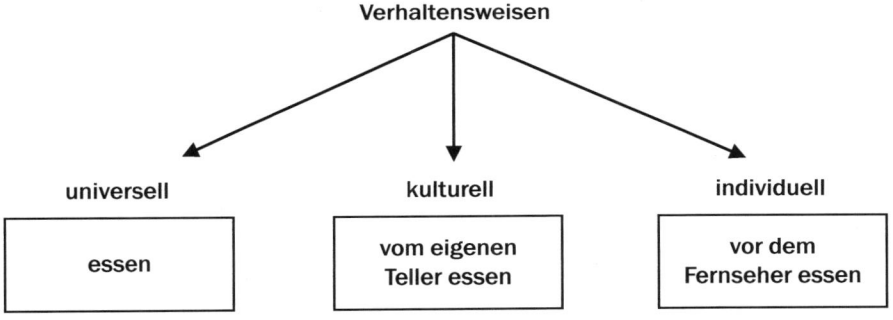

1.4 Interkulturelle Erziehung und Bildung

In Deutschland befasst man sich etwa seit Mitte der 1980er Jahre mit der Konzeption interkultureller Lern- und Trainingsprogramme. Die ersten Studiengänge und Trainings etablierten sich an Universitäten und Fachhochschulen in den Wirtschafts- und Sprachwissenschaften. Sie dienten der Verbesserung des wirtschaftlichen Austauschs mit einer anderen Nation und vermittelten vor allem Wissen über deren „kulturelle Besonderheiten".

Ein Lehrer braucht im Kontext einer multikulturellen Klasse eine andere Form interkultureller Kompetenz als ein Manager in einem internationalen Konzern (Thijs & Verkuyten, 2013). In der schulischen Erziehung zu interkultureller Kompetenz geht es um die Vermittlung von dauerhaften, kulturübergreifenden und sozialen Verständigungsmöglichkeiten. Schon früh sollte allen Schülern „Kultur" als ein dynamischer Prozess dargestellt werden, weil sie bei der Vermittlung eines statischen Kulturbegriffs Überlegenheitsgefühle einerseits oder Minderwertigkeitsgefühle andererseits entwickeln können, die weder der Persönlichkeits- noch der Gemeinschaftsbildung förderlich sind (Takeda, 2012)[10]. Interkulturelle Pädagogik umfasst nach Leiprecht & Kerber (2006) zwei wesentliche Aufgaben:

▲ Die Herstellung von Chancengleichheit für Schüler unterschiedlicher Herkunft,

▲ die Vorbereitung aller auf das Leben in einer mehrsprachigen und mehrkulturellen Gesellschaft.

Die interkulturelle Erziehung geht davon aus, dass alle Kulturen gleichberechtigt nebeneinander bestehen, miteinander interagieren und Lernprozesse auf allen Seiten stattfinden, also nicht nur bei den Kindern anderer Herkunft, sondern auch bei den Kindern der Mehrheit[11]. Das **Individuum** steht im Mittelpunkt der Bildung und nicht seine Herkunft. „Noch immer gibt es in Deutschland ein naives Verständnis von ‚Interkultur', das die betreffenden Kinder auf ihre Herkunft festlegt und damit völlig überfordert. … Das Abfragen des Herkunftswissens gibt den Kindern das Gefühl, einen Mangel zu haben" (Terkessidis, 2010, S. 78)[12]. Die hier lebenden Migranten haben bereits per se Erfahrungen mit der Vielfalt von Sprachen und Lebensformen gesammelt, so dass gerade in Familien mit Migrationshintergrund eine mehrkulturelle Identität nicht selten ist. „Research with adults has also shown that individuals with greater experience of diversity think in a more flexible way. Compared to monocultural individuals, bicultural individuals who have experience of two different cultures simultaneously have higher ‚integrative complexity', an enhanced capacity to construe people, objects, and ideas in a multidimensional way" (Cameron & Turner, 2010, S. 333). Damit verbietet sich eine einseitige Zuschreibung des Fremdkulturellen an diese Menschen.

Die Schule ist die einzige Bildungseinrichtung, die alle Heranwachsenden über einen längeren, festgelegten Zeitraum besuchen müssen. Das Wissen um diesen pädagogischen Auftrag für alle in einer multikulturellen Gesellschaft wächst allmählich, was der folgende Abriss der **historischen Entwicklung** zu skizzieren versucht.

---

10 Auf vier ‚Rezepte' von Takeda für eine transkulturelle Pädagogik – differenzieren, entschematisieren, historisieren, kontextualisieren – sei hier verwiesen.

11 „… it has been increasingly common to deliver cross-cultural training to people in their own culture who are not going anywhere but who nevertheless interact on a regular basis with people from different cultures, in the form of immigrants and their families, refugees …"(Storti, 2009, S. 284).

12 Obwohl viele Migranten bereits eine Multikulturalität entwickelt haben, werden sie, wenn auch bisweilen gut gemeint, als „Kulturexperten ihrer Herkunftskultur" betrachtet. Sie werden beispielsweise nicht nach dem gefragt, was sie tatsächlich tun („was frühstückt ihr zu Hause?"), sondern was sie aufgrund ihrer Herkunft tun sollten („bringt das in euren Herkunftsländern typische Frühstück mit"). „Die alten Multikulti-Konzepte beinhalten unter anderem die Tendenz, eine Person mit Migrationshintergrund stets aufzufordern, ihre eigene Tradition zu repräsentieren, etwa das muslimische Mädchen in der Schule, das immer den Islam erklären muss …" (Terkessidis, 2008, S. 50).

Seit 1960 besteht endgültig in allen (alten) Bundesländern die Einbeziehung der ausländischen Kinder und Jugendlichen in die allgemeine Schulpflicht[13]. Auch wenn damit die Chancengleichheit deutscher und ausländischer Kinder erklärtes Ziel der Bildungspolitik war, so zeigte sich doch bei genauerem Hinsehen, dass mit den jeweils für „Fremde" getroffenen Regelungen zugleich definiert wurde, was als „Normalfall" und was als „Ausnahme" galt. Das ausländische Kind und die ausländischen Familien wurden zum eigentlichen Problem erklärt, wodurch sich die Gesellschaft und die Schule von der Mitverantwortung bei der bis heute andauernden Misere des geringen Schulerfolgs und der Diskriminierung der eingewanderten Gruppen entlasteten. Hintergrund einer verspäteten integrativen Bildungspolitik ist, dass noch in den 1970er bis in die 1980er Jahre hinein die politischen und damit auch die bildungspolitischen Ziele hin und her oszillierten zwischen dem Ziel der Integration und dem Ziel der Rückführung der „Gastarbeiter" (ein damals gängiger Begriff) in ihre Herkunftsländer[14]. Die ersten, gut gemeinten pädagogischen Maßnahmen resultierten aus der sogenannten „Ausländerpädagogik". Sie waren nicht zur Förderung sprachlich-kultureller Pluralität gedacht, sondern als Instrumente zur sprachlichen und kulturellen Anpassung der Migranten an das deutsche System und zum Ausgleich der nur bei den Zuwanderern konstatierten „Defizite" (Krüger-Potratz, 2006). Die Dichotomisierung in „wir" und „die anderen" dominierte, was an Ausdrücken wie „Andersartigkeit", „Exotik", „Ausländerproblem" und „Integrationsproblem" abzulesen war. Erst ab den späten 1980er Jahren deutete sich eine veränderte Einstellung durch die Verwendung des Begriffs „interkulturelle Erziehung" an (Nieke, 2008). Hinz-Rommel (1994) forderte eine „interkulturelle Öffnung" auf der persönlichen, der organisatorischen und der sozialen Ebene. Er empfahl, Migration und Interkulturalität positiv zu sehen und sich von Differenzhypothesen und xenophobischen Strukturen zu distanzieren. Die Kultusministerkonferenzen reagierten in den 1980er und 1990er Jahren auf europäische Entwicklungen. Es wurden Empfehlungen zur Umsetzung der europäischen Richtlinien ausgegeben, wie zum Beispiel die Anerkennung von Bildungsabschlüssen und die Bekämpfung der Fremdenfeindlichkeit. In den Empfehlungen der Kultusministerkonferenzen von 1996 und 1998 erschienen dialog- und kooperationsfördernde Maßnahmen, die noch immer nicht auf die Erhaltung und Förderung von sprachlich-kultureller Pluralität ausgerichtet waren, sondern einseitig auf die Integration und Anpassung, welche die Migranten zu leisten hatten. Erst mit der Veränderung des Einbürgerungsrechts im Jahr 2000 vom *ius sanguinis* (was die hier lebenden Migranten selbst der dritten Generation und die hier geborenen Kinder mit einem deutschen und einem ausländischen Elternteil immer noch zu Ausländern machte) zum *ius soli* beginnt im 21. Jahrhundert eine neue Qualität der Bildungspolitik zu greifen. Eine demokratische Bildungspolitik muss von dem Bewusstsein der kulturellen Vielfalt getragen sein. In diesem Bewusstsein wird sprachlich-kulturelle, ethnische und nationale Pluralität als Normalfall anerkannt. Damit gehen besondere Empfehlungen und Lernziele zur interkulturellen Bildung unter Verwendung von konzeptuellen Zielen wie Perspektivenwechsel, kulturelle Vielfalt, Empathie, Ambiguitätstoleranz, Rollendistanz und Selbstreflexion einher (Nieke, 2008). „Die Pädagogik der Vielfalt geht von einem Menschenbild aus, das alle Menschen ... als lern- und handlungsfähige Wesen versteht, die gestaltend auf sich selbst und ihre Umwelt einwirken können ..." (Schmidtke, 2006, S. 158). Interkulturelle Bildung sollte eine Selbstverständlichkeit sein, um unsere demokratische Gesellschaft, die sich durch kulturelle Vielfalt auszeichnet, so zu gestalten, dass sie human, sozial und wirtschaftlich bestehen kann. Für eine „interkulturelle Öffnung ... ist der Umbau der Institutionen die entscheidende Aufgabe der Zukunft... Dieser Wandel ist eine Überlebensaufgabe geworden" (Terkessidis, 2010, S. 8). Interkulturelle Bildung und interkulturelle Kompetenz sollten allen am pädagogischen Prozess Beteiligten als Schlüsselkompetenz vermittelt werden und permanent im Umgang mit den Schülern angewandt werden (Gogolin & Krüger-Potratz, 2006). Takeda (2012) schlägt vor, dass

---

13 Auf die Migrations- und Bildungspolitik der ehemaligen DDR wird hier nicht eingegangen.
14 Zur kritischen Auseinandersetzung mit dem damaligen Begriff „Integration", der nicht von vorne herein „Chancengleichheit" und erst recht nicht „interkulturelle Öffnung" bedeutete, siehe Terkessidis (2010).

sich ein Pädagoge alltäglich auf dem Weg zur transkulturellen Erziehung bei jedem Kontakt mit einem Schüler folgende Reflexionsfragen stellt:

> ◢ „Spreche ich im Umgang mit Schülerinnen und Schülern von Kulturen als etwas, worauf sie ein ganzes Leben lang Einfluss nehmen können, anstatt als etwas, woran sie wenig bis kaum ändern können?
>
> ◢ Messe ich im Umgang mit Schülerinnen und Schülern Faktoren wie sozialer Schicht, Geschlecht, Religion, sozialem Umfeld und sexueller Orientierung vergleichbare Bedeutung bei wie dem Faktor ‚Kultur‘?
>
> ◢ Achte ich genauso darauf, welche Wege die Schülerinnen und Schüler in ihrem Leben bisher zurückgelegt haben, wie darauf, woher sie, ihre Eltern oder ihre Großeltern stammen?
>
> ◢ Achte ich genauso darauf, was bei den Schülerinnen und Schülern an außerkulturellen Potentialen vorhanden ist, wie darauf, was bei ihnen an kulturellen Ressourcen da ist?"
>
> (Takeda, 2012, S. 95)

„Interkulturelle Handlungskompetenz ist im 21. Jahrhundert eine unerlässliche Voraussetzung für den Lehrerberuf" (Bolten, 2007, S. 111).

In Deutschland und Europa gibt es methodisch unterschiedliche Programme, Modelle und Projekte zur interkulturellen Schulentwicklung, wobei hier nur einige genannt werden können: „QUIMS – Qualität in multikulturellen Schulen", in der Schweiz; „Ein Quadratkilometer Bildung", Freudenberg-Stiftung; „Charta der Vielfalt", Bremer Senat – Bremer Entwicklungsplan Inklusion 2010 (ausführlich in: Karakaşoğlu, Gruhn & Wojciechowicz, 2011). Aus allen Ansätzen geht hervor, dass interkulturelle Erziehung nicht nebenbei passiert. Bei der „interkulturellen Öffnung" wird die ethnische, kulturelle und sprachliche Vielfalt als Ausdruck der gesellschaftlichen Realität, als Bereicherung für alle und als wichtiger Aspekt des Qualitätsmanagements von Schule anerkannt (Karakaşoğlu, Gruhn & Woyciechowicz, 2011). „Zentraler Bestandteil einer interkulturellen Öffnung von Schule und einer interkulturell kompetenten Bildungsförderung ist somit die entsprechende Ausbildung des gesamten Personals, das mit den interkulturellen Kompetenzen ausgestattet werden muss. Der Einsatz dieser Kompetenzen ist wiederum maßgeblich davon beeinflusst, ob die Zielsetzung der interkulturellen Öffnung als Leitungsaufgabe wahrgenommen wird oder einzelnen engagierten Lehrerinnen und Lehrern überlassen bleibt. Eine umfassende interkulturelle Öffnung … muss von der Schulleitung gewünscht und gesteuert und durch eine Teamentscheidung gestützt sein, damit sie mit breiter Akzeptanz umgesetzt werden kann" (Karakaşoğlu, Gruhn & Woyciechowicz, 2011, S. 239). „Im Allgemeinen fehlt es jedoch an Standards, an Handreichungen, an Geld und auch an Zeit: Zeit, sich zu informieren, sich fortzubilden darüber, wie man Unterricht in Vielfalt gestaltet, und wie die Rolle des Lehrers sich angesichts einer veränderten Schülerschaft wandelt … Wo die Mittel zur Reflexion fehlen, greift man auf die verbreiteten Wissensbestände zurück, und die besagen in Deutschland: ‚Die Kinder mit Migrationshintergrund sind von vornherein anders, selbst wenn sie ihr ganzes Leben in Deutschland verbracht haben.‘ Das aber ist ein schwerer und folgenreicher Irrtum, da diese Herangehensweise die Kinder anders macht" (Terkessidis, 2010, S. 79).

> Ein Training interkultureller Kompetenz kann nur dann erfolgreich implementiert werden, wenn die institutionellen Bedingungen als Basisvoraussetzungen auf den verschiedenen Ebenen erfüllt sind. Neben dem Training sollten interkulturelle Fragestellungen und Themen in jedem Schulfach integriert sein, um die interkulturelle Handlungsfähigkeit der Lehrer und Schüler zu erweitern.

1.5 Interkulturelles Lernen

Interkulturelles Lernen kann sich zwar auch informell durch den Kontakt mit Menschen aus anderen Kulturen vollziehen, was aber nicht jeder aus eigener Kraft bewältigt[15]. Da das Bildungssystem der Entwicklung von Konzepten interkultureller und transkultureller Kompetenz hinterherhinkt, waren die in Deutschland lebenden Migranten- die Erwachsenen wie die Kinder- im Kontakt mit der ihnen fremden Kultur weitgehend sich selbst überlassen. Sie mussten aus eigener Kraft den informellen Lernprozess der Akkulturation an unsere Gegebenheiten bewältigen. Es ist für die seelische Gesundheit wichtig, seine multikulturelle Identität leben zu können: „… research that has revealed considerable benefits of possessing multiple identities for psychological health" (Crisp, 2010, zitiert nach Rohmann & Mazziota, 2012, S. 3). Wenn das nicht gelingt, kann es für den Einzelnen sehr schmerzhaft sein.

Die **Schlüsselkompetenzen** zum Erwerb interkultureller Kompetenzen bestehen im Wesentlichen aus Interaktions- und Kommunikationskompetenzen, die für ein konstruktives und effizientes Miteinander innerhalb kultureller Vielfalt erforderlich sind. Diese Kompetenzen befähigen eine Person, die Vorstellungen des Gegenübers im Gespräch und im gemeinsamen Handeln kennenzulernen. Der Lernprozess zum Erwerb interkultureller Kompetenz muss früh ins Bildungssystem integriert sein, um zu einem grundlegenden Bewusstsein kultureller Öffnung und Vielfalt zu führen. Nur wenn Lernende immer wieder auf verschiedenen Ebenen und durch unterschiedliche Lernformen explizit Angebote für ein sinnvolles interkulturelles Interagieren erhalten, kann der Lernprozess der interkulturellen Kompetenz voranschreiten. Ein Training interkultureller Kompetenz richtet sich explizit genauso an Mitglieder der Mehrheit wie der Minderheiten. Dem Konzept der interkulturellen Kompetenz beziehungsweise des interkulturellen Lernens liegt ein kybernetisches Denkmodell des zirkulären Zusammenwirkens der Einzelkomponenten zugrunde. Dies veranschaulicht das „Prozessmodell" von Deardorff (2009c, S. 480) in Abbildung 4.

„Given the lifelong learning inherent in intercultural competence development, therefore, it is imperative that learners regularly engage in reflective practice in regard to their own development in this area. … Moreover, one single workshop or course, while a possible start in framing some of the issues, is not sufficient in this development process; rather, the integration of aspects of intercultural competence must be addressed throughout one's education and professional development. For schools, this may mean revisiting the overall curriculum in an effort to determine how to incorporate aspects of intercultural competence – such as other worldviews – into the whole of the curriculum. This also necessitates instructors being adequately prepared to guide learners in the development process, meaning that instructors themselves need to understand more fully the concept of intercultural competence" (Deardorff, 2009 a, S. xiii–xiv).

In dem vorliegenden Training bezieht sich der Erwerb der interkulturellen Kompetenz auf die Verbesserung der zwischenmenschlichen Beziehung, also der **Interaktion von Individuen**, nicht auf die Verbesserung der Beziehung zwischen Systemen oder Unternehmenskulturen. Dies führt Deardorff mit folgenden Forderungen an zukünftige Trainings interkultureller Kompetenz aus: „… three common themes can be found in most Western models of intercultural competence – empathy, perspective taking, and adaptability. This chapter ends by calling for more of a focus on relational aspects in developing future models of intercultural competence, which means focusing on the relationships and on all interactants involved, beyond the individual …" (Deardorff, 2009b, S. 265).

---

15 Ein Modell, nach dem sich interkulturelle Anpassung informell durch Kontakt vollzieht, ist das Sechs-Stufen-Modell von Bennett & Bennett (2004). Darin werden auch die besonderen Gefahren der informellen, sich selbst überlassenen Anpassung beschrieben. Siehe auch: Thomas (2003b).

Abbildung 4: Prozessmodell der interkulturellen Kompetenz nach Deardorff (2009c, S. 480; Übersetzung aus: Bertelsmann Stiftung, 2008, S. 21).

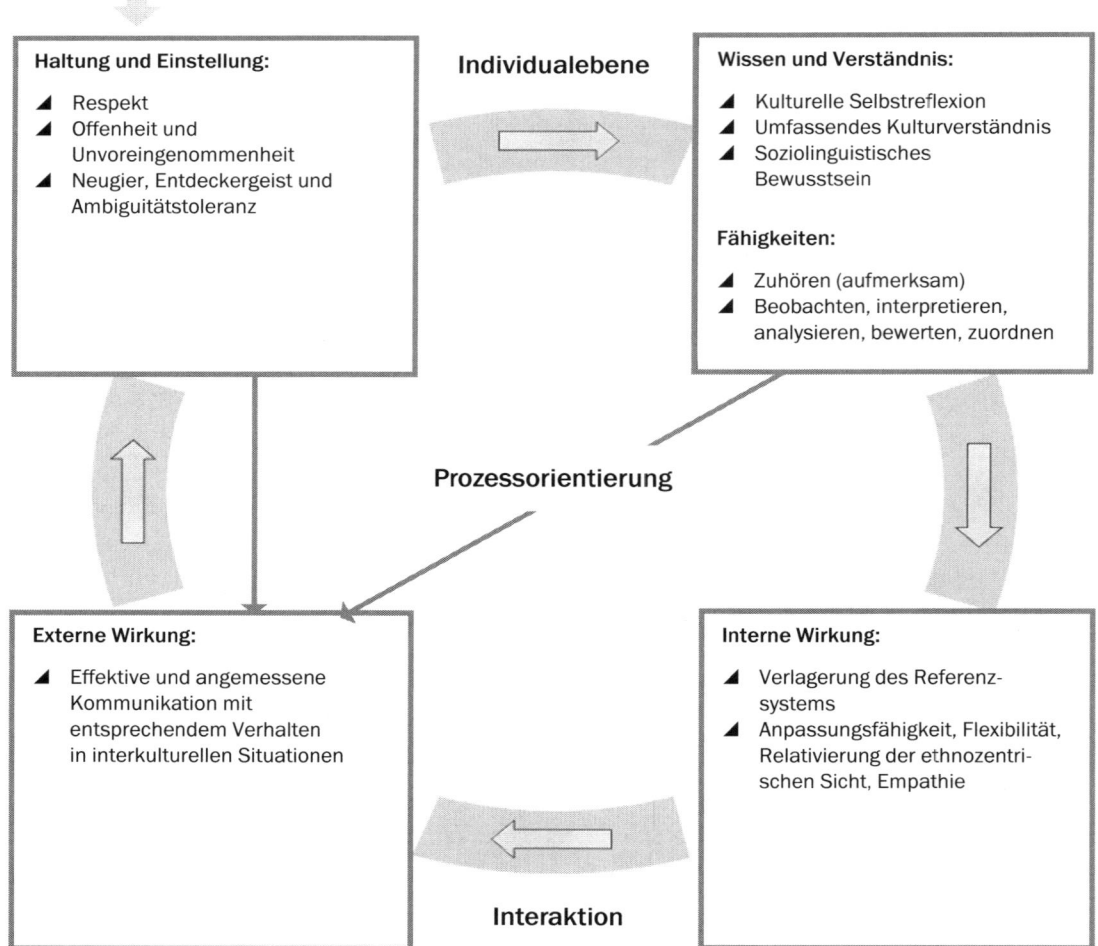

Auf diesen innovativen Konzepten beruhend, erfordert das vorliegende Training interkultureller Kompetenz die Schulung der Trainer und Pädagogen mindestens ebenso explizit und intensiv, wie es im wirtschaftlichen Kontext üblich ist. Wie in dem Kapitel „Interkulturelle Kommunikation" beschrieben, muss ein Training interkultureller Kompetenz die Probleme auf der Ebene der kognitiven und affektiven Informationsverarbeitung sowie auf der Verhaltensebene bearbeiten, um den Lernerfolg zu sichern. Neue Konzepte der interkulturellen Kompetenz, die auf der Grundlage der Lerntheorie sowie auf Theorien der interkulturellen und sozialen Kommunikation beruhen und mit Methoden der Simulation und des strukturierten Rollenspiels ausgearbeitet werden, sind im pädagogischen Feld dringend notwendig. Ein Training interkultureller Kompetenz im pädagogischen Raum erfordert Zeit, erfahrene Trainer und Trainingsgruppen, die aus methodischen, didaktischen und lerntheoretischen Gründen möglichst kleiner sein sollten (7–10 Personen) als der übliche Umfang einer Schulklasse. Trainingsmaßnahmen zur interkulturellen Kompetenz profitieren am meisten, wenn sie auf erfahrungsbasierten und partizipativen Instruktionsmethoden, wie der Simulation oder dem Rollenspiel beruhen, um die komplexen Zusammenhänge sukzessiv und modellhaft zu erfahren (Mezirow, 1997). Das Rollenspiel ermöglicht, kulturelle Gegebenheiten und interkulturelle Bewältigungskompetenzen in einer sicheren, strukturierten Umgebung, also weniger schmerzhaft, kennenzulernen, neue Informationen zu verarbeiten und zu analysieren und diese Fertigkeiten dann in reale Situationen zu transferieren. Die Bereitschaft, interkulturelle Situationen als Lernsituationen zu betrachten und nicht als Bedrohung, ist verknüpft mit dem Bewusstsein, dass sich konvergente und divergente Entwicklungen des interkulturellen Austauschs in einem Wechselspiel befinden. Bei dem Bestreben, einen gemeinsamen Nenner zu finden, der von allen Beteiligten akzeptiert werden kann, ist es wichtig, die Akzeptanzgrenzen des Einzelnen zu erkennen, zu formulieren und zu wahren. Ein Training interkultureller Kompetenz, wie es hier angeboten wird, ist in diesem Sinn ein Baustein in dem weiten Zielrahmen der Menschenrechtskonvention und der „Allgemeinen Erklärung zur kulturellen Vielfalt" der UNESCO (2001).

Das Niedersächsische Landesinstitut für schulische Qualitätsentwicklung hat 2011 Ziele zur Vermittlung interkultureller Kompetenz genannt, welche dieser Forderung nachkommen und die Bedeutung der Qualität der Interaktionsprozesse berücksichtigen: Förderung von „Empathie", „Konfliktfähigkeit", „Verantwortungsbereitschaft", „Wahrnehmen von Unterschieden und Gemeinsamkeiten", „Toleranz", „Vielfalt erleben", „Perspektivenwechsel". Diese Ziele erfordern also Vermittlungsformen, die kognitive, affektive und soziale Lernprozesse integrieren und praktische Erfahrungen und Verhaltensänderungen zulassen.

> In einem interkulturellen Training heutiger Konzeption geht es weniger um die Vermittlung von Wissen über andere „Kulturen" als vielmehr um die Vermittlung von „Schlüsselkompetenzen" im Umgang miteinander.

1.6 Ziele des interkulturellen Trainings

Diesem Buch liegt ein Verständnis von interkultureller Kompetenz als „einer allgemeinen, um kulturelle Aspekte erweiterte Sozialkompetenz" zugrunde (Kaviani & Hegemann, in: Treichel, 2011, S. 292). Das Konstrukt „Interkulturelle Kompetenz" ist im ständigen Wandel begriffen, und das ist gut, denn nur so kann es sich im dynamischen Kultur- und Lernprozess weiter entwickeln. Thomas (2003b) hat ein komplexes Lernmodell interkultureller Kompetenz entwickelt, das auf dem reflektierenden Lernen basiert und auf den soziokulturellen Kontext von Handlungen und Verhaltensweisen sowie auf die Person-Situation-Interdependenz Bezug nimmt. „Interkulturelle Handlungskompetenz zeigt sich in der Fähigkeit, kulturelle Bedingungen und Einflussfaktoren im Wahrnehmen, Urteilen, Empfinden und Handeln bei sich selbst und bei anderen Personen zu erfassen, zu respektieren, zu würdigen und produktiv zu nutzen im Sinne einer wechselseitigen Anpassung, von Toleranz gegenüber Inkompatibilitäten und einer Entwicklung hin zu synergieträchtigen Formen der Zusammenarbeit, des Zusammenlebens und handlungswirksamer Orientierungsmuster in Bezug auf Weltinterpretation und Weltgestaltung" (Thomas, 2003b, S. 143, Abs. 39). Diese kompakte Definition lässt sich leichter auf die praktische Anwendung übertragen, wenn wesentliche Aspekte des Konstrukts in einem „Komponentenmodell" interkultureller Kompetenz auseinanderdividiert werden. Das verhaltens- und lerntheoretische Modell von Thomas (2003b) unterscheidet drei Komponenten der interkulturellen Kompetenz: eine kognitive, eine affektive und eine verhaltensbezogene.

Das verhaltens- und lerntheoretische Modell der interkulturellen Kompetenz von Thomas (2003 b)

◢ Die kognitive Dimension bezeichnet das Wissen um kulturelle Besonderheiten.

◢ Die affektive Dimension enthält neben der persönlichen Einstellung zu interkulturellen Kontakten Eigenschaften wie Empathiefähigkeit, Offenheit und Sensibilität für die Sichtweisen und Emotionen anderer.

◢ Die verhaltensbezogene Dimension bezeichnet die Fähigkeit, kulturelle Bedingungen und Einflussfaktoren produktiv zu nutzen.

Diese drei Komponenten von Thomas (2003b) entsprechen einem bewährten strukturellen Merkmal von Verhaltenstrainings und sind in dem vorliegenden Verhaltenstraining interkultureller Kompetenz wiederzufinden.

Deardorff (2006) kommt aufgrund der Befragung von Wissenschaftlern und eigener empirischer Forschung zu vier inhaltlichen Komponenten der interkulturellen Kompetenz:

Die inhaltlichen Komponenten interkultureller Kompetenz (nach Deardorff, 2006)

▲ Konstruktive Interaktion: Vermeiden von Regelverletzungen sowie Zielerreichung.

▲ Haltung und Einstellung: Wertschätzung von Vielfalt und Ambiguitätstoleranz.

▲ Handlungskompetenz: Interkulturelles Wissen, Kommunikations- und Konfliktfähigkeit.

▲ Reflexionskompetenz: Relativierung von Referenzrahmen sowie Empathiefähigkeit.

Diese Teilkompetenzen sind Prozessvariablen, die miteinander interagieren und stetig weiterentwickelt werden sollten. Interkulturelle Kompetenz befähigt zu effektiver, zu **konstruktiver Interaktion** und angemessener Kommunikation. Angemessene Kommunikation bedeutet, dass wichtige kulturelle Regeln, welche die Akteure für verbindlich erachten, nicht verletzt werden. Effektive Kommunikation heißt, dass die Akteure die Ziele ihrer Interaktion erreichen, initiativ auf andere zugehen und Kommunikationsnetzwerke errichten können. Dies gilt vor allem dann, wenn Situationen problematisch erscheinen und man sich am liebsten zurückziehen würde.

Kern einer konstruktiven Interaktion ist eine grundsätzlich positive **Haltung und Einstellung** gegenüber interkulturellen Situationen. Sie beinhaltet eine Offenheit für kulturelle Vielfalt und den von Wertschätzung und Respekt geprägten Umgang miteinander. Im sukzessiven, dynamischen Prozess der gegenseitigen Annäherung ist es wichtig, entstehende Unterschiede und Unsicherheiten zuzulassen, sich immer wieder neu auf fremde Situationen einzulassen und diese Erfahrungen kontinuierlich zu reflektieren. Frenkel-Brunswik (1949) führte das Konstrukt der „Ambiguitätstoleranz" als eine Persönlichkeitseigenschaft ein, die jemanden befähigt, Rollenkonflikte tolerieren zu können. In der Kognitionspsychologie wurde das Konstrukt später nicht als ein Persönlichkeitsmerkmal, sondern als ein kontextabhängiges Konstrukt gesehen. **Ambiguitätstoleranz** ist im interkulturellen Miteinander die kognitive und emotionale Fähigkeit, in schwierigen Situationen die Spannung zwischen scheinbar unvereinbaren Gegensätzen und Mehrdeutigkeiten aushalten zu können und sie nicht als Bedrohung zu empfinden. Ambiguitätstoleranz heißt, Neuheit, Komplexität, Unlösbarkeit, Ungewissheit, Widersprüchlichkeit und Unterschiedlichkeit wahrzunehmen, auszuhalten, sensibel damit umzugehen und sich bewusst zu sein, dass andere die Dinge anders sehen. Ambiguitätstoleranz steht im Gegensatz zu Schwarz-Weiß-Denken, zu ethnozentrischer Sichtweise und zu Absolutheitsansprüchen. Wenn soziale Situationen oder Menschen widersprüchlich oder nicht berechenbar erscheinen, werden bei geringer Ambiguitätstoleranz auf der emotionalen Ebene Stress, Angst, Verunsicherung, Unbehagen oder Ablehnung empfunden. Auf der kognitiven Ebene wird dazu tendiert, mit einer linearen, unreflektierten und vorschnellen Denk- und Handlungsweise zu reagieren, was zu Fremdattribuierung, Zuschreibung von Defiziten oder Vermeidung führt, woraus unweigerlich Konflikte hervorgehen.

Für die **Handlungskompetenz** sind interkulturelles Wissen, Kommunikations- und Konfliktfähigkeit ausschlaggebend. Da kulturelles Wissen potentiell unendlich ist, interessieren hier mehr die sogenannten Kernfähigkeiten oder Schlüsselkompetenzen, die zur stetigen Weiterentwicklung der interkulturellen Kompetenzen notwendig sind. Mit Hilfe der Schlüsselkompetenzen kann man sowohl sein interkulturelles Wissen durch achtsames Beobachten und Nachfragen als auch seine Interaktionskompetenz erweitern. Die Schlüsselkompetenzen sind trainierbar. Sie setzen Zuhören und aufmerksames Beobachten voraus und befähigen schließlich zu Konfliktlösungen.

Zur interkulturellen Kompetenz gehört außerdem die **Reflexionskompetenz**. Sie besteht in der Fähigkeit zur Relativierung und Erweiterung des eigenen Referenzrahmens (Selbstreflexion), zum kognitiven Perspektivenwechsel und zur Empathie. „Empathie" bezieht sich im vorliegenden Kontext des Trainings interkultureller Kompetenz auf das Einfühlungsvermögen in die Befindlichkeiten und Denkweisen der fremdkulturellen Partner. Die Reflexionsfähigkeit umfasst die Bereitschaft, Neues zu lernen, seine eigenen Denk- und Verhaltensmuster zu korrigieren, sich auf ungewohnte und fremde Situationen einzustellen sowie die eigene ethnozentrische Sicht zu relativieren. Diese Reflexion kann zu einer affektiven Neubewertung der fremden Denk- und Verhaltensweisen führen. Dadurch wird das Neue leichter emotional angenommen, Ängste vor dem Fremden nehmen ab, und dies bildet die Voraussetzung für Empathie.[16]

Deardorff (2006) steht stellvertretend und führend in einer größeren Anzahl von Wissenschaftlern, die daran arbeiten, das Konzept „Interkulturelle Kompetenz" zu differenzieren, zu präzisieren und für die interkulturelle Bildung nutzbar zu machen. Es gelte, so Deardorff, die bisherigen Erfahrungen mit interkultureller Kompetenz zusammenzubringen, dadurch zukünftige wissenschaftliche Diskurse zu fördern und die Wahrnehmung für notwendige Entwicklungen zu schärfen. Die bloße Erfahrung von Interkulturalität, der beiläufige Kontakt von Menschen unterschiedlicher Ethnien, Kulturen und Religionen sei nicht genug, um interkulturelle Kompetenz zu erreichen. Ein Schlüssel für den interkulturellen Lernprozess sei es, authentische Beziehungen zu Menschen aus anderen Kulturen aufzubauen. Genannt werden für den Lernprozess noch das Beobachten, Zuhören, Fragen stellen, in einen Dialog über relevante Bedürfnisse und Angelegenheiten treten. Respekt und Vertrauen werden als wesentliche Bausteine genannt, um eine authentische Beziehung zu entwickeln, in der beide Seiten voneinander lernen.

Deardorff (2009a, Preface) betont in ihrer Einführung zum SAGE Handbook of Intercultural Competence, „Intercultural competence learning doesn't just happen ... Rather we must be intentional about developing learners' intercultural competence." Und zusammenfassend: „Such development can occur through adequate preparation, substantive intercultural interactions, and relationship building" (Deardorff, 2009a, Preface).

Außer dem Hinweis auf die Bedeutung authentischer Beziehungen zu Menschen anderer Herkunft bringt Deardorff (2009a) den interkulturellen Lernprozess in Verbindung mit dem Konzept des „Lifelong learning". Ein einzelner Workshop, Kurs oder ein Training während der Schulzeit oder auch später genügen nicht für einen solchen Lernprozess. Vielmehr müssen während der ganzen schulischen und beruflichen Entwicklung Aspekte der interkulturellen Kompetenz bewusst immer wieder aufgegriffen werden. Es erscheint folgerichtig, dass am Ende der vorgenannten Merkmale von Deardorff ein Fernziel genannt wird, nämlich von der interkulturellen Kompetenz zu einer globalen kulturellen Kompetenz zu gelangen (Deardorff, 2009a).

Mit der Forderung nach einer integrierten interkulturellen Bildung für Kinder und Jugendliche weist Deardorff darauf hin, dass die Lehrer selbst in Studium und praktischer Vorbereitung eine interkulturelle Kompetenz erwerben müssen, um ein kompetentes Modell für die Jugendlichen zu sein. Eine weitere Forderung von Deardorff ist die nach ständiger Erfassung der Veränderungen der bedeutsamen Fähigkeiten, Fertigkeiten, Einstellungen und Haltungen der Kinder und Jugendlichen (Deardorff, 2009a). Dabei sollten häufig angestrebte Verhaltensweisen weiter differenziert werden, um möglichst effektiv erfasst werden zu können. Dieser Hinweis stimmt mit der Haltung des vorliegenden Buches überein (vergleiche das Kapitel „Evaluation").

Der Abschnitt über die Ziele interkultureller Bildung schließt mit einer Auflistung derjenigen Einstellungen, Haltungen, Fertigkeiten und Fähigkeiten, Denk- und Reflexionsweisen, Wissenselemente, Verhaltensweisen usw., die wir aus verschiedenen Quellen zusammengetragen haben (Deardorff, 2009a; Niedersächsisches Landesinstitut für schulische Qualitätsentwicklung, 2011; Treichel & Meyer 2011; Klinge, 2007). In die Auflistung sind auch die Erkenntnisse eingeflossen, die aus rund zehn Jahren Durchführung, Evaluation und Analyse der früheren Auflagen

---

16 Weitere Modelle der interkulturellen Kompetenz in Deardorff (2009a).

des vorliegenden Trainingsprogramms (Jugert, Kabak & Notz, 2010, „Fit for Differences") sowie der Rückmeldungen in Form von Rezensionen und Trainererfahrungen zusammengetragen wurden.

Auflistung der Inhalte interkultureller Kompetenz

▲ Ambiguitätstoleranz

▲ Empathiefähigkeit

▲ ethnozentrische Sicht relativieren und reflektieren

▲ Kultur: Rolle der Kultur verstehen; situative, soziale und historische Kontexte verstehen

▲ Kommunikations- und Metakommunikationsfähigkeiten

▲ Offenheit für interkulturelles Lernen und für Menschen anderer Kulturen

▲ Perspektivenwechsel, Reflexions- und Selbstreflexionskompetenz

▲ Wertschätzung anderer Kulturen und Offenheit für kulturelle Vielfalt

▲ Vielfalt: kulturelle Unterschiede als Bereicherung erfahren

▲ Vorurteile, Diskriminierung, Rassismus erkennen, reflektieren und relativieren

Für die Autoren des vorliegenden Buches „Fit für kulturelle Vielfalt" ist es wichtig, auf dieses, dem aktuellen Forschungsstand entsprechende Kompetenzrepertoire zurückzugreifen, auch wenn es nicht möglich ist, alle bekannten interkulturellen Teilkompetenzen innerhalb eines Trainingsprogramms abzubilden oder zu erreichen.

Wichtig ist, diese Kompetenzen nicht primär als Mittel zur Krisenintervention zu verstehen, sondern als permanent einzusetzende Fertigkeiten interkulturellen Handelns, um Tag für Tag eine gemeinsame Handlungsgrundlage im Prozess des Zusammenlebens zu ermöglichen. Interkulturelle Kompetenz bedeutet nicht, alles zu akzeptieren, sondern in einer interkulturellen Interaktion in der Lage zu sein, gemeinsam größtmögliche Akzeptanzspielräume zu finden, aber auch Unvereinbarkeiten zu erkennen und zu thematisieren. Dabei sollte die Souveränität des Einzelnen anerkannt und respektiert werden. „Erfolgreiche Integration erfolgt nur auf der Grundlage von Heterogenität. Homogenitätsstreben – von welcher Seite auch immer – provoziert Gefahren der Identitätspreisgabe" (Bolten, 2007, S. 60).

1.7 Zusammenfassung

An dieser Stelle erfolgt eine Zusammenfassung des ersten, kulturtheoretischen Kapitels bevor im Kapitel 2 die lerntheoretischen Grundlagen des Trainings dargestellt werden. In Kapitel 1 wurden verschiedene Kulturbegriffe und -Definitionen in ihrer historischen Entwicklung bis hin zum modernen prozessualen Kulturbegriff dargestellt. „Kultur" ist ein sich permanent entwickelnder und sich verändernder dynamischer Prozess. „Multikulturalität", „Interkulturalität" und „Transkulturalität" werden ebenfalls prozessual verstanden, das heißt kulturelle Muster interagieren wechselseitig, vermischen und verändern sich fortlaufend, wodurch neue transkulturelle Muster entstehen. In unserer globalen, vernetzten und multikulturellen Gesellschaft und im internationalen Zusammenleben und Kooperieren ist die Akzeptanz kultureller Vielfalt eine unabdingbare Voraussetzung. Mit der interkulturellen Erziehung und Bildung sollte daher die Vorbereitung der Kinder und Jugendlichen auf ein Leben in kultureller Vielfalt verbunden sein. Hierzu ist es erforderlich, dass sich das Schul- und Bildungssystem auf allen Ebenen, der des Curriculums, der der Persönlichkeit des Pädagogen und der der Institution, für die interkulturelle Bildung öffnet. Darüber hinaus findet interkulturelle Bildung auch mehr oder weniger informell im Miteinander der Kulturen im Sport, bei Festen, beim Theaterspielen usw. statt. Die noch vorhandenen „Stolpersteine" (zum Beispiel Ängste, Stereotype, Vorurteile) können in einem Training interkultureller Kompetenz reflektiert und schließlich mit Hilfe der „Schlüsselkompetenzen" überwunden werden. Für ein respektvolles Zusammenleben im interkulturellen Kontext sind bestimmte kommunikative Fähigkeiten zur Bewältigung von Interaktionsproblemen notwendig. Die Vermittlung von Interaktions- und Kommunikationskompetenzen sind zur Respektierung der Menschenwürde im menschlichen Miteinander von Kulturen und in einem Leben in kultureller Vielfalt unabdingbare Voraussetzungen.

Im folgenden Kapitel 2 werden die Theorien und Konzepte des sozialen Lernens und der sozial-kognitiven Verhaltensmodifikation dargestellt, die die Grundlage bei der Vermittlung der sozialen wie auch der interkulturellen Kompetenzen sind. Ein Training interkultureller Kompetenz braucht über die Vermittlung der sozialen Kompetenz hinaus eine eigenständige Struktur und Methodik zur Förderung der interkulturellen Kompetenz und Sensibilisierung. Kulturelle Selbstsicherheit und Identifikation erfordern es, sich der Besonderheiten der eigenen und der anderer Kulturen bewusst zu sein, Gemeinsamkeiten und Unterschiede wahrzunehmen und zu reflektieren. Dieser Prozess findet auf der Ebene der Wahrnehmung, des Lernens, der Wertschätzung, des Verstehens, der Reflexion, der Selbstreflexion, der Sensibilisierung und des Verhaltens statt. Ziel einer interkulturellen Erziehung ist es, eine authentische Beziehung zu Menschen anderer Kulturen aufzubauen, in der beide Seiten voneinander lernen.

2. Lerntheoretische Grundlagen

Ein präventives Trainingsprogramm soll ein klares theoretisches Fundament besitzen, von dem die Ziele, die verwendeten Methoden, die Struktur des Trainings und das Basisverhalten der Trainer abgeleitet werden (Preiser & Wagner, 2003). Die verwendeten Techniken, Verfahrens- und Verhaltensweisen der Anwender müssen auf nachvollziehbare Weise mit anerkannten und bewährten wissenschaftlichen Theorien, theoretischen Annahmen, Modellen und Konzepten begründet werden. Bei dem vorliegenden Training interkultureller Kompetenz handelt es sich um ein Verhaltenstraining zur Prävention von Fremdenfeindlichkeit und Gewalt gegenüber Menschen anderer Herkunft.

Der Zusammenhang von Theorie und praktischem Vorgehen kann nicht immer von gleicher Stringenz sein. Gleichwohl sollte in jedem Falle eine hohe Wahrscheinlichkeit und Plausibilität des Zusammenhangs zwischen Theorie und Praxis vorliegen. Die Verfasser haben sich, wie in der Einführung bereits ausgeführt, dafür entschieden, ihr Curriculum einer interkulturellen Bildungsmaßnahme in Form eines sozial-kognitiven Verhaltenstrainings zu konzipieren. Sie haben zuvor Trainings sozialer und vorberuflicher Kompetenz mit entwickelt, evaluiert und publiziert (Jugert, Rehder, Notz & Petermann, 2013; Jugert, Rehder, Notz & Petermann, 2014 und Petermann, Jugert, Tänzer & Verbeek, 2012). Daher möchten sie die Vielfalt der Ansätze interkultureller Bildung um ein Training interkultureller Kompetenz bereichern.

Aus den Selbstsicherheitstrainings der Verhaltenstherapie in den 1960er Jahren hervorgegangen, jedoch längst zu einer von der Therapie unabhängigen Form der Verhaltensmodifikation weiterentwickelt, gleichen sich Verhaltenstrainings in ihren theoretischen Grundlagen weitgehend. Bandura (1986) hat mit seiner Lerntheorie das Fundament der Verhaltensmodifikation gelegt. Er hat die Theorie später um das Konzept der Selbstwirksamkeit ergänzt und sie so durch die neueren Erkenntnisse der Attributionsforschung erweitert (Bandura, 1994). Die Forschergruppe um Dodge (1993) hat mit ihrem theoretischen Modell der sozial-kognitiven Informationsverarbeitung und der Untersuchung von Verhaltensstörungen bei Heranwachsenden ebenfalls einen außerordentlichen Beitrag für die theoretische Fundierung von Verhaltenstrainings geleistet.

In den folgenden Abschnitten werden die angesprochenen Theorien in angemessen kurzer Form dargestellt und auf die Ziele, Inhalte und Methoden des vorliegenden Trainings sowie das Basisverhalten der Trainer bezogen.

2.1 Sozial-kognitive Lerntheorie

Die allgemeine theoretische Grundlage jeder sozial-kognitiven Verhaltensmodifikation, die auch eine Veränderung von Einstellungen beinhaltet, ist die sozial-kognitive Lerntheorie von Bandura (1979, 1986). Sie beschreibt sowohl die wesentlichen Prinzipien als auch den Ablauf des sozialen Lernens. Der Ablauf des Lernens ist in vier Teilprozesse gegliedert (Aufmerksamkeit, Gedächtnis, Verhalten ausführen, Motivation), die damit für gezielte soziale Lernprozesse fruchtbar gemacht werden können.

Die Lernprinzipien, die Bandura seiner Lerntheorie voranstellt, sind die Folgenden:

Beobachtungslerneffekt – Modelllernen

Der Lernende erwirbt neues Verhalten durch das Beobachten und Nachahmen des Verhaltens eines anderen Menschen, der sogenannten Modellperson. Die Bereitschaft zur Nachahmung variiert je nach Attraktivität, Autorität und Einfluss der Modellperson. Im Verhaltenstraining bedeutet das: Die Trainer stellen Modellpersonen für die Teilnehmer dar. Teilnehmer sind füreinander ebenfalls Modellpersonen, wenn sie über Ansehen und Autorität bei ihren Mitschülern verfügen.

Es folgt eine differenzierte Auflistung der Voraussetzungen für eine Modellperson:

Wann ist das Verhalten einer Modellperson wirksam?

◢ Wenn der Lernende wahrnimmt, dass das gelernte Verhalten positive Konsequenzen für das Modell hat.

◢ Wenn das Modell von dem Lernenden positiv gesehen wird, beliebt ist und respektiert wird.

◢ Wenn der Lernende annimmt, dass er in einigen Merkmalen und Eigenschaften dem Modell ähnlich ist.

◢ Wenn der Lernende dafür verstärkt wird, dem Modell seine Aufmerksamkeit zu schenken.

◢ Wenn das Verhalten des Modells gut wahrnehmbar und herausragend ist.

◢ Wenn es dem Lernenden möglich ist, das beobachtete Verhalten selbst zu zeigen.

Verhaltenshemmungen verstärken oder abschwächen

Jede soziale Handlung unterliegt mehr oder minder starken Hemmungen. Wenn die Hemmung eine gewisse Stärke hat, wird die Handlung nicht ausgeführt. Die Wahrnehmung anderer Menschen, die für uns Modelle darstellen, vermindert oder verstärkt die Hemmungen: Folgt der bei anderen beobachteten Verhaltensweise eine negative Konsequenz, ein Misserfolg oder eine Bestrafung, wird bei den Beobachtenden die Hemmung verstärkt. Führt die Verhaltensweise bei dem Modell zum Erfolg, wird die Hemmung, dieses Verhalten auszuführen, verringert. Noch stärker als die Beobachtung eines Modells wirkt sich die eigene Erfahrung von Erfolg oder Misserfolg auf den Lernerfolg aus.

Verhaltensaktivierung durch gezielte Hinweise

Die Jugendlichen lernen durch Beobachtungen und gezielte Hinweise zu unterscheiden, in welchen Situationen eine bestimmte Verhaltensweise angemessen ist und in welchen nicht. Das Unterscheidungs- oder Diskriminationslernen ist im Bereich des sozialen Verhaltens außerordentlich bedeutsam: Im Verhaltenstraining wird nicht nur neues Verhalten gelernt und eingeübt, sondern auch auf das bekannte Verhaltensrepertoire zurückgegriffen. Dabei werden die bereits erworbenen sozial kompetenten Verhaltensweisen mittels Rollenspiel, Reflexion und Transfer in die relevanten Lebenssituationen eingebettet, während andere Verhaltensweisen aus dem alten Verhaltensrepertoire gehemmt werden, wenn sie sich in relevanten Lebenssituationen als sozial unangebracht erweisen.

Der Prozess des sozial-kognitiven Lernens vollzieht sich in **vier Phasen oder Teilprozessen**, die im Folgenden in kurzer Form dargestellt werden:

Teilprozess: Aufmerksamkeit. Ohne Aufmerksamkeit findet kein Lernen statt. Um zu lernen, muss die Aufmerksamkeit der Lernenden aktiviert, aufrechterhalten und gegebenenfalls verstärkt werden. Ob eine Person hinreichend aufmerksam für die Lernprozesse ist, liegt sowohl an der Umgebung und den anwesenden Personen als auch an dem Lernenden selbst. Während in der Person des Lernenden Motivation, Bedürfnisse und die Selbstwirksamkeitsüberzeugung Einfluss auf den Grad der Aufmerksamkeit nehmen, sind es auf Seiten der Umgebung die Strukturiertheit der sozialen Situation, ihr Aufforderungscharakter sowie für den Lernenden die Komplexität und die Bedeutsamkeit des einzuübenden Verhaltens. Hinzu kommen Merkmale und Fähigkeiten der Modellperson wie Status, Kompetenz und Sachkenntnis, die den Lernprozess beeinflussen.

Im Training stimuliert und verstärkt der Trainer die erforderliche Aufmerksamkeit durch eine gute Strukturierung der Trainingsinhalte und des Ablaufs, durch interessante und ansprechende Darbietung sowie durch eine für das Erleben der Jugendlichen bedeutsame Aufbereitung der Lerninhalte. Dabei kann der Trainer auf Trainingsmaterialien zurückgreifen, die gemäß den genannten Kriterien gestaltet sind. Wichtig ist auch eine Anpassung der Materialien und Aufgaben an die Ressourcen und Schwächen der jugendlichen Teilnehmer durch den Trainer. Der Erhöhung und Aktivierung der Aufmerksamkeit dient ebenfalls die Konzentrationsübung beziehungsweise das Warm-up unmittelbar vor der Bearbeitung der jeweiligen Trainingssitzung.

Teilprozess: Gedächtnis. Der Teilnehmer muss das zu lernende Verhalten, nachdem er es im Rollenspiel an einer Modellperson beobachtet hat, bildlich, symbolisch oder verbal speichern, um es zu behalten, es im richtigen Moment zu erinnern und umzusetzen. Ganze Handlungssequenzen werden mit Hilfe von Bildern oder Symbolen im Gedächtnis verankert. Das Behalten von sozial und interkulturell kompetentem Verhalten kann durch symbolische Schlüsselbegriffe oder bildliche Symbole wesentlich gefördert werden. Daher unterstützen im Verhaltenstraining Zeichen und Symbole wie Signalkarten, Smiley-Gesichter, eingängige Gesten, ein Stoppschild wie „Erst denken, dann handeln!", Cartoons sowie das Ausführen einer Selbstbeobachtung die Gedächtnisprozesse.

Teilprozess: Verhalten ausführen. Die Speicherung des zu lernenden Verhaltens im Gedächtnis alleine genügt nicht, um das neue Verhalten verfügbar zu machen. Es muss in Handlung umgesetzt werden. Die Handlungen bestehen aus relativ einfachen Teilhandlungen, die zu einer komplexeren Gesamthandlung zusammengesetzt werden. Die Teilhandlungen müssen zunächst motorisch eingeübt und mehrmals ausgeführt werden. Im Verhaltenstraining üben die jugendlichen Teilnehmer die Teilhandlungen oder Teilfertigkeiten zumeist in der Form von Verhaltensübungen. Sie lernen anschließend in Rollenspielen, die Teilfertigkeiten zu einer komplexen Handlung zusammen- und einzusetzen. Sie erhalten sowohl bei Verhaltensübungen als auch bei den Rollenspielen Feedback, mit dem ihre Fortschritte und Erfolge verstärkt und noch bestehende Unsicherheiten überwunden werden können, was für das Fortschreiten des Lernprozesses unabdingbar ist.

Teilprozess: Motivation. Sind von dem Lernenden die beschriebenen drei Teilprozesse durchlaufen, hat er ein soziales Verhalten gelernt. Ob er dieses Verhalten in der Zukunft zeigen wird, hängt jedoch von seiner Motivation ab. Die Motivation wird von der Art, Bedeutsamkeit und Häufigkeit der Verstärkung bestimmt, die der Lernende für das betreffende Verhalten erfährt. Findet nach dem Erlernen keine Verstärkung statt oder wird das Verhalten gar sanktioniert, so wird der Betreffende das Verhalten nicht mehr ausführen.

Es gibt drei verschiedene Formen der Verstärkung, um die erforderliche Motivation für ein Verhalten zu erreichen.

Eine Möglichkeit ist die direkte Verstärkung in Form von Geld, Essen oder neuer Kleidung (= materielle Verstärkung) und als Lob, Anerkennung und Zuwendung (= soziale Verstärkung). In einem Verhaltenstraining mit Jugendlichen wird überwiegend die soziale Form der Verstärkung angewendet. Gelegentlich kann auch die direkte materielle Verstärkung, zum Beispiel in Form eines gemeinsamen Frühstücks, angezeigt sein.

Von einer stellvertretenden Verstärkung wird gesprochen, wenn folgende Situation vorliegt: In einer Lerngruppe wird eine Person vom Trainer direkt sozial verstärkt. Die Beobachtung der Verstärkung eines anderen hat ihrerseits eine verstärkende Wirkung. Wenn der Trainer einen Teilnehmer sozial verstärkt, erfahren alle übrigen Gruppenteilnehmer, die gleichfalls die Reaktion gezeigt haben oder zeigen wollten, ebenfalls eine Verstärkung, die stellvertretende Verstärkung.

Die höchste Stufe der Verstärkung ist die Selbstverstärkung. Viele Lernprozesse und deren Ergebnisse werden entscheidend durch Selbstverstärkung motiviert. Selbstverstärkung besteht darin, sich für das Erreichen eines (Teil-)Zieles selbst zu belohnen (Petermann & Petermann, 2010). Die Form der Selbstverstärkung wiederum ist materieller, sozialer oder symbolischer Art. Die symbolische Form kann darin bestehen, sich innerlich zu loben. Die Selbstverstärkung ist sicherlich die differenzierteste Form der Verstärkung und muss bei den jugendlichen Teilnehmern besonders gefördert werden. Alle Aufforderungen, das eigene Verhalten einzuschätzen und zu reflektieren sind geeignet, die Selbstverstärkung zu fördern.

Sozial-kognitive Lerntheorie (nach Bandura, 1986)

(1) Aufmerksamkeit

Merkmale der Lernsituation:
- Auslösen von Betroffenheit
- Komplexität
- Bedeutsamkeit

Merkmale des Lernenden:
- Wahrnehmungsfähigkeit
- Wahrnehmungshaltung
- Aktiviertheit
- Motivation (frühere Verstärkungen)

(2) Verhalten ausführen
- Körperliche Fähigkeiten
- Verfügbarkeit der Teilhandlungen
- Feedback durch Selbstbeobachtung und durch Außenstehende

(3) Gedächtnis

Wird unterstützt durch:
- symbolische Verschlüsselung
- innere Repräsentation
- (symbolische) Wiederholung

(4) Motivation
- äußere, direkte Verstärkung
- stellvertretende Verstärkung
- Selbstverstärkung

2.2 Selbstwirksamkeit

Seine sozial-kognitive Lerntheorie von 1986 hat Bandura später um das motivationale Konzept der Selbstwirksamkeit (1992, 1994) erweitert. Das Konzept bezeichnet im Wesentlichen die Überzeugung oder Selbst-Erwartung einer Person, über ausreichende Fähigkeiten zu verfügen, um Aufgaben, die ihr gestellt werden, zu erfüllen. Die Überzeugung der Selbstwirksamkeit setzt sich aus zwei Komponenten zusammen:

- Der Kompetenzerwartung oder -überzeugung, die eine Person in Bezug auf ihre eigenen Fähigkeiten und ihre Kompetenz hat, und

- der Erfolgs- oder Ergebniserwartung, die die Person im Hinblick auf die Lösung einer ihr gestellten Aufgabe hat.

Eine weitere präzise Definition von Selbstwirksamkeit nach Aronson, Wilson & Akert (2004) sei an dieser Stelle angefügt: Selbstwirksamkeit ist die Überzeugung, dass es im Bereich der eigenen Möglichkeiten beziehungsweise Fähigkeiten liegt, bestimmte Handlungen auszuführen, die zu dem gewünschten Ergebnis führen.

Wenn einem Menschen eine Aufgabe gestellt wird, bestimmt die Kompetenz- und Ergebniserwartung, also das Selbstwirksamkeits-Gefühl, maßgeblich die Motivation, die Aufgabe auch tatsächlich anzugehen (Bandura, 1994). Die Forschungen zu dem Konzept der Selbstwirksamkeit von Bandura können dahingehend zusammengefasst werden, dass eine Person soziale Verhaltensweisen nur dann ausführt, wenn sie eine hinreichend hohe Kompetenzerwartung und – bezogen auf die aktuell gestellte Aufgabe – eine entsprechend hohe Ergebniserwartung besitzt.

Das Gefühl oder die Überzeugung eigener Wirksamkeit bildet die motivationale Voraussetzung für ein kompetentes, zielorientiertes Verhalten. Seltene Verstärkungen, häufige Kritik und Bestrafungen führen zu Zweifeln an den eigenen Fähigkeiten und Möglichkeiten. Sie lassen eine Überzeugung, das eigene Leben gestalten und darauf Einfluss nehmen zu können, nur schwer aufkommen. Ein gering ausgeprägtes Selbstwirksamkeits-Gefühl ist die Folge. Jugendliche mit geringem Selbstwirksamkeits-Gefühl weisen eine eher negative Grundstimmung, Mutlosigkeit und ein Gefühl, Opfer äußerer Umstände zu sein, auf (Bandura, 1986; 1994; Seligman, 2010).

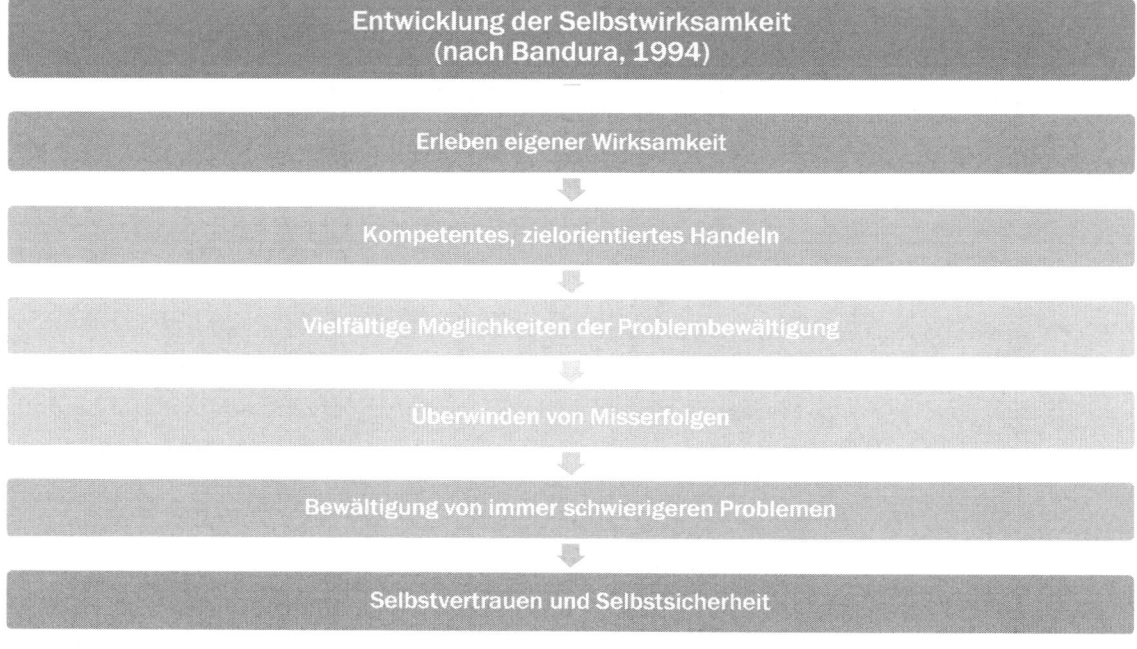

Das Schaubild stellt die Entwicklung von Selbstvertrauen und Selbstsicherheit von der frühen Kindheit an schematisch dar. Jede Kompetenz, die im Laufe der Entwicklung zusätzlich erreicht wird, trägt zur Bildung von Kompetenzerwartungen sowie zu vermehrtem Selbstvertrauen und erhöhter Selbstsicherheit bei.

Die Beachtung und Berücksichtigung, die Bandura (1994) mit seinem Konzept der Selbstwirksamkeit in der Psychologie und Pädagogik erfährt, wird von Krapp & Ryan (2002) zugleich im Wesentlichen bestätigt, in einigen Aspekten jedoch als inzwischen unzureichend kritisiert. Das Selbstwirksamkeits-Modell könne das gesamte Spektrum der intrinsischen Motivation nicht abdecken. Es sei nicht in der Lage, die subjektiv erlebte Selbstwirksamkeits-Erwartung zu beschreiben. Es beziehe aufgaben- und thematisch bezogene Ziele nicht mit ein. Diese Kritik wird mit Ergebnissen empirischer Untersuchungen begründet, die zum Teil von den oben angegebenen Autoren durchgeführt wurden.

In dem vorliegenden Trainingsprogramm wird die Themen- und Interessenbezogenheit der gestellten Aufgaben methodisch berücksichtigt. Der Verhaltenstrainer soll im Training insofern individualisieren, als er die jeweiligen Interessen und die themenbezogene Motivation der Teilnehmer wahrnimmt und die Jugendlichen berät und ermutigt, entsprechende Transferschritte in der Realsituation zu gehen. Die Beratung des Trainers bezieht sich darüber hinaus im Sinne der Selbstwirksamkeit auf die Erreichbarkeit der Verhaltensziele und Möglichkeiten der Selbstverstärkung durch den Beobachtungsbogen (Teil III Beobachtungsbogen).

Darüber hinaus wird die Kritik durch folgende Merkmale des Lernens in einem interkulturellen Verhaltenstraining relativiert: Das Trainingsprogramm bietet den Jugendlichen eine Vielfalt an Themen, so dass jeder Jugendliche mit hoher Wahrscheinlichkeit ausreichend viele ihn interessierende Themen präsentiert bekommt. Ähnliches gilt für die emotionalen Steuerungskomponenten, die durch die starke Handlungsorientierung mit Übungen, Rollenspielen, Simulationen und Projekten angesprochen werden.

Die Autoren des vorliegenden Buches weisen die Kritik von Krapp & Ryan (2002) an Banduras Selbstwirksamkeits-Modell keineswegs pauschal zurück, halten sie jedoch auch nicht für zweifelsfrei erwiesen. Das Konzept der Selbstwirksamkeit von Bandura (1994) ist nach wie vor eine der theoretischen Grundlagen des vorliegenden Trainingsprogramms. Dass innerhalb des Trainings interessante motivationale Differenzierungen neuerer empirischer Forschungen, unter anderem von Krapp & Ryan (2002), dennoch Berücksichtigung finden, ist weiter oben dargestellt worden.

Es wäre waghalsig zu behaupten, dass ein Trainer Jugendlichen mit geringer sozialer und interkultureller Kompetenzerwartung innerhalb eines halben Jahres zu einem stabilen Selbstwirksamkeits-Gefühl verhelfen könnte. Gleichwohl sind die Ziele des vorliegenden Verhaltenstrainings darauf gerichtet, die Jugendlichen ihre eigene Wirksamkeit erfahren zu lassen, sie zu unterstützen und zu kompetentem Handeln zu ermutigen. Ein wichtiger Punkt der Trainingsgestaltung ist es, die Anforderungen kognitiver, emotionaler und sozialer Art zu Beginn des Programms moderat bis einfach zu gestalten, damit die Teilnehmer zunächst viele Erfolge und Verstärkungen erfahren. Die Jugendlichen sollen neue und flexiblere Möglichkeiten der Problembewältigung ausprobieren und üben können. Sie werden das Überwinden von Misserfolgen üben. Und wenn sie am Ende des Trainings auch Selbstvertrauen und Selbstsicherheit dazugewonnen haben, ist für ihre berufliche und individuelle Zukunft sowie ihre Toleranz gegenüber Fremden nicht wenig gewonnen.

◢ **Beispiel**

Marcel Marcel ist 16 und sagt von sich, er sei ein Einzelgänger. Seine Lehrer und Ausbilder erzählen, dass Marcel nicht mit anderen zusammenarbeiten will, erst recht nicht mit Jugendlichen anderer Herkunft. Er reagiert auf Gruppenarbeit mit Sprüchen wie „Gruppenarbeit ist Mist", das wisse er schon lange. Das sei langweilig. Meistens würde einer arbeiten und die anderen dagegen nichts tun. Durch geduldige Gespräche mit Marcel erfährt ein Ausbilder, dass Marcel nie Gelegenheit erhielt, mit anderen Kindern zu spielen, draußen gemeinsam etwas zu unternehmen oder auch Gesellschaftsspiele zu spielen. Seine Mutter wollte nicht, dass er Kontakt mit anderen Kindern hatte und sagte ihm immer wieder: „Du bist Einzelkind, du kannst das nicht, die lachen dich aus, die wollen nicht mit dir spielen." So hatte er keinerlei Übung darin, sich mit anderen auf gemeinsame Ziele zu einigen, Kompromisse zu schließen, auf die Gefühle anderer Kinder einzugehen, seine eigenen Gefühle und Wünsche angemessen auszudrücken, Freundschaften zu schließen, verschiedene Problemlösestrategien zu erproben usw. Derselbe Ausbilder stellte fest, dass Marcel sehr wohl in der Lage war, sich mit einem anderen Mitglied der Gruppe über ein Thema zu unterhalten und anschließend wichtige Dinge aus dem Gespräch in einfacher Form wiederzugeben. Da es in der Einrichtung üblich ist, dass Jugendliche aus vielen Ländern zusammen arbeiten, lernen und sich unterhalten, passt sich Marcel nun dem an und arbeitet ohne Probleme mit Jugendlichen anderer Herkunft zusammen und unterhält sich mit ihnen.

2.3 Sozial-kognitive Informationsverarbeitung

Unter der „Sozial-kognitiven Informationsverarbeitung" (Dodge, 1993) ist derjenige kognitive, zum Teil auch emotionale Verarbeitungsprozess zu verstehen, der in einer Person abläuft, von der ersten Wahrnehmung innerhalb einer sozialen Situation bis zu dem daraus resultierenden Verhalten.

Dodge (1993) entwickelte sein Modell, um den sozial-kognitiven Informationsverarbeitungsprozess in unterscheidbaren Stufen zu beschreiben, so dass diese Stufen genauer auf ihre Rolle innerhalb des Gesamtprozesses von der Wahrnehmung bis zur Reaktion überprüft werden konnten (vergleiche auch Crick & Dodge, 1994). Er spricht von mentalen Prozessen. Diese umfassen soziale, kognitive und emotionale Aspekte der Informationsverarbeitung in einer sozialen Situation.

In der folgenden Übersicht werden die fünf Stufen der Informationsverarbeitung im Überblick dargestellt.

Modell der sozial-kognitiven Informationsverarbeitung (nach Crick & Dodge, 1994)

	günstige Verarbeitung	ungünstige Verarbeitung
Wahrnehmung	Alle relevanten Informationen werden erfasst.	Die Wahrnehmung ist verzerrt, es werden vorwiegend negative oder feindliche Reize wahrgenommen.
Interpretation	Die Informationen werden situationsangemessen interpretiert.	Neigung, das Verhalten anderer als feindselig oder negativ zu interpretieren.
Reaktionssuche	Mit Hilfe eines breiten Reaktionsrepertoires findet eine flexible Suche nach passenden Reaktionen statt.	Es werden überwiegend aggressive oder selbstisolierende Reaktionen gewählt.
Reaktionsbewertung	Es werden kurz- und langfristige Konsequenzen abgewogen. Verhaltenshemmungen sind wirksam.	Aggressivem Verhalten werden positive Konsequenzen zugeschrieben. Es werden nur kurzfristige oder negative Konsequenzen der Reaktion vorausgesehen.
Reaktion	Es wird ein differenziertes angemessenes Sozialverhalten gezeigt.	Aggressives oder gehemmtes Verhalten wird bevorzugt ausgeübt.

Mit Hilfe des Modells der sozial-kognitiven Informationsverarbeitung von Crick & Dodge (1994), zu dem eine große Anzahl von empirischen Untersuchungen vorliegt, lassen sich ungünstige und verzerrende Informationsverarbeitungsweisen auf verschiedenen Stufen des Prozesses lokalisieren und gezielt mit Hilfe des Verhaltenstrainings bearbeiten. Um sozial und interkulturell kompetentes Verhalten zu lernen, zu fördern und aufrecht zu erhalten, werden wichtige Ziele des interkulturellen Trainings aus dem Modell von Dodge abgeleitet. Zu ihnen gehören die Schulung der Wahrnehmung, die Verbesserung des Erkennens und Ausdrückens von Gefühlen, eine Flexibilisierung des Problemlösens, eine verbesserte Reaktionsfolgenabschätzung und ein Perspektivenwechsel. Dies wird im strukturierten Rollenspiel, in der Verhaltensübung, in Trainingsritualen und Konzentrationsübungen bearbeitet und geübt.

◢ Beispiel

Jeanine   Jeanine, 15 Jahre, stark und aggressiv gegenüber Jungen und allem, was ihr fremd vorkommt. Sie hat sich mit ihren Freundinnen Maike und Nina an einem beliebten Treffpunkt verabredet. Als sie verspätet dort eintrifft, sieht sie von weitem, dass zwei Jungen bei Maike und Nina stehen und mit ihnen reden und lachen. Sie kennt die Jungen von früher, zwei „komische Typen". Sie ärgert sich: „Die wollen meine Freundinnen abschleppen! Das könnte den Typen so passen! Die gehören doch gar nicht zu uns! Denen werde ich's mal zeigen!" Sie geht sehr langsam, um Zeit zu gewinnen und um cool zu wirken. „Die werden gleich kehrt machen und stiften gehen, darauf freue ich mich jetzt schon!" denkt sie – und: „Diese Türken haben nichts anderes verdient. Wer so dreist ist, muss einen Denkzettel kriegen!" Bei der kleinen Gruppe angekommen, hat sie zunächst keinen Blick für ihre Freundinnen; sie baut sich drohend vor den beiden Jungen auf, lässt einen Sturzbach von Verdächtigungen und schlimmen Beschimpfungen auf sie niedergehen, die mit der Drohung enden: „Und wenn ihr nicht in 30 Sekunden verschwunden seid, dann findet ihr euch im Krankenhaus um die Ecke wieder!" Hier wendet sie sich zum ersten Mal Maike und Nina zu „Oder?!" Die beiden nicken verlegen, bauen sich drohend neben Jeanine auf. Die Jungen werden unsicher, schauen sich verlegen an, drehen sich zögernd um und gehen weg.

Das Mädchen Jeanine zeigt in diesem Beispiel alle Wahrnehmungs- und Informationsverarbeitungsverzerrungen einer aggressiven und fremdenfeindlichen Jugendlichen: Von der selektiven Fokussierung auf scheinbar bedrohliche Informationen, der Interpretation einer feindseligen Absicht (wo keine war), der impulsiven Entscheidung für eine aggressive Reaktion, dem ausschließlichen Beachten kurzfristiger Konsequenzen ihrer Handlung, der positiven Bewertung ihrer geplanten aggressiven Reaktion sowie dem weitgehenden Fehlen einer Hemmung bis zu der „erfolgreichen" verbalen Aggression, zeigt sie die „typischen Verzerrungen" der sozial-kognitiven Verarbeitungsprozesse von aggressiven Jugendlichen.

Das vorliegende Verhaltenstraining interkultureller und sozialer Kompetenz bietet Jugendlichen die Möglichkeit, durch Übungen der Wahrnehmung, des Umgangs mit Gefühlen, flexibler Problemlösung, der Empathie sowie Perspektivenübernahme und sozial kompetenter Konfliktlösung eventuell vorhandene Schwächen ihrer Informationsverarbeitungsprozesse abzubauen.

2.4 Zusammenfassung

Die sozial-kognitive Lerntheorie von Bandura (1986) ist für das Lehren und Lernen von Verhaltensweisen und Kognitionen, von Fertigkeiten und Fähigkeiten sowie von Einstellungen die Theorie, die die angestrebten Ziele am besten zu beschreiben, zu planen, durchzuführen und zu analysieren vermag. Auf der Grundlage der älteren Lerntheorie wie beispielsweise „Lernen am Erfolg" beschreibt Bandura präzise die Prozesse des sozial-kognitiven Lernens von der Aufmerksamkeit bis zur Motivierung. Das Lernen am Modell ist ein weiterer wesentlicher Bestandteil seiner Theorie. Auf der Grundlage der Attributionsforschung hat Bandura (1994) seine Lerntheorie um das Konzept der Selbstwirksamkeit erweitert und differenziert. Nur wer eine ausreichende Überzeugung der eigenen Kompetenzen, also Selbstwirksamkeit, besitzt, wird sich auf das Erlernen neuer und unbekannter Fertigkeiten und Kognitionen einlassen. Die Kenntnis dieser Theorie gestattet es, Jugendliche mit geringer Selbstwirksamkeits-Überzeugung gezielt zu fördern. Ein wichtiges theoretisches Modell ist das der sozial-kognitiven Informationsverarbeitung von Dodge (1993) und anderen. Das Verdienst dieses Modells ist es, die sozial-kognitiven Verarbeitungsprozesse von der Wahrnehmung bis zur Handlung auf die mutmaßlichen Zielgruppen des Verhaltenstrainings zu beziehen und daraus ebenfalls Trainingsziele abzuleiten, zum Beispiel die soziale Wahrnehmung zu schärfen oder vor einer unüberlegten Reaktion gedanklich die Perspektive des Anderen einzunehmen.

Im folgenden Kapitel 3 werden die Trainingsmethoden und Bausteine beschrieben, die bei dem vorliegenden Training zum Einsatz kommen: Trainingsrituale, Verhaltensregeln, Konzentrationsübungen, das Strukturierte Rollenspiel, die Verhaltensübung oder Verhaltensmodifikation, die Selbstbeobachtung, Simulation, das Quasi-Experiment, die Auswertung und der Transfer. Das Feedback wird außer zum Basisverhalten des Trainers auch zu den Methoden des Trainings gezählt, weil es direkt aus der Lerntheorie abgeleitet werden kann.

3. Methoden und Bausteine des Trainings

Viele Jugendliche weisen aufgrund problematischer und frustrierender Erfahrungen im Lern- und Leistungsbereich ein geringes Interesse an gezieltem Lernen auf. Sie zeigen wenig Motivation, sich mit neuen Lerninhalten auseinanderzusetzen. Bei dem vorliegenden Verhaltenstraining wird daher auf schulübliche Methoden wie Wissensabfrage und Bewertung verzichtet. Im Verhaltenstraining gilt generell: Die jugendlichen Teilnehmer des Trainings werden nicht zensiert, sondern qualifiziert und gefördert. Die im Folgenden beschriebenen Trainingssitzungen (Kapitel 6), Methoden und Bausteine stellen insgesamt ein abgestuftes Lernangebot für Schule, Jugendarbeit, Berufsvorbereitung, Ausbildung und Betrieb dar. Es sei auf die autorisierten Fortbildungsangebote für Trainer, Lehrer, (Sozial-)Pädagogen und Ausbilder (www.bipp-bremen.de) hingewiesen.

Die Abfolge der dargestellten Methoden und Bausteine folgt im Wesentlichen dem Aufbau der Trainingsstunde. Den Aufbau der Trainingsstunde finden die Trainer im letzten Abschnitt des vorliegenden Kapitels.

Wir stellen entsprechend ihrer Bedeutung für die Trainingsstunde zunächst die Methoden dar, die in den Trainingssitzungen selbst zum Einsatz kommen. Es folgen die Arbeit mit Regeln, der Einsatz von Konzentrationsübungen und Warm-ups, der Aufbau einer Trainingsstunde sowie das Basisverhalten des Trainers.

3.1 Trainingsrituale

Die Menschen überall auf der Welt verleihen ihrem Leben unter anderem durch Rituale Bedeutung, Sinn und Struktur. Abgesehen davon, dass die Behandlung von kulturellen Ritualen zum Inhalt des interkulturellen Verhaltenstrainings gehört, wird der sozialen Potenz der „Rituale" Rechnung getragen, indem sie zu einem festen Bestandteil jeder Trainingsstunde werden. Welche weiteren Funktionen sie erfüllen, wird in der Trainingssitzung „Rituale" in Kapitel 6 deutlich.

Die kurze Übung zu Beginn jeder Trainingssitzung, „Stimmungslage" genannt, in der alle Teilnehmer ihre Befindlichkeit zu Beginn der Trainingsstunde beschreiben, ist ein solches Ritual. Sie fördert das Gruppenklima, und die Jugendlichen lernen, ihre Gefühle wahrzunehmen und sie in angemessener Form auszudrücken. Modellhaft beginnt der Trainer damit, seine Gefühle und Erwartungen an die Trainingsstunde auszusprechen. Die Jugendlichen machen bei der „Stimmungslage" die für viele ungewohnte Erfahrung, mit ihren Gefühlen, Problemen und Wünschen ernst genommen zu werden. Daher sollte darauf geachtet werden, dass der Sprechende nicht unterbrochen wird. Das Verbalisieren der Gefühle kann darüber hinaus eventuell vorhandene Anspannungen und Erregungen reduzieren. Wenn der Trainer den Eindruck hat, dass ein Jugendlicher ein gravierendes Problem hat, kann er ihm ein individuelles Gespräch nach der Trainingsstunde anbieten. Ein massives aktuelles Problem, das die ganze Gruppe betrifft, greift der Trainer sofort und einfühlsam auf.

Die Stimmungslage kann mit Hilfe von „Signalkarten", die aus buntem Tonpapier geschnitten werden, veranschaulicht werden. Die Signalkarten erleichtern es den Jugendlichen nach und nach, ihre Stimmung und Gefühlslage zu verbalisieren.

Die Signalkarten finden noch an anderen Stellen des Trainings zur Bewertung einzelner Arbeitsschritte, des Regelverhaltens und in der Abschlussrunde Verwendung.

- Signalkarte **GRÜN**   Mir geht es gut.
- Signalkarte **ROT**   Mir geht es nicht gut.
- Signalkarte **GELB**   Mir geht es mittelmäßig.

In der „Abschlussrunde" am Ende jeder Trainingsstunde wird wie zu Beginn die Stimmung angezeigt. Mögliche Fragen an die Teilnehmer können sein: „Wie fühlst du dich?", „Wie denkst du über diese Trainingsstunde?", „Hast du Wünsche für die nächste Stunde?"

3.2 Verhaltensregeln

Regeln stellen eine Grundlage für ein produktives und relativ konfliktfreies Zusammenleben von Menschengruppen dar und können darüber hinaus beim Bearbeiten von Konflikten hilfreich sein. Das grundlegende Ziel eines Trainings interkultureller und sozialer Kompetenz ist es, tolerante, offene und pro-soziale Verhaltensweisen aufzubauen und zu verstärken. Das Vorgehen besteht darin, von vorneherein „Verhaltensregeln" zu formulieren, welche die Arbeitsfähigkeit der Gruppe herstellen und aufrechterhalten. Mit unerfahrenen Jugendlichen gibt der Trainer die ersten Regeln vor. Mit fortgeschrittenen Trainingsgruppen erarbeitet der Trainer die Regeln gemeinsam mit den Jugendlichen. Regeln werden besser akzeptiert und befolgt, wenn die Gruppe an ihrer Erstellung aktiv beteiligt wird. Der Trainer findet Vorschläge zu Verhaltensregeln in Kapitel 5.2.

Wenn der Trainer zu Beginn des Trainings die Regeln vorgibt, sollte er auch die Konsequenzen festlegen, wenn sie nicht eingehalten werden. Nach Petermann, Jugert, Tänzer & Verbeek (2012) zeigen äußere Verstärkungen (Belohnungen) bei sozialen Kompetenztrainings langfristig keine Erfolge. Dagegen ist das Besprechen der Einhaltung der Regeln am Ende jeder Trainingsstunde und die dabei erfolgende Rückmeldung ein nachhaltiger Impuls zur Selbstkontrolle. Hierbei werden die Jugendlichen zu einer individuellen und unabhängigen Einschätzung ihrer Regeleinhaltung mit Hilfe der Signalkarten angehalten. Durch den beschriebenen Umgang mit Verhaltensregeln kann die Selbststeuerung und Selbstkontrolle der Jugendlichen entscheidend gefördert werden. Das eigene Verhalten lenken zu lernen, fördert das Gefühl der Selbstwirksamkeit (Kapitel 2.2).

Im Verhaltenstraining wird zwischen Gruppenregeln und persönlichen Regeln unterschieden.

Gruppenregeln werden vom Trainer vorgegeben oder mit der Gruppe erarbeitet. Sie weisen die gleichen Merkmale auf wie die persönlichen Regeln. Gibt der Trainer eine Gruppenregel vor, so reflektiert er zunächst die Verhaltensweisen der Gruppenmitglieder, die ein erfolgreiches Arbeiten im Training erschweren: Unpünktlichkeit, gegenseitiges Stören, Passivität, Herumlaufen im Trainingsraum. Er setzt sie in positive Ziele um und formuliert daraus die Gruppenregel: „Sei pünktlich!". Bei fortgeschrittenem Regelbewusstsein kann eine Gruppenregel gemeinsam mit den Teilnehmern erarbeitet werden. Dabei fordert der Trainer die Jugendlichen auf, Vorschläge für eine neue Regel zu formulieren, die die Zusammenarbeit der Gruppe verbessert. Der Trainer überprüft gemeinsam mit den Jugendlichen, ob die Regel umsetzbar ist. Dann wird eine Regel nach Priorität der Stimmen ausgewählt. Um das Einhalten der Regeln zu optimieren, wird in einer Trainingssitzung immer nur eine Gruppenregel geübt. Wird eine Regel von der Gruppe auf befriedigende Weise eingehalten, kann für eine weitere zu übende Regel auf die Prioritätenliste zurückgegriffen werden.

Die Besprechungen der Gruppenregel sind Bestandteil jeder Trainingsstunde. Sie bestehen aus zwei kurzen Phasen: Nach der Stimmungslage und vor der Konzentrationsübung weist der Trainer auf die Einhaltung der zu übenden Regel, die gut lesbar plakatiert im Trainingsraum hängt, hin. Gegen Ende der Trainingsstunde, unmittelbar vor der Abschlussrunde, fragt der Trainer ab, ob sich die Gruppenmitglieder in der Trainingssitzung an die Gruppenregel gehalten haben. Das geschieht durch Aufzeigen der Signalkarten,

GRÜN   Ich habe mich an die Regel gehalten.
ROT   Ich habe mich nicht an die Regel gehalten.
GELB   Ich habe mich teilweise an die Regel gehalten.

Der Trainer gibt Rückmeldungen an Einzelne, an die Gruppe, er fragt nach. Es kann bei Bedarf ein kurzes Gespräch über den Stand der Regeleinhaltung folgen.

Die beiden Phasen der Regelbesprechung helfen den Teilnehmern bei der Einübung der Regeln und stellen zugleich eine effektive Übung von Selbstkontrolle und Selbsteinschätzung dar.

Bei der Formulierung von Verhaltensregeln soll auf die im Folgenden aufgeführten Merkmale, die das Einhalten der Regeln erleichtern, geachtet werden.

Merkmale von Verhaltensregeln

◢ Die Regel soll, wenn irgend möglich, positiv formuliert sein.

◢ Die Regel soll sich auf ein beobachtbares Verhalten beziehen.

◢ Die Regel soll einfach und verständlich sein.

◢ Die Regel soll für die Teilnehmer umsetzbar sein.

◢ Die Einübung einer Regel soll zeitlich begrenzt sein.

Persönliche Regeln beziehen sich auf eine Verhaltensweise, die ein einzelner Jugendlicher bei sich verändern möchte, weil sie ihm schadet, weil er mit ihr unzufrieden ist oder weil sie mit sozial kompetentem Verhalten unvereinbar ist. Grundsätzlich können die persönlichen Regeln mit Gruppenregeln übereinstimmen. Die persönlichen Regeln sind das individuelle Äquivalent der Gruppenregeln.

Persönliche Regeln können von den Teilnehmern mit Hilfe folgender Fragen „entdeckt" und aufgestellt werden:

• Was ärgert dich an deinem eigenen Verhalten in der Gruppe?
• Welches Verhalten in Gruppen hat dir bisher am meisten geschadet?
• Zeigst du Verhaltensweisen in Gruppen, die du ändern möchtest?

Hat ein Jugendlicher eine persönliche Verhaltensweise bei sich herausgefunden, die er ändern möchte (zum Beispiel Unordnung), wird sie in eine positive persönliche Regel („Ich will mein Zimmer aufräumen") „übersetzt". Der Trainer überprüft die einzelnen Regeln noch einmal anhand der „Merkmale von Verhaltensregeln". Die persönlichen Regeln der Teilnehmer werden auf einer Wandzeitung festgehalten. Am Ende jeder Trainingsstunde werden sie von den Teilnehmern und dem Trainer auf ihre Beachtung überprüft und mit einem entsprechenden Symbol versehen.

Der Trainer bietet den Jugendlichen an, dass sie die persönliche Regel auch in ihrem Alltag einüben können. Dabei ist der **Beobachtungsbogen** (siehe Kapitel 5.5 und Teil III Anhang) hilfreich. Der Trainer erläutert dem Jugendlichen die Handhabung des Beobachtungsbogens. Der Trainer vereinbart mit den Jugendlichen, wann sie die ausgefüllten Bogen wieder mitbringen, in der Regel nach ein oder zwei Wochen der Selbstbeobachtung. Die Ergänzung der Gruppenregeln durch die Arbeit mit persönlichen Regeln ist sehr lohnend. Wenn ein Teilnehmer motiviert ist, die persönliche Regel in seiner Lebenswelt zu beachten, die Fortschritte zu protokollieren und dem Trainer zu berichten, verbessert das die Selbstkontrolle und Selbstbestimmung des Jugendlichen.

Dies führt zu einer Verminderung problematischen Verhaltens und zum Aufbau eines interkulturell und sozial kompetenten Verhaltens.

Im folgenden Beispiel wird eine erfolgreiche Verhaltensänderung beschrieben, die die Trainer zur Erläuterung und Motivierung erzählen oder vorlesen können.

◢ **Beispiel**

Frank   Frank ist ein beliebter Junge, aber seit früher Kindheit hat er die Leute gegen sich aufgebracht, weil er immer dazwischenredete. Eltern, Kindergärtnerinnen und Lehrer haben immer wieder versucht, ihn von seiner lästigen Angewohnheit abzubringen. Lucia, ein optimistisches Mädchen, versuchte mit Scherzen und mildem Spott, es ihm abzugewöhnen – vergeblich. Sie gab schließlich auf. Das war eine schlimme Erfahrung; aber die schlimmste war die verpatzte Bewerbung. Nach 23 Bewerbungen hatte Frank eine Einladung zur Vorstellung erhalten. In der Hauptschule hatten sie das Thema durchgenommen und er fühlte sich bestens vorbereitet. In seinen besten Kleidern war er erschienen; und der Inhaber hatte ihn freundlich ins Büro gebeten. Er hatte alle Fragen glatt beantwortet; er hatte mit dem Chef geredet wie mit einem alten Bekannten. Als Frank ihn am Schluss siegesgewiss fragte, ob er angenommen sei, kam die knappe Auskunft: Man könne ihn in dem Betrieb nicht gebrauchen, weil er dem Chef ständig ins Wort gefallen sei.
Das war das Allerschlimmste gewesen!
Nun befindet sich Frank also in der Berufsvorbereitung und dort auch im Sozial- und interkulturellen Training. Die Gruppenregel „Ich lasse den anderen ausreden!" hat der Trainer vor mehreren Wochen eingeführt, nicht nur wegen Frank. Das letzte Mal hat Frank bei der Einschätzung der Regeleinhaltung zum ersten Mal die gelbe Karte gezogen: Das bedeutete, ich habe die Regel manchmal beachtet, manchmal aber auch nicht. „Ausreden lassen" ist auch seine „Persönliche Regel", die auf der permanenten Wandzeitung steht. Auch hier gibt es seit der letzten Trainingsstunde einen Lichtblick.
Nach einem Gespräch mit dem Trainer versucht Frank, seine fatale Angewohnheit auch im Alltag (in der Familie, im Praktikum, mit Freunden) loszuwerden. Er trägt jeden Abend sein Kreuz in dem Beobachtungsbogen, den ihm sein Trainer gegeben und erklärt hat, ein. Durch den Beobachtungsbogen ist ihm zum ersten Mal klar geworden, wie oft er wirklich dazwischenredet. Immer häufiger gelingt es ihm, die Dazwischenrede-Masche zu unterdrücken und am Abend unter „Ja, es hat geklappt!" sein Kreuz zu machen. Dann ist er zufrieden; er fühlt sich gut. Frank hat wieder Hoffnung, dass er es schafft, einen Ausbildungsplatz zu bekommen.

3.3 Konzentrationsübung

Jugendliche stehen häufig unter einer höheren emotionalen und muskulären Anspannung und haben nicht selten Schwierigkeiten, sich zu konzentrieren und ihre Aufmerksamkeit aufrechtzuerhalten. Daher soll eine Konzentrationsübung vor oder während der Arbeitsphase die motorische Ruhe und mentale Aufmerksamkeit für die Arbeit in der Trainingssitzung erhöhen. Ruhe und Aufmerksamkeit begünstigen eine differenzierte Wahrnehmung der Umwelt, so dass Affekte und Emotionen kontrollierter geäußert werden können.

Darüber hinaus bewirkt die regelmäßige Teilnahme an Konzentrationsübungen für Jugendliche langfristig eine allgemeine Spannungsreduktion, die zur Erhaltung ihrer psychischen Gesundheit beiträgt und für ihre Stressregulation förderlich ist. Der Trainer findet eine Auswahl von Konzentrationsübungen in Kapitel 5.3, die er bei Bedarf aus der einschlägigen Literatur (Vopel, 2002, 2003) ergänzen kann.

Von den Autoren wird außerdem die progressive Muskelentspannung nach Jacobsen (2002) vorgeschlagen, die sich für Jugendliche eignet, weil hierbei gelernt wird, die Muskelspannung aktiv zu beeinflussen und auf diese Weise Entspannung selbst herbei zu führen (Petermann & Vaitl,

2009). Ein weiterer Vorteil dieser Methode liegt in ihrer wahrnehmbaren Wirkungsweise durch den Wechsel von Anspannung und Entspannung. Die Methode ist durch das direkte sensomotorische Erleben leicht erlernbar und beugt daher einem möglicherweise entstehenden Widerstand vor. Das Prinzip der progressiven Muskelentspannung besteht darin, Muskeln für kurze Zeit anzuspannen, danach die Anspannung loszulassen, so dass als Reaktion Entspannung eintritt. Langfristig lernen die Übenden, Anspannung in jedem Teil des Körpers rechtzeitig wahrzunehmen und sich gezielt zu entspannen. Eine Anweisung zur Durchführung einer Kurzfassung der Progressiven Muskelentspannung für Jugendliche findet sich in Kapitel 5.3.

3.4 Strukturiertes Rollenspiel, Verhaltensübung, Simulation

Vorbereitung des Rollenspiels und des Warm-ups

Die Bearbeitung eines Trainingsvorschlags mit der Methode des strukturierten Rollenspiels oder der Verhaltensübung ist das Herz der Trainingssitzung. Darauf sollten die Teilnehmer sorgfältig vorbereitet werden.

Durch die **Vorbereitung des Themas** werden die Aufmerksamkeit und die kognitive Orientierung der Teilnehmer auf das nachfolgende Rollenspiel oder die Verhaltensübung gelenkt. Die inneren Voraussetzungen der Lernenden für das Erreichen von Aufmerksamkeit sind bei vielen Jugendlichen nicht als optimal zu bezeichnen. Umso sorgfältiger sollte der Trainer in das Thema der Trainingsstunde einführen.

Gute Erfahrungen wurden mit den Titel-Postern der Trainingssitzungen gemacht, die auf DIN-A3-Format vergrößert an Flipchart, Tafel oder Wandzeitung befestigt oder in DIN-A4-Format an jeden Teilnehmer ausgehändigt werden können. Der Trainer ermuntert die Jugendlichen mitzuteilen, was sie auf dem Poster sehen, was dort gerade passiert usw. Die Antworten werden unkommentiert aufgenommen. Statt der Zeichnung kann auch ein Foto, ein Plakat oder ein Sprichwort (etwa „Der Klügere gibt nach") genauso als Einführung in das Thema verwendet werden. Gleichfalls sind kurze Schilderungen eines zum Thema passenden Erlebnisses oder dessen szenisch-pantomimische Darstellung geeignet. Ein Brainstorming, welche Gedanken ihnen beim Betrachten des Titel-Posters einfallen („Was meint ihr dazu?" „Was fällt euch dazu ein?" „Wie findet ihr das?"), sollte kurz sein. Das angebotene Material soll die Jugendlichen ansprechen, ihr Interesse und ihre Aufmerksamkeit wecken sowie ihre Mitarbeit fördern.

Im Folgenden sind Beispiele dafür beschrieben, die Teilnehmer auf ein Rollenspiel vorzubereiten. In Kapitel 5.4 finden Sie weitere Vorschläge für Warm-ups. Darüber hinaus sei das Erfinden von neuen Warm-ups empfohlen.

◢ Beispiel

Fit fürs Rollenspiel mit einem Warm-up
„Geht im Raum umher, jeder für sich, ohne einander zu berühren". Nach ein bis zwei Minuten gibt man, zum Beispiel mit einer Glocke oder durch Klatschen, ein Zeichen: „Sucht euch eine Partnerin oder einen Partner, stellt euch einander gegenüber, hebt die Hände hoch, so als wäre jede das Spiegelbild der anderen. Bitte, nicht reden! Wenn jetzt einer von euch beiden ganz langsam, nicht zu schnell, irgendeinen Körperteil verändert, zum Beispiel Arm und Hand, folgt ihm oder ihr die andere wie das Spiegelbild. Wer bei den Bewegungen führt und wer folgt, kann jederzeit wechseln. Gesprochen wird dabei nicht. Hat jemand dazu noch eine Frage?" Der Trainer achtet darauf, dass die Regeln eingehalten werden und dass die Zeit für die Übung nicht zu lang ist. Nach Beendigung der Übung soll ein kurzer Austausch von Erfahrungen möglich sein.
Ein zweites Warm-up heißt „Gefühle weitergeben": Alle Teilnehmer sitzen mit dem Trainer im Kreis: „Die Übung besteht darin, dass wir Gefühle ausdrücken und sie wie eine Gesichtsmaske

an irgendjemanden im Kreis weitergeben. Ich drücke jetzt gleich mit meinem Gesicht und Körper ein Gefühl aus. Dann ziehe ich mir das Gefühl wie eine Maske vom Gesicht und werfe sie mit einer entsprechenden Geste jemandem in dem Kreis zu. Der Betreffende soll erst einmal das empfangene Gefühl ausdrücken. Dann lässt er seinen Gesichtsausdruck in ein eigenes Gefühl übergehen. Haben alle das neue Gefühl gesehen, nimmt er es ab und wirft die „Maske" jemand anderem zu usw., bis alle einmal dran waren. Hat jemand noch eine Frage?" Der Trainer fängt an, er zeigt ein Gefühl, nimmt es wie eine „Maske" ab, wirft diese einem Teilnehmer zu usw., bis alle einmal die Maske hatten.

Dieses Warm-up ist vor allem dann zu empfehlen, wenn es im nachfolgenden Rollenspiel um den Ausdruck von Gefühlen geht.

Das strukturierte Rollenspiel

Das strukturierte Rollenspiel ist die Methode der Wahl, um neue komplexe Verhaltensweisen in einem geschützten Rahmen relativ risikofrei einzuüben. Im Rollenspiel können die Jugendlichen lernen, interkulturelle und soziale Probleme zu durchdenken und zu artikulieren. Sie üben, modifizieren oder festigen komplexes interkulturell und sozial kompetentes Verhalten.

Das übergreifende Ziel ist es, die interkulturellen und sozialen Handlungskompetenzen der Jugendlichen zu erweitern und zu differenzieren und dadurch ihre Selbstwirksamkeit und Selbstsicherheit zu erhöhen. Durch die spezifische und differenzierte Rückmeldung, die die Jugendlichen zu ihren neuen Verhaltensweisen erhalten, stellt das strukturierte Rollenspiel ein effizientes Mittel zur Verhaltensmodifikation dar. Die Jugendlichen lernen dabei, interkulturell und sozial kompetentes Verhalten in unterschiedlichen Anforderungssituationen einzusetzen. So gelingt es ihnen nach und nach, das neue Verhalten langfristig in ihr Verhaltensrepertoire zu übernehmen und ihre Einstellungen adäquat zu verändern.

Das Rollenspiel ermöglicht die Entwicklung unterschiedlicher Bearbeitungsstrategien, flexibler Problemlösungen und die Unterscheidung zwischen angemessenem und unangemessenem Verhalten. Schließlich werden die Jugendlichen im Rollenspiel mit sozialen Regeln und neuen Verhaltensweisen konfrontiert. Anspruchsvolle und komplexe Fähigkeiten wie Einfühlungsvermögen, Perspektivenübernahme und Selbstkontrolle werden kontinuierlich geübt.

Zunächst gibt der Trainer beim strukturierten Rollenspiel den Teilnehmern das Zielverhalten, die Rollen, die Art der Auswertung sowie des Transfers vor. Die Jugendlichen nehmen aktiv an der Ausgestaltung des Rollenspiels teil. So zieht der Trainer von den Jugendlichen selbsterlebte Situationen vor, denn dies fördert ihre Motivation und den Transfer des Gelernten in die reale Lebenssituation.

Das strukturierte Rollenspiel (vergleiche auch Günther & Sperber, 2008) besteht aus einer Vorbereitungs-, Durchführungs- und Auswertungsphase.

In der **Vorbereitungsphase** werden die notwendige kognitive Orientierung und die angemessene Information der Teilnehmer hergestellt. Am Anfang steht die Spielanweisung durch den Trainer. Der Trainer stellt dem Rollenspiel, der Simulation oder dem Quasi-Experiment in der Regel ein Warm-up voran. Das Warm-up hat das Ziel, die Rollenspieler auf die Übernahme ihrer Rolle vorzubereiten. Die Trainer geben die Rollenspielaufgabe für die Jugendlichen vor. Sie ist meistens auf einem Arbeitsblatt enthalten, das den Jugendlichen in der Vorbereitungsphase ausgehändigt wird. Wenn die Trainingssitzung es vorsieht, fragt der Trainer, ob die Teilnehmer ähnliche Situationen kennen oder erlebt haben. Sind die Situationen, die den Teilnehmern dazu einfallen, für die Bearbeitung im Rollenspiel geeignet, werden sie im Rollenspiel berücksichtigt. Falls erforderlich, wird eine der Situationen exemplarisch vorgespielt, um die Aufgabe deutlich zu machen. Ist das Arbeitsblatt als Anleitung für das Rollenspiel an die Jugendlichen ausgegeben worden, wird es gemeinsam gelesen und erklärt. Falls der Trainer bisher nicht dazu gekommen ist, ein Warm-up durchzuführen, sollte er es an dieser Stelle tun, bevor sich die Jugendlichen in Zweierteams oder Kleingruppen zurückziehen.

Die Kleingruppe bereitet die Handlung vor, klärt und verteilt die Rollen. In der **Durchführungsphase** spielt die Kleingruppe die Handlung durch, wie es die Rollenanweisung vorsieht. Nach kurzem gegenseitigem Feedback und einer entsprechenden Reflexion erfolgt häufig ein erneutes Durchspielen mit vertauschten Rollen mit dem Ziel, die Selbst- und Fremdwahrnehmung sowie die Empathie der Jugendlichen zu üben. Manchmal wird das Rollenspiel wiederholt, um das Verhalten des Protagonisten zu verbessern. Nach jeder Durchführung folgen ein Feedback und eine kurze Reflexion.

Wenn es mehrere Rollenspiel-Kleingruppen gibt, präsentieren die Gruppen ihr Rollenspiel beziehungsweise eine der Varianten vor der Gesamtgruppe. Sie erhalten vom Trainer und der Trainingsgruppe konstruktives Feedback und Verstärkung (Kapitel 4.3).

Die **Auswertungsphase** wird wegen ihrer Bedeutung für die Verankerung des neuen interkulturellen und sozialen Verhaltens, insbesondere wegen des Transfers, als eigenständiger Baustein des Trainings im Abschnitt 3.5 dargestellt.

Strukturiertes Rollenspiel

1. **Vorbereitungsphase**

   In der Trainingsgruppe:
   a) Warm-up
   b) Einführung und Anweisung
   c) Vorgabe einer Situation; Sammlung von Situationen
   d) Modellverhalten
   e) Bildung von Kleingruppen (Rollenspielgruppen)

   In der Kleingruppe:
   f) Zeit, Ort und gegebenenfalls Requisiten festlegen
   g) Rollenspielpartner: Beziehung der Personen zueinander besprechen
   h) Handlung klären

2. **Durchführungsphase (Kleingruppe)**

   i) Durchführung des Rollenspiels: gegebenenfalls Videoaufzeichnung
   j) Feedback und Reflexion. Erneute Durchführung des Rollenspiels
      (Verbesserung des Verhaltens, Rollentausch)

3. **Auswertungsphase (Trainingsgruppe)**

   k) Präsentation der Rollenspiele in der Trainingsgruppe
   l) Verbalisierung der emotionalen Reaktionen der Rollenspieler
   m) Feedback entsprechend den Regeln: positiv und konstruktiv
   n) Auswertung und Transfer: Freizeit, Schule, Betrieb

Verhaltensübung

Die Verhaltensübung ist diejenige Trainingsmethode, mit der einzelne interkulturelle und soziale Fertigkeiten vorgestellt und eingeübt werden (zum Beispiel in „Ich-Sätzen" statt in „Du-Sätzen" zu sprechen, Trainingssitzung 6.11, „Miteinander reden"). Solche Fertigkeiten werden mit Hilfe von Arbeitsblättern präsentiert und gegebenenfalls als Modellverhalten von dem Trainer szenisch vorgespielt. Danach üben die Jugendlichen die Fertigkeiten in Teams oder kleinen Gruppen, präsentieren sie in der Trainingsgruppe und erhalten Feedback von den anderen Teilnehmern und vom Trainer. Die geübten Fertigkeiten werden so bald als möglich im strukturierten Rollenspiel eingesetzt oder den Jugendlichen zum Transfer in die Realsituation empfohlen. Dabei wird den Teilnehmern die Verwendung des „Beobachtungsbogens" erklärt.

Simulation

Von einer Simulation spricht man, wenn für die Gruppe eine vollkommen unbekannte soziale Situation vorgegeben wird, deren Ausgang sich nicht genau vorhersagen lässt. Der Verlauf, der Ausgang und das Ergebnis des Experiments werden gemeinsam reflektiert. Auf diese Weise kann ein komplexer Sachverhalt auf anschauliche und unterhaltsame Weise den Jugendlichen verständlich und zugänglich gemacht werden.

Von einer Simulation kann man in der Trainingssitzung „Miteinander reden" (Kapitel 6.11), bei dem Trainingsvorschlag 1 „Ein Marsmensch lernt Frühstücken" und in der Trainingssitzung „Meine Gruppe – deine Gruppe – unsere Gruppe" (Kapitel 6.13), bei dem Trainingsvorschlag 2 „Die Sanften und die Stolzen" sprechen. Der Trainer kann den jeweiligen Trainingsvorschlag so einleiten, dass er heute eine „ganz ungewöhnliche Situation" für die Teilnehmer vorbereitet habe. Der Ablauf des Trainingsvorschlags ist mit dem eines Rollenspiels vergleichbar, abgesehen von einer größeren Offenheit des Verlaufs und Ergebnisses.

3.5 Auswertung und Transfer

Am Ende der Bearbeitung eines Trainingsvorschlags, des Rollenspiels oder der Verhaltensübung erfolgt die Auswertungsphase in der gesamten Trainingsgruppe, auch wenn es bereits kürzere Phasen der Reflexion in den Kleingruppen gegeben hat. Dabei wird das dargestellte Rollenspiel oder die Verhaltensübung auf den folgenden drei Ebenen reflektiert:

- Emotionale Ebene („Gefühle"),
- kognitive oder inhaltliche Ebene („Verstehen"),
- Ebene der Übertragung und Anwendung („Transfer").

Um das im Rollenspiel manchmal erhöhte Erregungsniveau der Jugendlichen zu beruhigen und die Aufmerksamkeit auf die Reflexion zu richten, wird zunächst den Spielern Gelegenheit gegeben, ihre Gefühle, die sie während des Spiels hatten, auszusprechen. Dieser Teil der Auswertung geht auf frühere Befunde psychologischer Forschung zurück und wurde in jüngster Zeit durch neuropsychologische Untersuchungen bestätigt.

Die Fragen zur kognitiven oder inhaltlichen Ebene der Auswertung regen eine Reflexion über das Gelernte an. Dem Trainer zeigt das Gespräch, ob die Aufgabe verstanden wurde. Die Reflexion der Jugendlichen auf dieser Ebene dient in erster Linie der kognitiven Umstrukturierung: Die während des Trainings neu gelernte Problemlösungsstrategie soll der Jugendliche in seine eigene kognitive Struktur integrieren. Er kann so das neue adäquate Verhalten gegen ein weniger geeignetes austauschen.

Eine herausragende Bedeutung kommt dem **Transfer** zu. Viele Untersuchungen zeigen, dass nur eine explizite Thematisierung des Transfers die kognitive und praktische Verankerung des Gelernten in der Lebenswelt des Teilnehmers sichert. Beim Transfer werden die Jugendlichen individuell aufgefordert, Beispiele zu nennen, wie sie die im Rollenspiel erarbeiteten Verhaltensmöglichkeiten auf ihre reale Lebenssituation übertragen können. Hierbei ist es außerordentlich hilfreich, wenn die Jugendlichen in kurzen Rollenspielszenen illustrieren, wie und wo sie das neu gelernte Verhalten im Alltag anwenden wollen. Der Trainer oder ein Teilnehmer kann dabei als Rollenspieler agieren. Am Ende jedes Vorschlags einer Trainingssitzung gibt es zu den drei Auswertungsebenen für den Trainer zwei Fragen, die als Vorlagen und Anregungen zu verstehen sind. Das heißt, der Trainer sollte sie für seine Jugendlichen anpassen, umformulieren, konkretisieren und individualisieren.

3.6 Aufbau einer Trainingsstunde

Eine feste und zugleich transparente Struktur der Trainingsstunde ist für die Jugendlichen hilfreich und förderlich. Viele von ihnen haben Schwierigkeiten, eine interkulturelle oder soziale Situation und Aufgabe so zu strukturieren, dass sie diese Schritt für Schritt bearbeiten und lösen können. Gleichbleibende strukturierte Stundenabläufe sorgen für Verhaltenssicherheit, Überschaubarkeit und Verlässlichkeit und fördern damit Vertrauen und Motivation bei den Jugendlichen. Die Jugendlichen erlangen auf diese Weise Kontrolle über das Geschehen. Ihre so gewonnene Aufmerksamkeit verstärkt den Trainingserfolg. Schließlich lassen sich dadurch bei den Jugendlichen allmählich Verhaltensunsicherheiten verringern, und sie werden dazu ermuntert, zielgerichtete Handlungsweisen zu entwickeln.

Alle Trainingssitzungen sind in der Regel entsprechend der im folgenden Schaubild beschriebenen Abfolge aufgebaut.

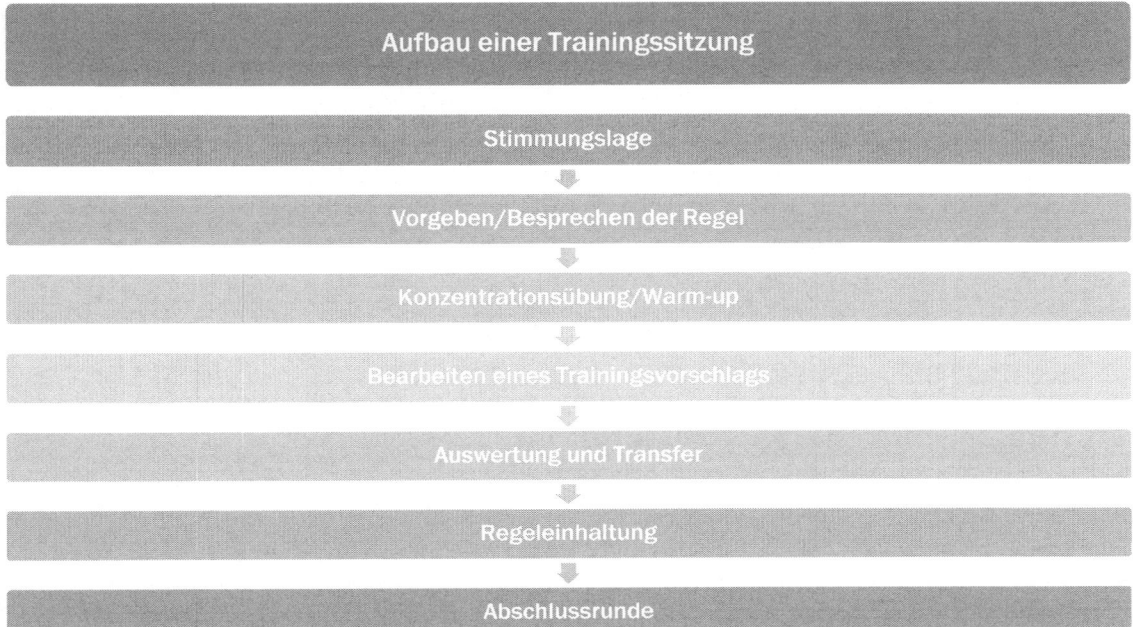

3.7 Zusammenfassung

Die Bedeutung und Zielsetzung von Ritualen im Verhaltenstraining werden kurz beschrieben. Sie haben im Verhaltenstraining individuelle und soziale Funktion. Sie fördern sowohl die Wahrnehmung und den Ausdruck eigener Gefühle und Bedürfnisse als auch den Zusammenhalt der Gruppe. Bei den Jugendlichen ergänzen sie die Aneignung sozial kompetenter Fähigkeiten und Fertigkeiten. Beschrieben werden deren Handhabung sowie auch die Einbettung in den Ablauf des Verhaltenstrainings.

Die Konzentrationsübung ist eine Übung von wenigen Minuten Dauer, mittels der durch einen schnellen Wechsel von Aktivitäten ein hohes Maß an Aufmerksamkeit bei den Jugendlichen erzeugt wird, das für die Hauptphase des Trainings erforderlich ist.

Anschließend wird das strukturierte Rollenspiel begründet, seine Bedeutung für das Verhaltenstraining dargelegt und beschrieben.

Die Verhaltensübung schließt sich an.

Die Auswertung der Trainingsdurchführung findet auf den Ebenen Emotion, Kognition und Transfer statt.

Das Kapitel 3 schließt mit der Struktur und dem Aufbau der Trainingssitzung und ihrer Bedeutung für das soziale Lernen insgesamt.

4. Angemessenes Trainerverhalten

Trainer, die ein interkulturelles Verhaltenstraining anleiten, sollten ihre persönlichen Erfahrungen mit Diskriminierung und Vorurteilen im Rahmen der Supervision, des Coaching oder einer geeigneten Fortbildung unter Anleitung reflektieren. Bei ihnen werden die Fähigkeiten zur Perspektivenübernahme, Empathie und Metakommunikation vorausgesetzt (Crisp, 2010, zitiert nach Rohmann & Mazziota 2012; Cameron & Turner, 2010). Der Trainer eines Trainings interkultureller Kompetenz sollte eben diese Kompetenzen selbst beherrschen. In dieser Hinsicht hat sich jeder potentielle Trainer selbst zu prüfen (Crisp, 2010, zitiert nach Rohmann & Mazziota 2012; Cushner & Mahon, 2009; Deardorff, 2009a). Nur wenn er diese Voraussetzungen erfüllt, wird er den Jugendlichen gegenüber kompetent, authentisch und vertrauenerweckend agieren und reagieren können. Wir haben das Training so konzipiert und erprobt, dass jede Trainingsgruppe von einem gut ausgebildeten, sozial und interkulturell kompetenten Trainer geleitet wird. Die Jugendlichen der Trainingsgruppe, die möglichst unterschiedlicher Herkunft sind, sollen von vornherein das Gefühl haben, dass auf die Belange, Bedürfnisse und eventuellen Probleme aller Teilnehmer mit gleicher Aufmerksamkeit und Empathie eingegangen wird. Dies ist für den Aufbau von Vertrauen, Motivation und zur aktiven Teilnahme am Training von eminenter Bedeutung.

4.1 Eigene Erfahrungen reflektieren

Die Trainer werden bei angemessener Anleitung in Fortbildung, Praxisbegleitung und Supervision eigene Erfahrungen mit Vorurteilen und/oder Diskriminierung erinnern und einbringen können. Die Reflexion solcher Erfahrungen geschieht auf der emotionalen, kognitiven, individuellen und sozialen Dimension der jeweiligen Erinnerung.

4.2 Vertrauen aufbauen und motivieren

Ein Verhaltenstraining wird von drei Säulen getragen:

- Trainingsprogramm,
- Umfeld (Einrichtung und Organisation) und
- Trainerverhalten.

Pestalozzi, einer der großen Pädagogen des 19. Jahrhunderts, kam aufgrund eigener Erfahrung zu der Erkenntnis: Eine pädagogische Idee kann in der Praxis nur so gut sein wie der Pädagoge, der sie verwirklicht. Das trifft für ein Verhaltenstraining in gleicher Weise zu.

Abgesehen davon, dass Trainer über eine solide soziale und interkulturelle Kompetenz verfügen sollen, gehören zu den Merkmalen erfolgreichen Trainerverhaltens die Gewährung von Mitbestimmung, Transparenz, Flexibilität und Zuverlässigkeit. Bereits durch die Gestaltung der Einführungssitzung des Trainings zeigt der Trainer, welche Beziehung er zu den Jugendlichen aufbauen möchte. Schon an dieser Stelle fordern die Trainer die Jugendlichen auf, ihre Interessen und Wünsche zu äußern, um Motivation und Vertrauen zu schaffen.

Was den Aufbau der Trainingsstunde angeht, gibt es Grenzen der Mitbestimmung, denn die Durchschaubarkeit des Trainings und des Trainerhandelns durch die strukturierte und ritualisierte Form des Vorgehens soll keinesfalls eingeschränkt oder verwässert werden.

Die mit der Strukturiertheit des Trainings zusammenhängende geringere Flexibilität wird durch einzelne Trainingsstunden mit offenen Angeboten und durch das Eingehen auf aktuelle Interessen der Jugendlichen ausgeglichen.

Die Zuverlässigkeit der Trainer zeigt sich unter anderem darin, dass sie Zusagen und Ankündigungen gegenüber den Teilnehmern einhalten. Der vertrauliche Umgang mit Informationen der Jugendlichen und die Einhaltung eines gegebenen Versprechens, etwa mit den Eltern oder einem Ausbildungsleiter zu sprechen, gehören dazu.

Neben den genannten Basismerkmalen ist das Trainerverhalten für ganz bestimmte Aufgaben und Funktionen von herausragender Bedeutung:

Um die Ziele eines Verhaltenstrainings zu erreichen, ist es erforderlich, die Jugendlichen für die Mitarbeit zu motivieren. Nur aktiv mitarbeitende Teilnehmer können durch Feedback verstärkt werden und sich selbst verstärken. Durch Aufbau von Vertrauen werden die Jugendlichen zur Kooperation mit dem Trainer und den anderen Mitgliedern der Gruppe veranlasst. Wenn es die personelle Situation einer Institution zulässt, ist ein bikulturelles Trainerteam optimal, um Vertrauen, Motivation und Mitarbeit der Jugendlichen aufzubauen.

Darüber hinaus werden im Folgenden allgemeine Merkmale des Trainerverhaltens (Basisverhalten) aufgeführt, die das Vertrauen der Teilnehmer fördern.

Leitfaden zum Vertrauensaufbau (nach Petermann, F., 2012)

◢ Das Training klar, transparent und direkt beschreiben.

◢ Das eigene Handeln strukturieren.

◢ Durchschaubar handeln.

◢ Zugewandtes Verhalten zeigen.

◢ Zuversichtliche Bemerkungen an die Jugendlichen richten.

◢ Die Jugendlichen direkt ansprechen und fragen.

◢ Störungen vorrangig behandeln.

◢ In kritischen Situationen die Jugendlichen unterstützen und vermitteln.

◢ Fehlschläge, Rückschläge klären und entschärfen.

◢ Freude zeigen, loben, aber auch berechtigten Ärger ausdrücken.

◢ Auch kleine Entwicklungsschritte beachten und würdigen.

Es ist klar, dass der Aufbau einer Vertrauensbeziehung zwischen dem Trainer und den Jugendlichen nicht in ein paar Wochen vollendet sein kann, sondern dass ein solcher Prozess Zeit erfordert. Ein ausreichendes Vertrauen jedoch ist nötig, um die Jugendlichen zu einer aktiven Mitarbeit im Training zu motivieren, denn auf diese Weise können sie von dem Training besser profitieren. Auf der Basis sollte sich der Trainer weiterhin bemühen, die Jugendlichen durch ein angemessenes Trainerverhalten kontinuierlich zu motivieren.

Die im folgenden Leitfaden aufgeführten Verhaltensweisen sollen die Jugendlichen zur Mitarbeit motivieren.

Leitfaden zur Motivierung

◢ Die Jugendlichen als Person akzeptieren.

◢ Interesse an ihnen und ihren Problemen zeigen.

◢ Entwicklungsstand der Jugendlichen berücksichtigen und mit ihnen Perspektiven entwickeln.

◢ Mitbestimmung im Training gewähren, um Eigeninitiative zu fördern.

◢ Bewusste Übertragung von Verantwortung.

◢ Zuverlässigkeit im Handeln.

◢ Anforderungen stellen, die zu bewältigen sind, und gezieltes Feedback geben.

◢ Informationen der Jugendlichen vertraulich behandeln.

◢ Lob und Unterstützung individuell einsetzen.

4.3 Feedback geben

Durch Rückmeldung oder soziales Feedback informieren die Menschen einander, wie sie das Verhalten des anderen wahrnehmen, erleben und bewerten. Feedback kann soziales und interkulturelles Verhalten verändern, fördern und erhalten (siehe Kapitel 2).

Daher kommt dem Feedback innerhalb des Verhaltenstrainings eine bedeutsame Rolle zu. Durch gezieltes Feedback erhalten die Lernenden eine Orientierung darüber, wie ihr Verhalten von den Trainern und den anderen Teilnehmern wahrgenommen und erlebt wird. Feedback hilft Jugendlichen bei ihrer Selbsteinschätzung und fördert sozial und interkulturell kompetentes Verhalten. Positives Feedback, Lob und bestätigende Worte unterstützen und motivieren zum Lernen. Um angemessenes und verhaltenswirksames Feedback erteilen zu können, sind bestimmte Kenntnisse und Fertigkeiten im Geben und Entgegennehmen von Feedback erforderlich, die im Folgenden aufgeführt sind.[17]

Feedbackregeln für Trainer

◢ In der Ich-Form sprechen, eigene Gefühle ausdrücken.

◢ Das Verhalten klar und konkret beschreiben.

◢ Nicht interpretieren; moralische Bewertungen vermeiden.

◢ Sich auf die konkrete Situation beziehen.

◢ Das Feedback dem Alter, den Fähigkeiten und den Bedürfnissen der Adressaten entsprechend ausdrücken.

◢ Negatives Feedback in konstruktiver Weise geben: darlegen, wie das neue Verhalten aussehen soll.

◢ Positives Feedback soll überwiegen.

Da sich die Teilnehmer in einer Trainingsgruppe gegenseitig spontanes Feedback geben, ist zu empfehlen, sie mit den Grundsätzen des konstruktiven Feedbacks in vereinfachter Form vertraut

---

17 Trainern, die mit dem Trainer-Basisverhalten nicht vertraut sind, empfehlen wir eine Fortbildung (www.bipp-bremen.de).

zu machen und deren Anwendung zu üben (vergleiche Petermann, Jugert, Tänzer & Verbeek, 2012, S. 51).

Feedbackregeln für Jugendliche

- ◢ Gib dein Feedback so, wie du es von einem anderen gerne hättest.
- ◢ Gib positives Feedback.
- ◢ Wenn du ein negatives Feedback gibst, sag der Person, wie sie es besser machen könnte.

Die alte Volksweisheit, in der das Prinzip der Interdependenz in eingängiger Weise zum Ausdruck kommt, „Was du nicht willst, das man dir tu', das füg' auch keinem andern zu!" ist als Leitsatz oder Motto für eine angemessene Form des Feedbacks unter Jugendlichen sehr gut geeignet.

Die folgenden Merkmale für das Entgegennehmen von Feedback sind für die Trainer, die eine Menge Feedback von ihren Teilnehmern erhalten, wichtig. Das Feedback der Teilnehmer ist genauso bedeutsam wie das von Kollegen.

Wie der Trainer Feedback entgegennimmt

- ◢ In der Ich-Form sprechen. Gefühle und Bedürfnisse ausdrücken.
- ◢ Zuhören, den Feedbackgeber nicht unterbrechen.
- ◢ Wenn nötig, zum besseren Verständnis am Ende nachfragen.
- ◢ Nicht argumentieren und sich nicht rechtfertigen.

Auch hier bietet sich für das Einüben mit den Jugendlichen die nachfolgend aufgeführte vereinfachte Form an.

Wie Jugendliche Feedback entgegennehmen

- ◢ Zuhören und nicht unterbrechen.
- ◢ Nicht argumentieren und sich nicht rechtfertigen.

4.4 Der Trainer als Verhaltensmodell

Das Trainerverhalten ist ein wichtiges Modellverhalten im Sinne der sozial-kognitiven Lerntheorie von Bandura (1979). Wie an anderer Stelle bereits ausgeführt (Kapitel 2), lernen wir, indem wir andere Menschen – Modellpersonen – beobachten und nachahmen. Gewisse Merkmale erleichtern die Wirksamkeit von Menschen als Modellpersonen: Stellung, Autorität, Macht, Beliebtheit und Attraktivität sind einige der förderlichen Attribute. Es ist klar, dass Trainer sich besonders als Modellpersonen eignen, wenn sie zusätzlich zu ihrer Position als Trainer die Anforderungen des Basisverhaltens, Authentizität, Vertrauen und Ansehen bei den Jugendlichen genießen. Sie sind den Jugendlichen Modell für sozial und interkulturell kompetentes Verhalten. Die zu vermittelnden sozialen Fähigkeiten und Fertigkeiten sollten sich im Sozialverhalten der Trainer spiegeln: Gute Wahrnehmung anderer und der eigenen Person sowie ausgeglichener Umgang mit Gefühlen, Zuhören und Verwendung von Ich-Sätzen.

4.5 Zusammenfassung

Das sozial kompetente Verhalten des Trainers, hier „Basisverhalten" genannt, ist in einem Verhaltenstraining so wichtig, weil es einerseits viele motivierende Aspekte enthält (Vertrauen und Motivation aufbauen) und andererseits den Erfolg der Methoden sichert (Feedback geben). Schließlich ist der Trainer Modellperson, die dem Jugendlichen Orientierung beim Lernen und beim Aufbau seines interkulturellen und sozialen Verhaltens vermittelt. Die Beherrschung des Basisverhaltens durch den Trainer ist neben den Trainingsvorschlägen, den Trainingsmaterialien und Trainingsmethoden eine unverzichtbare Säule des Verhaltenstrainings.

Teil II
Training

5. Durchführung des interkulturellen Trainings

In diesem Kapitel werden dem Trainer eine Reihe von fachlichen, praktischen und organisatorischen Empfehlungen zur Durchführung des Trainings interkultureller Kompetenz vorgestellt.

Es handelt sich um Informationen unterschiedlicher Art, deren Lektüre sich vor dem Start des Trainings aus mehreren Gründen empfiehlt:

- Keine noch so sorgfältige Trainerschulung kann alle Details, Aspekte und Grundsätze der Trainingsdurchführung behandeln und üben.
- Wenn zwischen der Trainerschulung und dem Beginn des Trainings oder zwischen zwei Trainings eine längere Zeit liegt.
- Wenn der Leser bereits Erfahrung mit anderen Verhaltenstrainings hat und nun das „Fit für kulturelle Vielfalt" durchführen möchte, das ein paar Besonderheiten aufweist.
- Hier werden einige Aspekte des Trainings dargestellt, die in den vorausgehenden Kapiteln nicht angesprochen wurden, jedoch für die Durchführung des Trainings eine nicht geringe Bedeutung haben. Solche Aspekte sind die Arbeit mit einer ganzen Schulklasse, der Trainingsraum und die motivierende Gestaltung des Trainings, die Umsetzung der Module beziehungsweise der Trainingsvorschläge, Projektlernen im Training, Implementierung und Trainerfortbildung.
- Das Kapitel enthält außerdem Trainingsmaterialien wie Vorschläge für „Konzentrationsübungen", „Warm-ups", „Verhaltensregeln" sowie den „Beobachtungsbogen".

Die Autoren kennen die Personal- und Finanzierungsprobleme der Schulen und vieler außerschulischer Bildungsträger, die zwar die Gründe für die Durchführung mit einem Trainerteam verstehen, es jedoch personell und finanziell nicht realisieren können. Ähnlich ist es mit der an sich notwendigen Forderung, Verhaltenstrainings grundsätzlich in kleinen Gruppen durchzuführen (Deardorff, 2009b), die aus praktischen und institutionellen Gründen manchmal nicht durchführbar ist. In dem Abschnitt 5.1.1 beschreiben die Autoren daher eine Variante des Trainings, die nach einer gewissen Anpassung mit einer kompletten Schulklasse durchgeführt werden kann.

5.1 Praktische Einführung

5.1.1 Trainingsgruppe und Trainer

Trainingsgruppe und Trainingsklasse

In einem Punkte sind sich die Forscher im Bereich interkulturellen Verhaltens seit langer Zeit einig: Um Toleranz, Akzeptanz und Verständnis für „fremde Personen" zu entwickeln, sind gemeinsames Lernen, Arbeiten, Feiern, gemeinsamer Sport und andere gemeinsame Aktivitäten förderlich (Allport, 1971). Daher ist das vorliegende Training in kulturell homogenen Gruppen von Jugendlichen in Bezug auf interkulturelles Lernen nicht so effektiv. Das Curriculum, die Methoden im Training und das Verhalten der Trainer schaffen die Basis, um lebendige Begegnung, Kommunikation, Auseinandersetzung, Arbeit und Feiern bei den Jugendlichen aus verschiedenen Kulturen, Nationen und Religionen zu ermöglichen und zu fördern.

Es ist eine möglichst diverse, nach Herkunft, Geschlecht und Religion gemischt zusammengesetzte Trainingsgruppe anzustreben: Eine Teilnehmerzahl von zehn Personen sollte möglichst nicht überschritten werden (Deardorff, 2009b). Bei Jugendlichen mit ausgeprägter Fremdenfeindlichkeit und Gewaltbereitschaft ist von einem optimalen Gruppenumfang von sechs auszugehen. Im Durchschnitt wird die optimale Gruppengröße also zwischen sechs und zehn Teilnehmern liegen. Für die interkulturelle Zusammensetzung empfehlen wir etwa zur Hälfte Jugendliche deutscher Herkunft, zur Hälfte Jugendliche anderer Herkunft. Für eine gut gemischte Gruppe ist zusätzlich eine nach den Geschlechtern annähernd gleich verteilte Zusammensetzung günstig.

Die Verhältnisse in Schulen und nicht-schulischen Bildungseinrichtungen sind leider selten derart, dass man allen Bedingungen in idealer Weise entsprechen kann. Falls wegen personeller und finanzieller Engpässe die für ein Verhaltenstraining optimale Größe überschritten oder das Training im Klassenverband realisiert werden muss, empfehlen wir das folgende Vorgehen:

Wenn die Trainingsdauer pro Woche von 90 auf 135 Minuten erhöht werden kann, wäre das bereits eine Erleichterung, weil in der ganzen Klasse alle Prozesse länger dauern als in einer Trainingsgruppe. Ebenso wäre es für den Trainer eine Erleichterung, einen Referendar oder Schulsozialarbeiter als Co-Trainer oder Assistenten dabei zu haben. Bis auf die Phase der Bearbeitung eines Trainingsvorschlags oder Moduls und dessen Auswertung sind alle übrigen Phasen, abgesehen vom höheren Zeitaufwand unverändert. Ist in einem Trainingsvorschlag ein strukturiertes Rollenspiel vorgesehen und sind die Aufgaben für die Jugendlichen nicht zu schwierig, kann man das Training auch mit 20 Jugendlichen durchführen. Wäre zu erwarten, dass wegen der großen Anzahl kein produktiver Ablauf möglich ist, teilt man die Gruppe in zwei Hälften. Mit der einen Hälfte führt man in zwei bis drei Kleingruppen das Rollenspiel durch, die Mitglieder der anderen Hälfte beobachten die Prozesse in den Kleingruppen, indem sie dieselben Arbeitsblätter erhalten wie die Rollenspieler. Dabei erhalten die beobachtenden Jugendlichen einen angemessenen Beobachtungsauftrag, um ihre Mitarbeit und Aufmerksamkeit zu sichern. Wenn nach Beendigung der Rollenspielphase die Klasse wieder zusammenkommt, bildet die Rollenspielgruppe einen inneren Kreis, die Beobachtergruppe einen äußeren Kreis. Nach den Präsentationen der Rollenspieler, dem Feedback von Mitschülern des inneren Kreises und des Trainers, geben die Mitglieder des äußeren Kreises aufgrund ihrer Beobachtungen Feedback an die Mitschüler des inneren Kreises. Im Laufe des Trainings soll jeder Schüler gleich oft im inneren wie im äußeren Kreis beteiligt sein.

Trainerteam und Einzeltrainer

Bereits an mehreren Stellen in den vorangehenden Kapiteln haben wir darauf hingewiesen, dass das vorliegende interkulturelle und soziale Training von einem bikulturellen Trainerteam durchgeführt werden sollte. Der Mehraufwand für ein bikulturelles Trainerteam ist aus folgenden Gründen gerechtfertigt:

- Das bikulturelle Team ist in der Praxis erfolgreicher als ein monokulturelles, da das bikulturelle Team untereinander seine interkulturelle Kompetenz modellhaft vorleben kann. Darüber hinaus können die Trainer einander ergänzen und helfen.
- Einzeltrainer hatten manchmal Probleme mit multikulturell zusammengesetzten Trainingsgruppen.
- Die gesellschaftliche Dringlichkeit der effektiven und nachhaltigen Förderung von interkultureller Toleranz, von Akzeptanz und sozialer Kompetenz macht eine interkulturelle Zusammenarbeit notwendig (Dollase, Kliche & Moser, 1999; Heitmeyer & Müller, 1995; Sader, 2002).

Wenn man darauf achtet, dass das bikulturelle Trainerteam außerdem mit einem Mann und einer Frau besetzt wird, können die Schwierigkeiten, die weibliche Trainer mit männlichen Jugendlichen und umgekehrt manchmal haben, leichter überwunden werden.

Der Aufbau von Vertrauen, die Voraussetzung für eine aktive Mitarbeit der Teilnehmer in dem Verhaltenstraining, wird in der interkulturellen Trainingsgruppe durch die Bikulturalität des Trainerteams erleichtert.

Wie wir in der Einleitung zu diesem Kapitel bereits ausgeführt haben, ist den Autoren bekannt, dass die Arbeit mit einem Trainerteam nicht immer möglich ist. In diesem Fall sollte der vorgesehene Einzeltrainer eine solide interkulturelle und pädagogische Kompetenz und Erfahrung in der interkulturellen Arbeit mit Jugendlichen besitzen.

5.1.2 Raum und Zeit, motivierende Gestaltung und Struktur

Raum und Zeit

Um den Erfolg und die klare Struktur des Verhaltenstrainings zu sichern, ist bei der Wahl eines Trainingsraums darauf zu achten, dass möglichst immer derselbe Raum benutzt werden kann. Der Raum sollte zweckmäßig eingerichtet sein, zum Beispiel mit beweglichem Mobiliar (wegen häufiger Bewegungsspiele). Er muss genügend groß und angenehm sein. Es sollte außerdem die Möglichkeit bestehen, dass während der Trainingszeit einzelne Kleingruppen oder Teams in weiteren benachbarten Räumen Rollenspiele oder Übungen vorbereiten und durchführen können.

Die Autoren haben das Verhaltenstraining unter folgenden zeitlichen Bedingungen erfolgreich durchgeführt und empfehlen diese: Das Training wird über einen Zeitraum von einem halben Jahr, einmal wöchentlich 90 Minuten, durchgeführt. Die Ausdehnung der Trainingsdauer auf ein ganzes Jahr oder Schuljahr ist sehr zu empfehlen, da die Effekte bei längerer Trainingsdauer besser und dauerhafter sind.

Motivierende Gestaltung des Trainings

Nicht wenige Jugendliche sind durch Misserfolge, Kritik, schlechte Noten, Disziplinprobleme, Sitzenbleiben, Diskriminierung und Ähnliches belastet. Schule und Schulunterricht sind bei ihnen mit negativen Assoziationen verknüpft. Ihre Bereitschaft, unter schulischen Bedingungen zu lernen, ist gering. Um die Lust am Lernen und zur Leistung zu wecken und aufrecht zu erhalten, ist das Training attraktiv und bewertungsfrei gestaltet. Das trifft sowohl für die Themen, die Rollenspiele und Übungen als auch für die Lehrmaterialien und andere Methoden zu.

In der folgenden Auflistung werden bisher nicht erwähnte und weniger bekannte motivierende Verhaltensweisen genannt, die sich bei der Motivierung von Trainingsteilnehmern bewährt haben.

Motivierende Aspekte

- Interesse und Neugier weckende Ankündigung des Trainings.
- Angenehme Ausstattung des Trainingsraums.
- Verwendung ansprechender Materialien.
- Attraktive Pausenangebote.
- Fernhalten von Störungen während der Trainingssitzungen.
- Individuelles Ansprechen und Respektieren der Jugendlichen.
- Aufmerksame Zuwendung zu jedem Jugendlichen.
- Ein bewertungsfreier Charakter des Trainings.

Struktur

Die Ankündigung des Trainings sollte Interesse und Neugier der Jugendlichen wecken. Bei der Gelegenheit wird den Teilnehmern ein Überblick über Inhalte, Themen und Lernformen gegeben. Hierbei können die Titelblätter der Trainingssitzungen, Arbeitsblätter, Signalkarten und PowerPoint-Folien verwendet werden. Um Mitbestimmung zu ermöglichen, werden die Teilnehmer nach eigenen Vorschlägen für Themen befragt, denen nach Möglichkeit entsprochen werden sollte. Für die effektive Zusammenarbeit mit Jugendlichen ist eine feste und transparente Struktur der Lernsituation förderlich und hilfreich. Die Trainer sollten von der ersten Sitzung an eine feste Sitzungsstruktur einführen, sie begründen und auf flexible Weise an ihr festhalten. Die Trainingssitzung ist in der Regel so aufgebaut, wie es in Kapitel 3.6 dargestellt ist.

5.1.3 Trainingsrituale, Konzentrationsübungen und Verhaltensregeln

Trainingsrituale

Im Training „Fit für kulturelle Vielfalt" werden die Teilnehmer in der ersten Phase der Trainingssitzung, der „Stimmungslage", zum Formulieren ihrer momentanen Gefühle, Stimmungen, Ziele und Interessen aufgefordert. Die Trainer beginnen als Modell. Dazu empfehlen wir den Einsatz der Signalkarten. Die Teilnehmer erhalten in jeder Trainingssitzung Tonpapier-Kärtchen in grün, rot und gelb. Dabei bedeutet

GRÜN	Es geht mir gut.
ROT	Es geht mir nicht gut.
GELB	Es geht mir mittelmäßig.

Die Jugendlichen werden gebeten, ihre Wahl der Signalkarte zu erläutern, zu kommentieren oder ihre Gefühle zu verbalisieren – aber nur, wenn sie das möchten. Hierbei ist darauf zu achten, dass immer nur ein Teilnehmer spricht.

Die Trainingsrituale akzentuieren Beginn und Ende jeder Sitzung. Sie betonen sowohl die Gemeinsamkeit in der Gruppe als auch den Respekt vor der Individualität jedes Teilnehmers.

Vor der „Abschlussrunde" schätzen die Jugendlichen ein, wie gut sie sich an die „Gruppenregel" in der Trainingssitzung gehalten haben. Hierbei bedeutet

GRÜN	Ich habe die Regel eingehalten.
ROT	Ich habe die Regel nicht eingehalten.
GELB	Ich habe die Regel teilweise eingehalten.

Zuletzt wird in der „Abschlussrunde" mit Hilfe der Signalkarten die Trainingsstunde eingeschätzt sowie die persönliche Befindlichkeit der Jugendlichen ausgedrückt.

Konzentrationsübungen

Einen weiteren Bestandteil der Trainingssitzung stellt die Konzentrationsübung dar, die nach der Besprechung der Gruppenregel mit den Teilnehmern durchgeführt wird.

Unter der Überschrift „Vorschläge zu Konzentrationsübungen" findet der Trainer im Kapitel 5.3 eine Sammlung solcher Übungen. Bei der persönlichen Auswahl von Übungen sind folgende Merkmale zu beachten:

Merkmale von Konzentrationsübungen

◢ Bewegung im Sitzen, Stehen oder Gehen.

◢ Geschicklichkeit gefordert.

◢ Sich steigernde Komplexität.

◢ Viele, zum Teil schnelle Interaktionen.

◢ Rasche Wechsel von Aktivitäten.

◢ Wechseln der Aufmerksamkeit.

Die Trainer sind gut beraten, für ihre Trainingsgruppen Spiele und Übungen auszusuchen, die zu den Teilnehmern passen.

Verhaltensregeln

Unser Sozialverhalten wird von Verhaltensregeln weitgehend kontrolliert und gesteuert. Die Erarbeitung, Einübung und Einhaltung von Verhaltensregeln innerhalb einer Trainingsgruppe ist ein wesentlicher Bestandteil des Trainings interkultureller und sozialer Kompetenz (Merkmale von Verhaltensregeln, siehe Kapitel 3.2). Daher sollte dem Element „Regeln" ein fester Platz in den Trainingssitzungen eingeräumt werden. Es ist zweckmäßig, zu Beginn eines Trainings den Teilnehmern leicht erlernbare Regeln vorzugeben, damit der Trainer gerade am Anfang die Jugendlichen viel loben und ihre Fortschritte verstärken kann. Zu diesem Zweck führt der Trainer immer nur eine Verhaltensregel zu einem Zeitpunkt ein und erst nach ihrer weitgehenden Befolgung eine nächste. In Kapitel 5.2 findet der Trainer eine Auswahl von bewährten Regeln.

Bei der Einführung einer Regel sollen eindeutige Konsequenzen bei einer fortgesetzten Verletzung der Regel vorgegeben und angewandt werden. Es ist hilfreich, die Konsequenz in einem inhaltlichen Zusammenhang mit der betreffenden Regel zu suchen. Beispielsweise könnte ein Teilnehmer wegen fortgesetzter Unpünktlichkeit am Ende der Sitzung den Raum aufräumen.

Außer mit Konsequenzen ist die Arbeit mit einem „Verstärkerplan" zur Förderung der Selbstregulation zu empfehlen. Jeder Teilnehmer, der die Regel befolgt, trägt mit einem Punkt zu einem gemeinsamen Punktevorrat der Trainingsgruppe bei. Wer die Regel nicht befolgt, erhält keinen Punkt. Wenn die Punkte eine vorher festgesetzte Summe erreicht haben, gibt es eine Belohnung für alle Gruppenmitglieder: Eis essen gehen, einen Film anschauen oder eine andere beliebte Abwechslung durchführen.

5.1.4 Strukturiertes Rollenspiel und Verhaltensübung

Strukturiertes Rollenspiel

Das strukturierte Rollenspiel ist die Hauptmethode jedes Verhaltenstrainings, und das aus gutem Grund. Denn die dem Training zugrunde liegende sozial-kognitive Lerntheorie erfordert neben dem Modellverhalten des Trainers und den Verhaltensübungen das Rollenspiel als spezifische Lernmethode. Hierbei wird nach dem Üben einzelner Fertigkeiten die gesamte Handlungssequenz vom Lernenden ausgeführt und vom Trainer mit Feedback versehen. Der Lernende führt im Rollenspiel komplexe Verhaltensweisen, die zu einer Sozialkompetenz gehören, probeweise aus. So hat der Trainer Gelegenheit, das neue Verhalten zu verstärken, zu bestätigen oder zu korrigieren.

Da das strukturierte Rollenspiel in Kapitel 3.4 beschrieben und erläutert wird, soll an dieser Stelle nur eine Zusammenfassung erfolgen.

Das Rollenspiel gehört zu den komplexeren Methoden des Verhaltenstrainings und bedarf einer Hinführung der Teilnehmer durch den Trainer. Die Rollenspiele zu Beginn einer Trainingssequenz werden vom Trainer besonders sorgfältig geplant. Am Anfang des Trainings sollten die Kleingruppen nicht mehr als zwei Jugendliche umfassen, weil sie im Rollenspiel in der Regel wenig geübt sind und weil es mit nur einem Partner einfacher ist.

Der Trainer geht die Aufgabe mit den Teilnehmern Schritt für Schritt durch. In der Vorbereitung innerhalb der Kleingruppe werden die Handlung und die Dialoge geklärt sowie die Rollen verteilt. Jeder soll sich in seine Rolle hineindenken und einfühlen. Der Trainer gibt wenn nötig Hilfestellung. Bei der Rolleneinfühlung macht sich der Rollenspieler ganz bewusst klar, welche Person er in der Situation darstellt. Danach spielt das Team die Handlung, Situation oder Szene durch. In vielen Fällen ist eine Wiederholung mit dem Ziel der Verbesserung sowie der Anwendung einer neu erlernten Lösungsmethode erforderlich. Hierbei kann ein Rollentausch den Perspektivenwechsel und das Einfühlungsvermögen fördern. Dem folgt in der Regel die Zusammenkunft in der gesamten Trainingsgruppe. Hier präsentieren die Kleingruppen ihre Rollenspielszene. Nach dem Ende des Rollenspiels leiten die Trainer die Teilnehmer an, sich bewusst zu machen, dass sie jetzt wieder sie selbst sind und die fremde Rolle „abstreifen". Diese Selbstverbalisierung (zum Beispiel: „Ich bin jetzt wieder Elena.") kann spielerisch durch ein Abstreifen über Schultern, Arme und Beine ergänzt werden.

Die Rollenspieler werden danach ermuntert, ihre Gefühle, die sie während der Darstellung hatten, zu verbalisieren. Sie erhalten Feedback von ihrem Trainer und den Mitgliedern der Trainingsgruppe unter Beachtung der Feedbackregeln.

Weil trotz aller Sorgfalt nicht selten eine unbehagliche, manchmal gar gehemmte Atmosphäre während des Rollenspiels aufkommt, wird das Warm-up als zusätzliche psychische Vorbereitung empfohlen. Das Warm-up beinhaltet fast immer einen Rollentausch und eine Interaktion der Teilnehmer. In Kapitel 5.4 findet der Trainer eine Sammlung von Vorschlägen zum Warm-up, unter denen er wählen kann.

Verhaltensübung

Bei der Verhaltensübung werden einzelne soziale Fertigkeiten erläutert und geübt. Es gibt dafür Arbeitsblätter (siehe Teil III), die besprochen und dann einzeln und in der Kleingruppe bearbeitet werden. Anschließend finden die Präsentation, das Feedback und die Reflexion in der Trainingsgruppe statt.

5.1.5 Auswertung und Transfer

Die Auswertung ist ein sehr wichtiger Teil der Trainingssitzung. Untersuchungen zum Rollenspiel zeigten, dass dieses nur dann wirksam war, wenn das Erlebte verbal aufgearbeitet und reflektiert wurde und je mehr es gelang, den Transfer des Gelernten in der Lebenswelt der Teilnehmer umzusetzen.

Um die Auswertung zu strukturieren, unterscheiden die Autoren drei Ebenen, zu denen sie Fragen entwickelt haben, die auf ein mittleres kognitives Niveau für die Teilnehmer zielen. Die Trainer müssen diese Fragen der Trainingsgruppe anpassen und sie entweder komplexer oder einfacher formulieren. Man unterscheidet:

- Die emotionale Ebene („Gefühle").
- Die kognitive oder inhaltliche Ebene („Verstehen").
- Die Transferebene zur Anwendung des Gelernten in der Lebenswelt des Jugendlichen („Transfer").

Am Schluss jedes Trainingsvorschlages steht unter dem Wort „Auswertung" der Satz: „Die Trainer sprechen jeden Teilnehmer zu jeder Frage an." Damit möchten die Autoren zum Ausdruck bringen, dass die Trainer die Fragen individuell an die jeweiligen Jugendlichen anpassen. Die Fragen sind deshalb überwiegend in der zweiten Person Singular formuliert. Es ist nicht nötig, und oft auch zeitlich nicht zu schaffen, dass alle acht Fragen gestellt werden. Viel wichtiger ist es, dass jeder Jugendliche persönlich aufgefordert wird, das Gelernte emotional und kognitiv zu reflektieren und entsprechend seinen Möglichkeiten anzuwenden. Wenn bei den Transferfragen angesprochen wird, dass ein Jugendlicher das soeben Gelernte im Alltag anwenden möchte, geben die Trainer dem Jugendlichen den „Beobachtungsbogen" (Kapitel 5.5 und Teil III Anhang) in die Hand. Der Trainer führt den Jugendlichen in die Handhabung ein und vereinbart mit ihm weitere Gespräche zur Besprechung seiner Selbstbeobachtungen, Erfolge oder Misserfolge.

5.1.6 Umsetzung der Trainingsvorschläge und Projekt

Umsetzung der Trainingsvorschläge

Die Trainingsvorschläge und die Arbeitsmaterialien sollen an die Teilnehmer der jeweiligen Trainingsgruppe angepasst werden. So müssen sie einmal vereinfacht, ein anderes Mal komplexer gestaltet werden. Bei der Reihenfolge der Trainingssitzungen ist von den Autoren das Lernprinzip „Vom Einfachen zum Schweren" angewendet worden, das auch den Trainern empfohlen wird. Der Trainer kann selbstverständlich von der strikten Abfolge der Trainingssitzungen im Manual abweichen, sollte jedoch dabei das Prinzip „Vom Einfachen zum Schweren" beachten.

Viele Menschen haben eine gewisse Scheu vor Aufnahmen mit einer Videokamera und anderen Aufzeichnungsgeräten. Jedoch ist die Arbeit mit Aufzeichnungen im Training „Fit für kulturelle Vielfalt" äußerst lohnend. Kein Feedback ist so objektiv und wiederholbar wie eine solche Aufzeichnung. Es wird dabei sowohl die Selbstbeobachtung als auch die Selbstreflexion der Teilnehmer gefördert.

Mit den neuen Smartphones kann man gleichfalls Filmaufnahmen machen und wiedergeben. Sie sind bei Jugendlichen beliebt und vielfach in Gebrauch. Die Autoren raten dennoch vom Gebrauch im Training ab, weil der Trainer nicht sicher sein kann, dass die Jugendlichen die Aufzeichnungen nach der Trainingssitzung tatsächlich löschen. Bei der Videoanlage tragen die Trainer die Verantwortung für die Löschung.

Projekt

Interkulturelle Bildung und Projektlernen passen gut zusammen. Wie im vorhergehenden Abschnitt bereits ausgeführt, ist interkulturelles Training besonders wirksam, wenn von Kindern oder Jugendlichen unterschiedlicher Herkunft gemeinsam ein Ziel angestrebt und an ihm gearbeitet wird. Was kann das sein? Der Gedanke eines gemeinsamen Essens von Jugendlichen und Trainern, die Planung des Essens, die Herstellung und schließlich das gemeinsame Essen selbst ist ein „kleines Projekt".

Weitere Projektideen können darin bestehen, einen Videofilm zu drehen, in dem die Teilnehmer örtliche Besonderheiten aufnehmen, einen gemeinsamen Kinobesuch zu planen und hinterher ein Gespräch darüber zu führen. Aus den Aktivitäten des interkulturellen Trainings können mit Erlaubnis der Betroffenen Sequenzen aufgenommen, unter einem Thema zusammengestellt und anderen Teilnehmern der Institution präsentiert werden (vergleiche auch Blumensath & Blumensath, 1999).

Die Trainingsarbeit kann durch kleine künstlerische Produktionen aufgelockert, illustriert und bei Interesse den Eltern, Lehrern und Mitarbeitern zum Abschluss der Maßnahme präsentiert werden. Projekte dieser Art können sowohl in der Schule als auch in einer Jugendbildungsstätte ohne allzu großen zeitlichen und finanziellen Aufwand realisiert werden (vergleiche auch Klose, 2000). Sehr bewährt haben sich die gemeinsame Erstellung eines Sketches oder eines Videos über das Training, seine Ziele, seine Pannen und komischen Szenen oder das allgemeine Klima im Training – und die Höhepunkte. Der Stolz und die Freude der Teilnehmer über eine derartige kreative Teamleistung stellt eine soziale Verstärkung der im Training gewonnen Kompetenzen und des Selbstvertrauens für die Jugendlichen dar.

5.1.7 Implementierung des Trainings und Trainerfortbildung

Implementierung

Bei der Einführung des vorliegenden Trainingsprogramms zur interkulturellen Kompetenz für Jugendliche sollte sowohl die personale als auch die institutionelle Dimension beachtet werden. Wenn die Leitung einer Institution beabsichtigt, das vorliegende Verhaltenstraining einzuführen oder zu erproben, besteht der erste Schritt in der Information aller Mitarbeiter der Institution über das geplante Projekt. Denn von der Durchführung eines interkulturellen Trainings sind direkt oder indirekt sämtliche Mitarbeiter betroffen. Die Leitung und die Mitarbeiterschaft sowie andere relevante Gremien der Institution beschließen die Erprobung des Verhaltenstrainings gemeinsam. Ein Planungsteam koordiniert die organisatorischen, personellen und zeitlichen Bedingungen für die Durchführung des Trainings. Die Mitarbeiter der Institution, die das Verhaltenstraining durchführen werden, nehmen an einer qualifizierten Fortbildung teil. Darüber hinaus ist zu beachten, dass alle Mitarbeiter der Institution über wesentliche Merkmale und Inhalte des Trainings informiert und so bald wie möglich selbst in interkultureller Kompetenz ausgebildet werden.

Eine weitere Personengruppe, die von der Institution über die Ausbildungsveranstaltung für ihre Kinder informiert werden sollte, sind die Eltern der Jugendlichen. In vielen Untersuchungen ist nachgewiesen worden, dass informierte Eltern die Mitarbeit und den Lernerfolg ihrer Kinder wesentlich fördern können. Es sind daher einige Abendveranstaltungen für die Eltern der jugendlichen Teilnehmer einzuplanen. Trainer, Lehrer oder Kursleiter informieren die Eltern mit Hilfe eines Vortrags, einer PowerPoint-Präsentation, einer praktischen Demonstration und eines Gesprächs und bitten sie um ihre Unterstützung.

Die Trainer führen in der Regel in einem Zeitraum von fünf bis sechs Monaten einmal wöchentlich 90 Minuten das Training durch und nehmen während dieser Zeit an regelmäßig stattfindender Praxisbegleitung/Supervision teil. Aufgrund der Ergebnisse einer Evaluation (siehe Kapitel 7) entscheidet die Institution über eine dauerhafte Implementierung des Kompetenztrainings. Im Sinne der Qualitätssicherung ist es empfehlenswert, von Zeit zu Zeit erneut eine Evaluation des Kompetenztrainings durchzuführen und die Trainerkompetenz mit Hilfe von Fortbildung und Supervision zu aktualisieren.

Trainerfortbildung

An anderer Stelle haben wir die Fortbildung der Trainer bereits erwähnt. Wenn sie keine Kenntnisse und Erfahrung mit Verhaltenstrainings haben, sollten Sie die Möglichkeit wahrnehmen, sich in einer Fortbildung auf die Arbeit mit dem vorliegenden Training vorzubereiten. Unter www.bipp-bremen.de finden interessierte Leser Hinweise zur autorisierten Fortbildung zum Trainer „Fit für kulturelle Vielfalt". Die Fortbildung hat das Ziel, die zukünftigen Trainer zur selbständigen Durchführung des Trainings sowie zu dessen Anpassung an die jeweilige Zielgruppe zu qualifizieren. Inhalte der Fortbildung sind die wissenschaftlichen Grundlagen, die Methoden und Bausteine, die Trainingsvorschläge und das Basisverhalten des Trainers. Der größere Teil der Fortbildung ist den praktischen Übungen vorbehalten, dem Erarbeiten und Erproben des strukturierten Rollenspiels, dem Durchführen von Trainingsvorschlägen sowie dem Üben des Basisverhaltens des Trainers. Die Rollenspiele und Simulationen werden ausgewertet und die Übertragung des neu erlernten Verhaltens auf die Bedingungen der jeweiligen Institution reflektiert.

Wenn die Implementierung beginnt, sollte die Institution dafür Sorge tragen, dass in regelmäßigen Abständen innerhalb eines Zeitraums von etwa einem halben Jahr die Trainer an einer Praxisbegleitung beziehungsweise einer Supervision teilnehmen können. Die Trainer können dort ihre Erfahrungen mit dem Training, mit den Jugendlichen, mit dem Thema und den institutionellen Bedingungen einbringen und reflektieren.

5.2 Vorschläge für Verhaltensregeln

Zu Beginn des Trainings sollte der Trainer die jeweils zu übende Verhaltensregel vorgeben und mit den Jugendlichen besprechen sowie einen Übungszeitraum festlegen (vergleiche Kapitel 3.2). Verhaltensregeln helfen, eine gute Arbeitsatmosphäre aufzubauen und aufrecht zu erhalten. Beispiele für Verhaltensregeln sind:

- Ich beteilige mich am Training.
- Ich lasse den anderen ausreden.
- Ich sehe den an, der etwas sagt.
- STOPP! Erst denken, dann reden.
- Ich spreche deutlich.
- Ich frage den anderen, bevor ich mir Sachen von ihm nehme.
- Ich akzeptiere die Meinung des anderen.
- Ich lache niemanden aus.
- Ich arbeite ruhig und konzentriert.
- Ich bin pünktlich zum Training da.

5.3 Vorschläge für Konzentrationsübungen

Die Konzentrationsübung wird in wenigen Minuten zwischen dem Besprechen der Regel und der Bearbeitung eines Trainingsvorschlags durchgeführt. Sie dient dazu, die Aufmerksamkeit der Jugendlichen zu optimieren (vergleiche Kapitel 3.3).

„Pfeifton"

Dies ist eine Paarübung. Die beiden Personen sitzen sich gegenüber. Sie nennen sich A und B. A fängt an und sagt „eins", daraufhin sagt B „zwei". Schüler A setzt mit „drei" fort. Nun beginnt B wieder bei „eins". Das geht etwa eine Minute so weiter.

Nach einer Minute tritt an die Stelle der „eins" ein Pfeifton, „zwei" und „drei" bleiben unverändert.

Nach einer weiteren Minute wird die Zahl „zwei" durch „Aufstehen – Hinsetzen" ersetzt, die „drei" bleibt eine „drei".

Nach einer weiteren Minute wird die Zahl „drei" durch „Sich leicht an die eigene Stirn klopfen" ersetzt.

Wenn genug Zeit vorhanden ist, kann der oben beschriebene Prozess nun rückwärts durchgeführt werden.

- Das „An die Stirn Klopfen" wird wieder zur Zahl „drei".
- Nach einer Minute wird „Aufstehen – Hinsetzen" wieder zur Zahl „zwei".
- Nach einer letzten Minute wird aus dem „Pfeifton" wieder die Zahl „eins".
- Zum Schluss haben wir noch eine Minute „Eins – zwei – drei".

„Viele Hände"

Die Trainingsgruppe steht im Kreis. Die Teilnehmer halten sich an den Händen. Aus der Gruppe wird nach und nach ein Knoten gebildet, indem man über die gehaltenen Hände steigt oder darunter durchgeht, ohne die Hände zu lösen. Wenn dann alle ganz gedrängt stehen, geht alles wieder rückwärts, ohne die Hände loszulassen.

Die Übung kann auch mit verbundenen Augen gespielt werden, und zwar sowohl das Verknäulen als auch das Entwirren des Knäuels.

„Armbeuge"

Jeder Teilnehmer sucht sich einen Partner, um mit ihm eine Partnerübung zu machen. Einer von beiden krempelt einen Ärmel bis über den Ellenbogen hoch und streckt den freien Arm aus. Dann bekommt er die Augen verbunden. Der andere streicht mit der Spitze eines Kugelschreibers, dessen Mine nicht hervorsteht, leicht über die Innenfläche des Handgelenks des freien Armes. Der Stift wird in langsamen und gleichmäßigen Kreisbewegungen auf der Innenseite des Armes hinaufgeführt. Sobald der Stift in der Armbeuge angekommen ist, soll der Partner Stopp sagen. Der Stift wird an der Stelle festgehalten, wo er sich gerade befindet. Beide stellen gemeinsam fest, an welcher Stelle des Innenarms sich der Stift befindet. Die Spieler wechseln die Rollen und das Spiel beginnt von neuem.

„Steuern"

Geht doch bitte einmal im Raum herum. Ich mache heute mit euch eine Übung, bei der ihr eurem Partner Vertrauen entgegenbringen müsst, weil ihr gemeinsam etwas ausprobiert. Schaut euch schon mal um. So, findet euch jetzt zu zweit zusammen. Ihr seid jetzt zu zweit ein Auto mit Autofahrer. Später werden die Rollen dann auch noch gewechselt. Einigt euch darauf, wer beim ersten Durchgang Auto und wer Fahrer ist.

Das Auto stellt sich hin, streckt die Arme nach vorne aus. Der Fahrer stellt sich hinter das Auto und legt seine Hände auf die Schultern des Autos. Dann geht es los, der Fahrer steuert sein Auto mit seinen Händen – geradeaus, rechtsherum, linksherum. Er kann natürlich auch anhalten, wieder anfahren, schneller oder langsamer fahren. Achtet dabei auf den Verkehr durch die anderen Verkehrsteilnehmer.

Nun schließen die Autos einmal die Augen. Die Fahrer müssen jetzt mit einem Auto fertig werden, das anders reagiert als vorher, sie müssen sich umstellen. Der Fahrer soll so fahren, dass sein Auto sich weiterhin sicher geführt fühlt.

Nun ist die erste Fahrt zu Ende. Ihr könnt kurz ein paar Worte darüber wechseln, wie es euch ergangen ist.

Dann wechselt ihr die Rollen.

„Zerbrechlich"

Heute gibt es eine Übung, die „Zerbrechlich" heißt. Dabei könnt ihr einmal ausprobieren, wie gut ihr gemeinsam mit einem Partner eine schwierige Arbeit ausführen könnt. Findet euch bitte zu zweit zusammen und stellt euch so hin, dass ihr euch anschaut und eure Füße ungefähr einen Meter Abstand haben. Während der Übung bitte nicht miteinander sprechen. Nun stellt euch vor, zwischen euch steht eine Kiste, die mit kostbaren und sehr zerbrechlichen Sachen angefüllt ist – kostbare Gläser, teures Geschirr, edles Porzellan usw. Die Kiste ist natürlich so schwer, dass ihr sie nur mit vereinten Kräften tragen könnt. Ihr verständigt euch ohne Worte. Ihr hebt sie im gleichen Moment langsam hoch, richtet euch dabei auf und tragt sie ganz vorsichtig an einen Platz im Raum, den ihr euch vorher ausgesucht habt. Achtet auf die anderen, die Ähnliches tun und stellt sie an diesem Platz genauso langsam und sorgfältig wieder auf den Boden.

„Gemeinsam genial"

Heute wollen wir einmal Malen. Dabei malt niemand alleine, sondern immer zwei malen zusammen ein Bild. Findet bitte einen Partner und setzt euch gegenüber. Nehmt euch ein Blatt Zeichenpapier und jeder mehrere Buntstifte.

Nun einigt ihr euch darauf, wer mit dem Malen anfängt. Danach sprecht ihr nicht mehr miteinander, bis ihr mit dem Bild fertig seid. Der Malanfänger malt einen kleinen Teil des Bildes, irgendetwas das ihm gerade einfällt. Ich gebe nach einer Minute das Signal zum Wechseln. Danach setzt der andere das Bild fort und malt es weiter. Dann ist der erste wieder dran. So wechselt ihr euch mit dem Malen ab und denkt daran, dass ihr mehrere Buntstifte habt. Derjenige, der gerade dran ist, kann auch aufstehen und auf die andere Seite des Tisches gehen. Das Bild soll durch eure Zusammenarbeit zustande kommen. Achtet darauf, was der andere malt: Welche Farben, welche Gegenstände oder Formen wählt er? Was passt dazu? Jeder von euch beiden bestimmt durch sein Zeichnen mit, wie das Bild später aussieht und wirkt. Bitte, nicht miteinander sprechen. Ihr verständigt euch hierbei nur durch das Malen. Ich gebe euch ein Zeichen, wenn ihr zum Ende kommen sollt. Ist euch klar geworden, wie die Übung gemeint ist und ablaufen soll?

„Kreisball"

Die Teilnehmer stellen sich in einem engen Kreis auf. Jemand bekommt vom Trainer einen kleinen Ball zugeworfen, fängt ihn und wirft ihn jemand anderem aus der Gruppe zu, und so geht es weiter, bis der Ball wieder beim Trainer ankommt. Die Teilnehmer sollen sich merken, wer ihnen den Ball zugeworfen hat und wem sie ihn dann zuwerfen. Wenn der Trainer den Ball wieder erhalten hat, wirft er ihn demselben Jugendlichen zu wie bei der ersten Runde, und das machen die Teilnehmer genauso. Bei dem Werfen und Fangen des Balles kommen natürlich Fehler vor. Es wird so lange geübt, bis es gut klappt.

Dann führt der Trainer einen zweiten Ball ein, der eine andere Farbe hat als der erste. Der erste Ball bleibt im Spiel. Der zweite Ball beginnt bei einem anderen Mitspieler, soll dann aber den gleichen „Weg" nehmen, wie der erste Ball. Es wird mit den zwei Bällen geübt, bis es (weitgehend) klappt, dann wird ein dritter Ball mit wieder einer anderen Farbe eingeführt, und es fliegen drei Bälle munter durch den Kreis.

Am Schluss wird die Gruppe für ihren Erfolg sehr gelobt.

„Stuhlkippeln"

Die Jugendlichen stellen ihre Stühle so zu einem Kreis zusammen, dass die Rückenlehnen nach außen zeigen. Jede Person stellt sich genau hinter einen Stuhl und kippt ihn an der Rückenlehne leicht nach hinten. Sie hält ihn in der Position fest. Wenn der Trainer „Achtung! Los!" sagt, soll jeder Jugendliche auf „Los!" den gekippten Stuhl loslassen, einen Schritt in der vorher vereinbarten Richtung vorangehen und gleichzeitig den vom Vordermann losgelassenen Stuhl ergreifen, bevor der auf den Fußboden fällt.

Das Ziel ist, dass jeder Teilnehmer eine Runde macht, ohne dass ein Stuhl zu Boden fällt. Wenn nun doch ein Stuhl zu Boden fällt, was immer passieren kann, gehen alle eine Position zurück. Und das Spiel geht weiter. (Eine Variante für Fortgeschrittene: Wenn ein Stuhl zu Boden fällt, kehren alle Teilnehmer zu ihrem Ausgangspunkt zurück, dann geht es weiter.)

„Anspannen und Loslassen"

Im Folgenden wird eine Kurzfassung der Progressiven Muskelentspannung nach Jacobsen (2002) beschrieben, die für ein Verhaltenstraining mit Jugendlichen gut geeignet ist (in Anlehnung an: Petermann, U., 2012).

Die Muskelgruppen und die Art des Anspannens und Loslassens

Die folgenden Arten des Anspannens von Muskelgruppen sind mit den Jugendlichen vor der ersten Entspannung durchzugehen und zu probieren:

◢ Hand, Unterarm und Oberarm: Beginn mit der dominanten Körperseite. Anspannen durch Anwinkeln des Armes in der Ellenbeuge um 45 Grad, eine Faust machen und sie fest zudrücken. Danach das Gleiche mit dem anderen Arm.

◢ Schultern: Die Schultern nach hinten zurückziehen, als sollten sich die Schulterblätter berühren, dann die Schultern hochziehen.

◢ Bauch und Rücken: Baucheinziehen und die Luft anhalten, dann mit dem Rücken ein Hohlkreuz bilden.

◢ Oberschenkel, Unterschenkel und Fuß: Beginnend mit der dominanten Körperseite, das Bein ausstrecken, die Zehen ausstrecken. Danach das andere Bein.

◢ Stirn und Augen: Stirn runzeln und die Augenbrauen zusammenziehen.

Durchführung

◢ Zunächst werden die Jugendlichen gebeten, eine bequeme Sitzhaltung einzunehmen und die Augen zu schließen. Dabei stehen die Füße nebeneinander, die Arme liegen auf der Stuhllehne oder auf den Oberschenkeln. Der Kopf ist leicht gesenkt.

◢ Der Trainer bittet sie, sich auf die jeweils genannten Muskeln zu konzentrieren. Auf ein Signal hin, etwa „Jetzt!", spannen sie die Muskeln des Arms und der Hand auf die beschriebene und demonstrierte Weise für fünf bis sieben Sekunden an.

◢ Der Trainer unterstützt die Jugendlichen in der Wahrnehmung der Anspannung: *„Merkt ihr, wie die Muskeln jetzt sind? Wie sich die Spannung anfühlt?"*

◢ Auf ein zweites Zeichen, zum Beispiel das Signal *„Loslassen!"* sollen die Jugendlichen auf einen Schlag die angespannten Muskeln lockern und entspannen. Die Phase der Entspannung soll rund 30 bis 40 Sekunden betragen. Hier unterstützt der Trainer in der Entspannung und Wahrnehmung des Kontrasteffektes: *„Lass deine Muskeln einfach los! Achte mal darauf, was sich in deinen Muskeln jetzt tut. Wie war es vorher bei der Anspannung und wie ist es jetzt?"* Die Jugendlichen sollen auf die Wahrnehmung von Anspannung und Entspannung gelenkt werden. Jedoch sind suggestive Äußerungen wie „Deine Muskeln sind jetzt ganz entspannt" zu vermeiden, da sie dem Prinzip der Progressiven Muskelentspannung zuwiderlaufen.

◢ Nach den 30 bis 40 Sekunden Entspannung folgt eine Wiederholung des Vorgangs mit wiederum fünf bis sieben Sekunden Anspannung, 30 bis 40 Sekunden Entspannung, Konzentration auf die Entspannung und den Kontrast zwischen Anspannung und Entspannung.

◢ Auf diese Weise werden nacheinander die fünf Muskelgruppen entspannt. Danach wird zur Konzentration auf die gesamte Muskulatur ermuntert.

◢ Zur Beendigung der Entspannung und Konzentration wird zum Bewegen der Hände, Füße, Arme, Beine sowie zum Beugen, Dehnen und Strecken aufgefordert.

5.4 Vorschläge für Warm-ups

Das Warm-up wird durchgeführt, wenn bei der Bearbeitung des Trainingsvorschlags ein Rollenspiel vorgesehen ist (vergleiche Kapitel 3). Als Konzentrationsübung ist es selbstverständlich ebenfalls einsetzbar.

„Stumme Übung"

Erster Teil: Alle Teilnehmer gehen durch den Raum. Wenn ein Signal ertönt, sucht sich jeder ein Gegenüber. Beide stehen sich gegenüber, erheben die Hände gegeneinander etwa auf Augenhöhe, berühren sich jedoch nicht. Nach ein bis zwei Minuten gibt es wieder diesen Ton. Alle gehen weiter. Bei jedem erneuten Stopp sucht jeder einen anderen Partner. Sonst wie oben.

Zweiter Teil: Es bewegen sich alle wie im ersten Teil durch den Raum. Beim Ton sucht sich jeder ein Gegenüber. Beide stehen sich gegenüber und schreien sich lautlos an. Das heißt, sie zeigen die Körpersprache von jemandem, der schreit, bleiben aber stumm. Das kann ebenfalls wiederholt werden.

„Wiedersehen"

Die Jugendlichen bewegen sich im Raum. Bei „Stopp" finden sich immer zwei Jugendliche zusammen, die sich gerade im Raum am nächsten stehen. Sie sollen nun so tun, als wären sie Freunde und würden sich nach langer Zeit wieder einmal begegnen. Sie begrüßen sich herzlich, reden ein paar Worte miteinander und verabschieden sich wieder.

Alle gehen erneut im Raum herum. Beim nächsten Stopp treffen sie jemanden, dem sie lieber nicht begegnet wären. Die Begrüßung und ein paar Sätze fallen entsprechend aus. Sie trennen sich wieder.

„Gefühle zeigen"

Wir spielen jetzt Theater. Die Jugendlichen sollen sich einen Mitspieler suchen und sich einander gegenüber hinsetzen. Der Trainer erzählt nachher mehrere Situationen, die sich die Teilnehmer genau vorstellen sollen. In den Situationen werden sie entweder ängstlich, fröhlich, wütend oder erstaunt sein. Während der Trainer die erste Situation beschreibt, soll der eine von beiden (A) dem anderen (B) durch Gesichtsausdruck, Körperhaltung und Bewegungen zeigen, wie er sich in der Situation fühlt. Danach soll er seinem Partner zusätzlich erzählen, was er während der Situation gedacht hat. Beide unterhalten sich kurz darüber.

Die Rollen werden gewechselt; es wird genauso vorgegangen wie bei ersten Situation.

Beispielsituation: *Ihr macht mit Freunden eine Fahrt mit einem Ruderboot auf einem schönen See, der sehr tief ist. Ihr genießt die Tour, es wird viel gelacht. Die Stimmung ist großartig.*

Niemand von euch hat auf den Himmel geachtet, an dem sich die Wolken schwarz zusammengezogen haben. Jetzt hört ihr das Gewitter in der Ferne. Nun kommt auch noch Wind auf, der schnell zum Sturm wird. Der Wellengang wird heftiger. Wasser schlägt ins Boot.

Was fühlst du? (Dies drückt nun A durch seine Körpersprache aus.) – Was denkst du jetzt? (Dies erzählt A nun B.)

Weitere mögliche Situationen können beschrieben werden.

- Freude: *Nach einer langen Zeit der vergeblichen Bewerbungen erhältst du eine schriftliche Zusage für einen Ausbildungsplatz in deinem Lieblingsberuf.*
- Enttäuschung: *Deine Freunde gehen zusammen in einen spannenden Film. Du musst deinem Vater beim Einrichten seines neuen PCs helfen.*

- Erstaunen: *Ausflug in ein Planetarium. Dir und den anderen werden unbekannte Sternbilder, sogenannte „Schwarze Löcher" und wenig bekannte Planeten gezeigt.*

„Nachahmen"

Stellt euch einmal vor, ihr besucht eine Schule für Clowns. Clowns müssen unter anderem lernen, sich besonders langsam zu bewegen, damit sie später ihr Publikum zum Lachen bringen können. In dieser Stunde lernen die Clowns das ganz langsame Gehen.

Geht nun ganz langsam herum, wie ihr es vielleicht tut, wenn ihr in einer fremden Stadt seid, wo es ganz viel zu sehen gibt, ihr schlendert herum, bleibt häufig stehen und schaut euch etwas Sehenswertes an (30 bis 60 Sekunden).

Und nun könnt ihr ab und zu hinter einem anderen Clown-Schüler hergehen und versuchen, ihn nachzuahmen, wie er geht und was er sonst macht, ohne dass er es bemerkt.

„Wechselbad"

Im Klassen- oder Trainingsraum muss zunächst Platz geschaffen werden.

Verteilt euch im ganzen Raum. Redet bitte nicht. Geht jetzt im Raum umher, geht durcheinander, achtet nur auf euch. Was fühlt ihr, wenn ihr so herumgeht? Stellt euch jetzt vor, ihr seid an einem schönen Sommertag am Strand der Nordsee, Ostsee oder des Mittelmeers und geht barfuß auf dem Sand.

Wie geht es sich da? Wie fühlt sich das an?

Jetzt kommt ihr in den Schlick, er ist grau und moddrig. Wie fühlt sich das an?

Nun kommt ihr ans Wasser. Ihr geht hinein – bis zu den Knien. Wie fühlt sich das an? Du bist wieder am Strand und triffst auf dem Weg einen Freund oder eine Freundin, die du schon lange nicht mehr gesehen hast. Ihr begrüßt euch herzlich, unterhaltet euch ein wenig und verabschiedet euch wieder. Die Strandwanderung ist damit zu Ende.

„Gefühle erkennen"

Die Jugendlichen gehen im Raum (vielleicht bei ruhiger Musik) herum. Beim Signal „Stopp" sucht sich jeder (A)einen in der Nähe stehenden Partner (B). Wenn der Trainer A ruft, soll A ein Gefühl ausdrücken, mit dem Gesicht, mit der Körperhaltung und den Armen. B soll das Gefühl erraten. Dann ist B daran, ein Gefühl auszudrücken und A, es zu erraten.

„Alltagssituationen"

Die Schüler verteilen sich im Raum, gehen herum, ohne einander anzustoßen. Der Trainer sagt, sie wollten noch etwas besorgen und die Geschäfte machen gleich zu. Sie sollten sich beeilen. Sie haben es noch geschafft.

Für den Rückweg haben sie viel Zeit, sie können ganz langsam schlendern.

Sie sollen sich nun vorstellen, sie sind mit einem Freund oder einer Freundin verabredet. Sie gehen fröhlich und voller Erwartung, und da ist er oder sie schon: Freudige Begrüßung.

Die Freunde schlendern in einer Straße mit allerlei Geschäften herum. Sie müssen sich schließlich voneinander verabschieden und gehen in verschiedene Richtungen davon.

„Ja-Sager und Nein-Sager"

Geht bitte im Raum herum. Wenn ein Ton erklingt, bleibt ihr alle stehen. Findet euch mit demjenigen zu einem Team zusammen, der euch gerade am nächsten steht.

Stellt euch gegenüber auf, in etwa einem halben bis einem Meter Entfernung. Wir spielen das Gespräch eines Ja-Sagers mit einem Nein-Sager, dabei fällt aber kein Wort. Beides, das Ja-Sagen und das Nein-Sagen müsst ihr ohne Worte, also nur mit eurem Gesichtsausdruck, euren Gesten und eurer Körperhaltung ausdrücken. Nach einer Weile werden die Rollen getauscht. Habt ihr alles verstanden? Dann geht es los, und bitte stumm!

Nach wenigen Minuten ertönt der Ton, die Jugendlichen beenden das erste Spiel. Ihr könnt kurz darüber sprechen, wie ihr euch bei diesem Gespräch gefühlt habt (etwa eine Minute).

Die Rollen werden getauscht. Das Spiel wiederholt sich in derselben Form mit vertauschten Rollen.

5.5 Beobachtungsbogen

Der Beobachtungsbogen (siehe Teil III Anhang) soll den Transfer des Gelernten in die Lebenssituation des Jugendlichen unterstützen. Die Trainer erklären motivierten Teilnehmern die Anwendung des Bogens zur Selbstbeobachtung in der Realsituation. Sie treffen sich nach einem bestimmten Zeitraum zur gemeinsamen Auswertung der Eintragungen.

Der Beobachtungsbogen kann auch zur Löschung einer problematischen Angewohnheit (zum Beispiel notorische Unpünktlichkeit) durch eine persönliche Regel (Ich bin pünktlich!) verwendet werden. Die genaue Bestimmung des Zielverhaltens oder der persönlichen Regel durch den Teilnehmer mit Hilfe des Trainers ist dabei wichtig.

6. Die Trainingssitzungen

Wo komme ich her und
wo lebe ich?

6.1 Wo komme ich her und wo lebe ich?

Hintergrund

Der sprachliche und kulturelle Hintergrund eines Menschen ist Teil seiner soziokulturellen und persönlichen Identität. Durch das Zusammenleben von Menschen unterschiedlicher kultureller und sozialer Herkunft entsteht die Vielfalt der heutigen Gesellschaft. Unter Beachtung der Menschenrechte werden in einer Welt kultureller Vielfalt die identitätsstiftenden Freiräume gewahrt, gegenseitig akzeptiert und ein interkulturelles Miteinander praktiziert

Ziele

▲ Vielfalt: Jeder Jugendliche kann sich eine Vorstellung davon machen, aus welchen Ländern und Regionen die anderen und deren Vorfahren kommen.

▲ Kulturelle Identität: Durch die Rekonstruktion der eigenen Lebensgeschichte und Herkunft werden die Identitätsgefühle der Teilnehmer gestärkt.

▲ Ähnlichkeiten entdecken: Das Bewusstsein der Jugendlichen, dass sie alle aus Ländern mit einer hoch entwickelten Kultur und reichen Geschichte kommen, wird gefördert.

▲ Interkulturalität: Die Teilnehmer sollen versuchen, ihren soziokulturellen Status durch den Vergleich mit dem anderer Teilnehmer zu erfassen und Möglichkeiten der Veränderung zu reflektieren.

Literaturvorschläge

- Kulturelle Identität: Cameron & Turner (2010)
- Ähnlichkeiten/Unterschiede: Barna (1994)
- Interkulturalität: Yousefi & Braun (2011)

Vorschlag 1: **Woher?**

Die Übung leitet die Jugendlichen mit Hilfe von kreativen Methoden dazu an, sich ihrer Herkunft bewusst zu werden und diese selbstbewusst darzustellen. Die Jugendlichen sollen die Geschichte, Kultur und Lebensweise ihrer Eltern und Großeltern als einen Teil ihrer Einzigartigkeit begreifen.

Material

- Arbeitsblatt 1: „Woher?"
- Papier, Plakate, Malstifte
- Illustrierte Zeitschriften, Klebstoff

Anleitung

Der Trainer erzählt anhand des Arbeitsblattes 1 „Woher?" etwas über seine eigene Herkunft. Mit Hilfe desselben Arbeitsblattes sollen die Jugendlichen ihre eigene Herkunft deutlich machen.

Stell dir vor, du nimmst an einer Veranstaltung mit Jugendlichen aus aller Welt teil. Nach einigen Vorträgen erhaltet ihr die Aufgabe, das Land eurer Vorfahren vorzustellen. Ihr habt 30 Minuten Zeit dafür. Ihr könnt das in Form einer Collage, eines Gedichtes, einer Geschichte oder eines Bildes darstellen. Für entsprechendes Material wird gesorgt. Als Leitfaden für eure Arbeit erhaltet Ihr das Arbeitsblatt 1 „Woher?" mit folgenden Fragen:

1. Woher kommt deine Familie?
2. In welchen Städten oder Ländern hast du bisher gelebt?
3. Welche Sprachen kannst du sprechen und welche können deine Eltern oder Großeltern sprechen?
4. Welche Sprachen werden in deiner Familie gesprochen?
5. Erzähle über das Herkunftsland deiner Familie, und zwar das, was dir besonders wichtig ist oder besonders gut gefällt.

Für die Bearbeitung des Arbeitsblattes und die Anfertigung einer Darstellung des Herkunftslandes haben die Jugendlichen 30 Minuten Zeit.
Die Ergebnisse der Bemühungen werden danach ausgelegt, ausgehängt oder vorgetragen. Die Produkte werden mit Feedback gewürdigt. Es können Fragen zur Präsentation gestellt werden, und die jeweiligen Autoren können darauf antworten.

Auswertung

Der Trainer spricht jeden Teilnehmer zu jeder Frage an:

Gefühle   Wie fühltest du dich, als du das Herkunftsland deiner Familie dargestellt hast?

Was hast du dabei gerne gemacht und was war dir vielleicht unangenehm?

Verstehen   Wenn du die Produkte – Collagen, Bilder, Gedichte – miteinander vergleichst, was fällt dir dabei auf?

Was hast du bei dieser Übung über andere in der Gruppe und über dich selbst gelernt?

Transfer   Welche Erfahrungen hast du bisher gemacht, wenn du etwas über deine Herkunft oder die deiner Eltern erzählt hast? Wie war das für dich und wie reagierten andere?

Hast du bei dieser Übung etwas gelernt, das du auch in anderen Situationen anwenden kannst? Wo könnte das sein?

Bei welchen Gelegenheiten hast du schon einmal über deine Herkunft oder die deiner Familie gesprochen?

Wo kannst du weitere Informationen über deine Herkunft sammeln, damit du in einem zukünftigen Fall noch besser vorbereitet bist?

Vorschlag 2: **Daher!**

In dieser Übung werden die Jugendlichen angeregt, sich die schönsten Seiten des Herkunftslandes ihrer Eltern und Großeltern oder ihres Lieblingslandes zu vergegenwärtigen und einen kurzen Vortrag darüber zu halten. Der Vortrag wird durch Visualisierungen, die die Jugendlichen selbst ausgesucht und aufbereitet haben, anschaulicher. Gleichzeitig sollen die Vorträge, Visualisierungen und Diskussionen eventuellen Vorurteilen gegenüber den betreffenden Ländern und Menschen entgegenwirken.

Material

- Arbeitsblatt 2: „Daher!"
- Weltkarte, Landkarten
- Reiseprospekte, Ansichtskarten und Fotos mitbringen

Anleitung

In der vorangehenden Trainingsstunde werden die Jugendlichen gebeten, entsprechendes Material über ihr Land mitzubringen.

In dieser Übung kommt es darauf an, sein Herkunftsland oder das seiner Vorfahren in einer möglichst positiven Art darzustellen.

Der Trainer verteilt das Arbeitsblatt 2 „Daher!" und lässt von jedem Jugendlichen die folgenden Fragen beantworten:

1. Erzähle, was du besonders gut findest an dem Land deiner Eltern, deiner Großeltern oder deinem Lieblingsland.
2. Was an dem Land findest du besonders schön?
3. Würdest du gerne dort leben? Was macht es dir so sympathisch?
4. Ist das Land ein Urlaubsland? Was macht es zu einem Reiseland?

Auf der Grundlage des ausgefüllten Arbeitsblattes sollen die Jugendlichen zu zweit oder auch alleine einen Vortrag von fünf bis zehn Minuten Dauer über ihr Herkunfts- oder Lieblingsland vorbereiten und diesen in der Gruppe vortragen. Es ist vorteilhaft, die Übung bereits im Voraus bekannt zu geben, dann können die Jugendlichen Landkarten, Reiseprospekte, Ansichtskarten oder Fotos mitbringen und diese in ihren Vortrag einbauen.

Die Vorträge werden einzeln mit Beifall und Feedback gewürdigt. Fragen sind erwünscht. Die Vortragenden geben Auskunft und Erläuterungen.

Auswertung

Der Trainer spricht jeden Teilnehmer zu jeder Frage an:

Gefühle   Wie fühltest du dich, einmal nur das Positive von deinem Land darzustellen?

Beschreibe, was dir am meisten Spaß gemacht hat?

Verstehen   Welche Vielfalt und welche Gemeinsamkeiten sind dir bei den dargestellten Ländern aufgefallen?

Jeder hat ein Bild von einem bestimmten Land im Kopf. Wodurch können sich solche Bilder verändern?

Transfer   Was hast du schon einmal irgendwo über das Land deiner Herkunft erzählt?

Stell dir vor, du müsstest einen Vortrag über ein dir kaum bekanntes Land halten, von dem du bisher wenig weißt. Wie würdest du das machen?

Wie wäre es für dich, woanders – in einer anderen Klasse, in einer religiösen Gemeinde oder im Sportverein – so wie eben über das Land zu sprechen?

Stell dir vor, du bekommst mit, dass über ein Land nur schlecht gesprochen wird. Was würdest du dazu sagen?

Vorschlag 3: **Wo lebe ich?**

Die Übung sensibilisiert die Jugendlichen für ihre soziokulturelle Situation, damit sie sich ein Urteil darüber bilden können, ob sie ihren derzeitigen Status beibehalten oder ihn verändern möchten.

Material

• Arbeitsblatt 3: „Meine Möglichkeiten – meine Grenzen"

Anleitung

Stellt euch vor, ihr nehmt an einer interkulturellen Veranstaltung mit dem Titel „Wo lebe ich?" teil. Es ist dort üblich, die Teilnehmer in Form von Übungen und Spielen einzubeziehen. So geschieht es auch diesmal.
Schon findet ihr euch in einer Art Experiment wieder, bei dem jeder erleben kann, wie viele Möglichkeiten er in diesem Land hat und wo er an Grenzen stößt. Es geht gleich los: Ihr stellt euch in einer Reihe nebeneinander an der Wand hin. Vor euch ist eine freie Fläche. Gleich nenne ich nacheinander zehn Wünsche, die Jugendliche wie ihr haben könntet. Nach jedem Wunsch mache ich eine Pause. Stellt euch dann vor, ihr habt diesen Wunsch tatsächlich, auch wenn er euch in Wirklichkeit eher kalt lässt. In dieser Pause überlegt ihr, ob ihr euch diesen Wunsch in eurer momentanen Lebenssituation erfüllen könntet – oder nicht. Bedenkt dabei eure jetzigen Lebensumstände – Geld, Rechte, Religion, Sitte, Nachbarschaft usw. und kommt dann zu einer Entscheidung „Ich kann!" oder „Ich kann nicht!". Auf mein Zeichen hin machen diejenigen, die sich den Wunsch erfüllen können, einen normal langen Schritt voran, auf die gegenüber liegende Raumseite zu. Die sich den Wunsch nicht erfüllen können, bleiben an ihrem Platz stehen. Merkt euch, welche Gefühle ihr dabei habt.
Habt ihr alles verstanden? Gibt es noch Fragen?

Folgende Wünsche werden auf die oben beschriebene Weise vorgelesen und durchgeführt:

1. Du möchtest dir eine eigene Einzimmerwohnung nehmen.
2. Du würdest gerne mit Freunden eine zweiwöchige Reise nach Frankreich, Spanien oder Italien unternehmen.
3. Du möchtest dich mit einem Mitschüler oder einer Mitschülerin anfreunden, der oder die eine andere Religion hat als du.
4. Du möchtest gerne ein Rockkonzert in einem benachbarten Ort besuchen.
5. Du möchtest gerne einmal alle Bezirke und Viertel deines Wohnortes durchstreifen und kennen lernen.
6. Du möchtest gerne in ein Freibad zum Schwimmen gehen.
7. Angenommen, du wärst 18 und möchtest an der nächsten Bundestagswahl deine Stimme abgeben.
8. Du möchtest gerne Mitglied in einem Sportverein werden.
9. Du möchtest an einem EU-finanzierten beruflichen Praktikum in einem Nachbarland teilnehmen.
10. Du möchtest gerne bei der nächsten Kommunalwahl in deinem Wohnort wählen.

So, das wären die Wünsche. Schaut euch nun einmal um, wo ihr steht. Wie weit ist jeder gekommen? Wie geht es dir mit dem Platz, bis zu dem du gekommen bist? Was geht dir noch durch den Kopf?

Der Trainer schreibt die spontanen Äußerungen der Teilnehmer auf Flipchart oder Tafel. Die Jugendlichen sollen diese später abschreiben.

Du erhältst jetzt das Arbeitsblatt 3 „Meine Möglichkeiten – meine Grenzen“, auf dem außer der Anleitung dieselben Wünsche stehen. Fülle jetzt noch das Blatt aus. Bring das ausgefüllte Arbeitsblatt wieder mit ins Training. Wir sprechen noch einmal darüber, inwieweit jeder Einzelne mit seinen Möglichkeiten und Grenzen einverstanden ist oder etwas daran verändern möchte.

Auswertung

Der Trainer spricht jeden Teilnehmer zu jeder Frage an:

Gefühle Was hast du empfunden, wenn du einen Schritt tun konntest?

Was hast du gefühlt, wenn du keinen Schritt machen konntest?

Verstehen Woran liegt es, dass manche von euch sich bestimmte Wünsche nicht erfüllen können?

Woran liegt es, dass manche von euch sich viele Wünsche erfüllen können?

Transfer Welche ähnlichen Situationen mit erfüllbaren oder nicht erfüllbaren Wünschen hast du schon einmal erlebt?

Glaubst du, dass du an den Situationen oder Wünschen etwas ändern kannst? Was fällt dir dazu ein?

Könnt ihr als Gruppe etwas tun, damit die Einschränkungen und Grenzen für einige von euch weniger stark sind?

Wann gibt dir eine Veränderung deiner Situation mehr Sicherheit und wann passt du dich lieber den Gegebenheiten an?

Rituale

6.2 Rituale

Hintergrund

Als ob es die natürlichste Sache von der Welt wäre, greifen wir auf vertraute Rituale zurück, wenn es um Begrüßung, Abschied oder Gratulation geht. Wir sind jedoch irritiert, zuweilen sogar verärgert, wenn unser Gegenüber sich nicht an das vertraute Ritual hält. Allein bei der Begrüßung gibt es eine Unmenge an Formen. Es gibt subgruppen-, alters-, geschlechts-, regional-, kultur-, religions-, situations- und stimmungsspezifische Variationen. Gerade dann, wenn Arbeitsgruppen interkulturell zusammengesetzt sind und unterschiedliche Rituale aufeinander treffen, wird der kompetente Umgang mit Unvertrautem wichtig, um eine Gemeinschaft herzustellen und Konflikte zu vermeiden.

Ziele

▲ **Interkulturelles Bewusstsein:** Erkennen von Gemeinsamkeit und Vielfalt bei Ritualen.

▲ **Relativieren der ethnozentrischen Sicht:** Verstehen und Akzeptieren der Rituale anderer Menschen.

▲ **Reflexion des eigenen Referenzrahmens:** Sensibilisierung dafür, dass eigene Rituale anderen unbekannt oder befremdlich sein können.

▲ **Selbstreflexion:** Bewusstwerden der eigenen Reaktion auf „fremde" Rituale.

▲ **Empathie, Ambiguitätstoleranz:** Kompetenter Umgang mit „fremden" Ritualen.

▲ **Offenheit:** Kennenlernen neuer Rituale.

Literaturvorschläge

- Interkulturelles Bewusstsein: Herbrand (2000)
- Ethnozentrismus: Deardorff (2009a)
- Ambiguitätstoleranz: Deardorff (2006)
- Reflexion und Empathie: Nieke (2008)

Vorschlag 1: **Begrüßung und Abschied**

In dieser Übung werden verschiedene Varianten typischer Rituale von den Teilnehmern vorgeführt. Dabei sollen sowohl die Unterschiede als auch die Gemeinsamkeiten von Ritualen deutlich werden.

Material

• Arbeitsblatt 4: „Situationen für Rituale"

Anleitung

Der Trainer gibt eine kurze Einführung zum Thema „Rituale":

Jede Person verwendet immer wieder die ihr vertrauten Rituale. Beim Begrüßen, beim Verabschieden, beim Gratulieren usw. Diese Rituale sind geprägt von den Gruppen, mit denen wir viel zu tun haben, von der Familie, der Gesellschaft und der Kultur, in der wir leben. Aber sie unterscheiden sich auch von Person zu Person. Anlässe für Rituale sind unter anderem die Begrüßung, der Abschied, der Geburtstag oder ein Trauerfall in der Familie.

1. Übungsrunde: Begrüßung

Die Jugendlichen sollen sich in kleinen Gruppen zusammentun und das ihnen vertraute Begrüßungsritual vorbereiten. Falls in der Kleingruppe verschiedene Rituale verwendet werden, können sie auch mehrere Varianten des Rituals vorbereiten und proben.
Nach der Teamarbeit präsentieren sie ihre Rituale vor der ganzen Gruppe. Wird ein den anderen Teilnehmern unbekanntes Ritual vorgeführt, soll dieses im Anschluss an die Präsentation näher erläutert werden. Es können Fragen nach der Herkunft und nach der Wirkung gestellt werden. Der Trainer achtet auf entsprechendes Lob und Feedback für die Präsentierenden.

2. Übungsrunde: Abschied

Der Trainer kann zuerst seine Variante eines Abschieds vorführen.
Die Jugendlichen bereiten in Kleingruppen ihre eigene Variante vor und präsentieren vor der Gesamtgruppe ihre Art der Verabschiedung.
Ansonsten gelten die Hinweise zur Übung des Rituals Begrüßung.

Wenn der Gruppe diese Art von Übungen gut gefallen hat, kann der Trainer die Kärtchen aus dem Arbeitsblatt 4 „Situationen für Rituale" verteilen und wie bei der „Begrüßung" in Kleingruppen entsprechende Rituale von den Jugendlichen vorbereiten und anschließend darstellen lassen.

Auswertung

Der Trainer spricht jeden Teilnehmer zu jeder Frage an:

Gefühle   Was für ein Gefühl hattest du, wenn andere ein Ritual vorführten, das du gar nicht kanntest? Hat es dich eher verängstigt, vielleicht verärgert oder neugierig gemacht?

Wie hast du dich bei dem Ritual gefühlt? Warst du vielleicht aufgeregt, nervös, verunsichert oder stolz auf dich?

Verstehen   Warum, meinst du, führen Menschen in bestimmten Situationen Rituale aus?

Welche Gemeinsamkeiten und welche Vielfalt sind dir bei gleichen Anlässen in den verschiedenen Ritualen aufgefallen?

Transfer   Wo kannst du Rituale in deiner Umgebung besonders gut beobachten?

Kannst du nun besser verstehen, warum Menschen Rituale austauschen?

Wie wirst du reagieren, wenn jemand dich mit einem dir fremden Ritual begrüßt oder verabschiedet?

Wie reagierst du, wenn du merkst, dass deinem Gegenüber dein Ritual nicht vertraut ist?

Vorschlag 2: **Begrüßungsvielfalt**

Ein typisches Ritual, die Begrüßung, soll zur Reflexion über Rituale anregen. Indem die verschiedenen Varianten einer Begrüßung gesucht und vorgeführt werden, soll deutlich werden, dass auch Rituale keine starren Verhaltensweisen sind, sondern dass es für jede Person verschiedene situationsspezifische Varianten gibt. Der Blick auf die Kultur ist dabei einer von vielen Aspekten zur Erklärung von Unterschieden. Allen Ritualen gemeinsam ist die Funktion, uns zum Beispiel in Situationen, in denen wir unsicher sind, Sicherheit und Vertrauen zu schaffen.

Material

* Arbeitsblatt 5: „Begrüßung je nachdem"

Anleitung

Eine kurze Einführung zum Thema Rituale kann dem Vorschlag 1 entnommen werden. Der Trainer ergänzt diese um den Gesichtspunkt der situationsspezifischen Veränderung von Ritualen, indem er zum Beispiel folgenden Text hinzufügt:

Wie begrüßt du deine Eltern im Unterschied zu deinen Freunden? Wie begrüßen sich Menschen, die 30 bis 40 Jahre älter sind als du? Warst du schon einmal in einem anderen Land und hast beobachtet, wie sich die Menschen dort begrüßen? Hat jemand Eltern, Verwandte oder Bekannte, die in einem anderen Land aufgewachsen sind, und kann derjenige uns erzählen, wie die sich begrüßen? Wie verändert sich deine Begrüßung bei guter oder schlechter Laune?
Gibt es Fragen hierzu?
Heute wollen wir die Rituale einmal näher unter die Lupe nehmen. Uns soll hauptsächlich interessieren, wie ein Ritual sich verändert, je nachdem, welche Situation gegeben ist und welche Personen dabei sind. Wir zeigen das am Beispiel des Rituals „Begrüßung".

Der Trainer bildet nun Zweierteams und verteilt die Kärtchen aus dem Arbeitsblatt 5 „Begrüßung je nachdem". In den Kleingruppen wird die Darstellung von drei Varianten der Rituale vorbereitet, um diese danach in der Gruppe vorzuführen. Die Jugendlichen der Trainingsgruppe sollen nach der jeweiligen Präsentation angeben, wie vertraut ihnen diese Variante des Begrüßungsrituals ist. Wird ein Ritual präsentiert, das den anderen unbekannt ist, regt der Trainer dazu an, dass dieses näher erläutert wird. Fragen nach Kontext, Herkunft und Bedeutung tragen zur Differenzierung und zum Verständnis bei.

Der Trainer achtet auf entsprechendes Lob und Feedback für die Teilnehmer, die ein Ritual präsentiert haben.

Auswertung

Der Trainer spricht jeden Teilnehmer zu jeder Frage an:

Gefühle
Wie hast du dich dabei gefühlt, dir verschiedene Begrüßungsrituale anzuschauen?

Bei welchen Situationen fandest du es vielleicht schwirig, dich einzufühlen?

Verstehen
Wie kommt es, dass ein Ritual zu demselben Thema so unterschiedlich ausfällt?

Was kann alles passieren, wenn jemand sich nicht an die Spielregeln des Rituals hält?

Transfer
Welche Erfahrungen hast du mit dem Begrüßungsritual in der Familie und im Freundeskreis schon gemacht?

Achte im Alltag bitte auf weitere Formen von Begrüßungsritualen und versuche herauszufinden, warum die so sind.

Wie reagierst du, wenn dein Gegenüber dein Begrüßungsritual nicht kennt?

Wenn du in einer Gruppe bist, die ein dir fremdes Ritual ausführt, versuche doch einmal, das fremde Ritual mitzumachen.

Vorschlag 3: **Andere Völker – andere Riten**

Eher seltene oder wenig bekannte Rituale sollen gesucht und vorgeführt werden. Diese Rituale werden von den Präsentierenden erläutert und dann in der Gruppe besprochen.

Material

- Arbeitsblatt 4: „Situationen für Rituale"

Anleitung

Nach einleitenden Worten zum Thema Rituale (siehe Vorschlag 1) werden Beispiele für seltene und wenig bekannte Rituale von dem Trainer erzählt und möglichst visualisiert.
Zum Beispiel
- werden manchmal Familien, wenn sie eine neue Wohnung beziehen, von den neuen Nachbarn am Tag des Einzugs zum Essen eingeladen,
- wird ein Familienmitglied, das im Krankenhaus liegt, von der Familie mit Essen versorgt.
- Desweiteren kann der Trainer den Teilnehmern eine DVD mit Szenen von Ritualen aus anderen Teilen der Welt zeigen.

Die Jugendlichen werden gefragt, ob sie seltene Rituale kennen und dazu ermuntert, diese zu beschreiben.

Im Anschluss daran werden Teams von je zwei Teilnehmern gebildet, die die Aufgabe erhalten, ein seltenes und bei ihnen nicht übliches Ritual einzuüben und zu präsentieren. Die Situationen aus dem Arbeitsblatt 4 „Situationen für Rituale" können als Anregungen verwendet werden. Wenn ihnen kein seltenes Ritual einfällt, können sie ein phantasiertes präsentieren.

Nach jeder Präsentation erfolgt ein Gespräch über das Ritual, in dem immer die Frage enthalten ist, welche Gefühle entstehen, wenn man eher unbekannte Rituale erlebt.

Ein Feedback und entsprechendes Lob folgen nach jeder Präsentation.

Auswertung

Der Trainer spricht jeden Teilnehmer zu jeder Frage an:

Gefühle   War es interessant für dich, etwas über unbekannte Rituale zu erfahren?

Wie erging es dir, als du ein dir unbekanntes Ritual ausführen musstest?

Verstehen   Welchen Sinn haben die Rituale?

Hast du durch diese Übung besser verstanden, warum es auf der Welt eine solche Vielfalt an Ritualen gibt?

Transfer   Frage deine Eltern und andere Verwandte, welche seltenen Rituale sie kennen.

Frage dich nach dem Sinn eines Rituals, wenn es dir fremd und unverständlich erscheint.

Was kannst du tun wenn dein Gegenüber dein Ritual nicht kennt?

Probiere einmal aus, ein Ritual, das du bisher nie ausgeübt hast, in der Gruppe mitzumachen. Berichte im Training, wie es dir dabei ergangen ist.

Körpersprache interkulturell

6.3 Körpersprache interkulturell

Hintergrund

Ein beachtlicher Teil der Kommunikation wird über die Körpersprache transportiert. Durch Gestik, Mimik und Körperhaltung wird das wörtlich Gesagte ergänzt, betont oder relativiert. Stimmungen und Absichten werden so besser erkennbar. Der Einsatz von Körpersprache, der in der Regel unbewusst abläuft, wird im Laufe der Sozialisation gelernt. Genauso wie eine uns vertraute Verwendung der Körpersprache beim Verständnis des Gesagten hilft, kann uns eine unbekannte oder gekünstelte Körpersprache verwirren. Ebenso schwierig kann es sein, wenn die Gesprächspartner verschiedenen Generationen, Berufen, Regionen, Kulturen und Religionen angehören. Mit dieser Vielfalt zurechtzukommen, wird umso bedeutsamer, je unterschiedlicher die Gruppen zusammengesetzt sind, die gemeinsam arbeiten, leben, friedlich und produktiv miteinander umgehen wollen.

Ziele

▲ **Nonverbale Kommunikation:** Die Jugendlichen erfahren, dass die Körpersprache ein wichtiger Bestandteil der menschlichen Kommunikation ist.

▲ **Aufmerksames Beobachten:** Die Jugendlichen verbessern ihre Fähigkeit, Körpersprache bei anderen und bei sich selbst wahrzunehmen.

▲ **Selbst- und Fremdbeobachtung:** Die Jugendlichen üben, verschiedene Gefühle in Mimik, Gestik und Körperhaltung auszudrücken und zu erkennen.

▲ **Reflexionskompetenz:** Die Jugendlichen lernen, zwischen Körpersignalen einerseits und deren möglicher Interpretation andererseits zu unterscheiden.

▲ **Aufmerksames Beobachten:** Die Jugendlichen sensibilisieren sich dafür, in der Kommunikation mit Menschen aus anderen Ländern die Rolle der Körpersprache zu beachten.

▲ **Reflexion des eigenen und fremden Referenzsystems:** Die Jugendlichen üben, in sensiblen Konstellationen umsichtig mit ihrer Körpersprache umzugehen und zu bedenken, dass diese missverstanden werden kann, genauso wie sie selbst die Körpersprache der anderen missverstehen können.

Literaturvorschläge

- Nonverbale Kommunikation: Kercher (2011)
- Reflexionskompetenz: Deardorff (2009a)

Vorschlag 1: **Die Körpersprache mischt immer mit**

Gemeinsam wird geklärt, was Körpersprache ist. In kleinen Übungen und Szenen wird erarbeitet, welche Rolle sie in der interkulturellen Kommunikation spielt.

Material

- Arbeitsblatt 6: „Körpersprache – was ist das?"
- Tafel/Flipchart

Anleitung

Für den Einstieg sollte der Trainer mit zwei spielfreudigen Teilnehmern vor Beginn der Sitzung absprechen, dass sie einen kleinen Ausschnitt aus einem Gespräch zwischen zwei Menschen aus unterschiedlichen Ländern darstellen. Sie sprechen beide Deutsch. Einer führt dabei eine unbekannte Geste aus, die vom Trainer oder den beiden Teilnehmern vorgeschlagen wurde. Der andere Teilnehmer ist ratlos. Die Szene wird an der Stelle abgebrochen.
Der Trainer fragt die Teilnehmer, was sie gesehen haben und was da passiert ist. Nach kurzem Gespräch erklärt der Trainer, es gehe hier und in dieser Sitzung um die Rolle der Körpersprache. Der Trainer führt nun das Arbeitsblatt 6 „Körpersprache – was ist das?" als Handout, als Plakat oder als Folie ein, um es Satz für Satz mit den Jugendlichen zu besprechen.

- Was gehört alles zur Körpersprache?
- Gebt Beispiele für die Körpersprache.
- Was wird durch Körpersprache ausgedrückt?
- Welche Missverständnisse kann es geben, wenn man die Körpersprache des anderen nicht versteht?
- Was hat es für Vorteile, wenn man die Körpersprache des anderen versteht?

Die Antworten der Teilnehmer werden von dem Trainer an der Tafel oder am Flipchart gesammelt und mit den Jugendlichen kurz diskutiert.
Der Trainer soll vorrangig die Jugendlichen zu Wort kommen lassen, sollte jedoch auch die folgenden Erkenntnisse ins Gespräch einbringen und erläutern:

- Man spricht nicht nur mit Worten, sondern mit dem ganzen Körper, dazu gehören Gestik, Mimik, Tonfall und Körperhaltung. Dabei gibt es kulturelle Unterschiede. Es wird erfragt, welche Erfahrungen die Teilnehmer damit gemacht haben. Die Jugendlichen und gegebenenfalls der Trainer sollen Beispiele für die Aussage beschreiben. Kurze szenische Darstellungen können klären und auflockern.
- Körpersprache ist ein sehr wichtiger Teil der menschlichen Kommunikation. Damit werden Stimmungen und Gefühle ausgedrückt, das in Worten Gesagte wird durch Körpersprache verdeutlicht und bekräftigt. Absichten, die hinter den Worten stehen, werden deutlicher, manchmal durch die Körpersprache deutlicher als durch Worte. Der Trainer fragt nach Beispielen, die eventuell kurz szenisch angespielt werden.
- Körpersprache ist ein weitgehend erlerntes Verhalten, nur der Ausdruck von einigen elementaren Gefühlen ist angeboren: Freude, Wut/Ärger, Scham, Trauer, Ekel, Angst, Niedergeschlagenheit. Die Variationen der Körpersprache sind von den Eltern, den Erwachsenen und Gleichaltrigen übernommen worden. Daher gibt es große Unterschiede, wenn die Herkunftsländer weiter voneinander entfernt sind.

- Damit Körpersprache richtig interpretiert werden kann, müssen viele Einzelheiten beachtet werden. Dabei kann es jederzeit zu Fehldeutungen kommen. Das ist normal. Gegebenenfalls sollte eine szenische Illustration vorgeführt werden.

Zu den vorstehenden Sätzen sollen die Jugendlichen in Zweier- oder Dreiergruppen Situationen und kurze Szenen finden, sie einmal durchspielen und dann vor der Gruppe darstellen. Sie erhalten Feedback und es findet ein abschließendes Gespräch über das Thema Körpersprache statt.

Auswertung

Der Trainer spricht jeden Teilnehmer zu jeder Frage an:

Gefühle	Wie fühltest du dich, als du eine körpersprachliche Äußerung nicht richtig verstanden hast?
	Welcher Teil der Sitzung hat dir gut gefallen, welcher nicht so gut? Woran lag das?
Verstehen	Welche Rolle spielt die Körpersprache, wenn sich Menschen unterhalten?
	Wie gelingt es zwei Personen, die sich in Worten nicht verständigen können, sich mit Körpersprache zu unterhalten?
Transfer	Macht es dir Freude, bei deinen Gesprächspartnern Gestik, Mimik und Körperhaltung genauer zu beobachten?
	Wie wirst du mit dem Einsatz deiner Körpersprache umgehen, wenn du feststellst, dass dein Gesprächspartner damit nicht vertraut ist?
	Wie wirst du dich verhalten, wenn jemand eine Körpersprache zeigt, die du nicht kennst?
	Wie wirst du dich verhalten, wenn dich die Gestik und Mimik eines Gesprächspartners verunsichert?

Vorschlag 2: **Stimmungsquiz**

Es werden kurze Handlungssequenzen vorgeführt, in denen die Jugendlichen ihre Körpersprache bewusst einsetzen sollen. Diese Sequenzen werden anschließend gemeinsam besprochen.

Material

- Arbeitsblatt 7: „Stimmungskärtchen"
- Arbeitsblatt 8: „Situationskärtchen"
- Standspiegel

Anleitung

Nach einem Gespräch über Körpersprache und deren Bedeutung wird eine einführende Übung gemacht. Der Trainer verteilt „Stimmungskärtchen" aus dem Arbeitsblatt 7. Die Jugendlichen suchen sich je eine Stimmung heraus, die sie mit ihrem Körper ausdrücken wollen. Sie dürfen auch einen Spiegel benutzen und sollen alle Mittel der Körpersprache dabei einsetzen: Gestik, Mimik, Körper- und Kopfhaltung.

Jeder Jugendliche zeigt, wenn er an der Reihe ist, seine Darstellung der Aufgabe. Nachdem er signalisiert hat, dass er mit seiner Szene zu Ende ist, können die anderen sagen, welche Stimmung sie erkannt haben. Es kann am Schluss noch erfragt werden, wie andere diese Stimmung darstellen würden.

Nach dieser ersten Einstimmung werden Zweier- oder Dreierteams gebildet und die „Situations-kärtchen" aus dem Arbeitsblatt 8 verteilt. Die Jugendlichen sollen eine der dort aufgeführten Situationen nehmen oder sich eine eigene Situation ausdenken. Die Situation soll mit Wort- und Körpersprache gestaltet werden. Die Körpersprache sollte ruhig stark betont eingesetzt werden.

Nach der jeweiligen Präsentation vor der Trainingsgruppe werden die Rollenspieler entsprechend gewürdigt. Es erfolgt ein Gedankenaustausch zur dargestellten Situation und den Elementen der Körpersprache, die besonders auffielen.

Es wird besprochen, ob Wort- und Körpersprache gut zusammenpassten.

Wenn die verwendete Gestik oder Mimik unbekannt oder missverständlich ist, soll nachgefragt und erläutert werden.

Auswertung

Der Trainer spricht jeden Teilnehmer zu jeder Frage an:

Gefühle	Was hat dir an der Übung Spaß gemacht?
	Wie hast du dich gefühlt, als du die Situation vorspielen solltest?
Verstehen	Wie leicht oder schwer hast du erkannt, was die Darsteller mit ihrer Körpersprache ausdrücken wollten?
	Wofür ist unsere Körpersprache gut?
Transfer	Wie kannst du im Umgang mit anderen Menschen mehr auf deine Körpersprache achten?
	Beobachte von jemandem, den du sehen aber nicht hören kannst, dessen Körpersprache, zum Beispiel in der Straßenbahn oder im Zug.
	Wie wirst du reagieren, wenn du mit einem körpersprachlichen Ausdruck deiner Stimmung auf Unverständnis oder Ablehnung stößt?
	Da es nützlich sein kann, möglichst viele solcher Gesten zu kennen, probiere einmal mit einem Freund aus, wie du ein Gefühl mit unterschiedlichen Gesten ausdrücken kannst.

Vorschlag 3: **Die Suche nach der „rätselhaften Geste"**

Gesten, die allgemein kaum bekannt, in einem Teil der Bevölkerung jedoch gebräuchlich sind, werden der Gruppe von Gruppenteilnehmern szenisch präsentiert. Die Bedeutung der Gesten soll erraten und besprochen werden.

Material

- Arbeitsblatt 9: „Die rätselhafte Geste"

Anleitung

Der Trainer oder ein spielfreudiger Jugendlicher stellt eine „rätselhafte Geste" innerhalb einer Situation szenisch dar. Nach der Besprechung der vorgeführten Szene fordert der Trainer die Teilnehmer auf, in Kleingruppen von zwei oder drei Teilnehmern, eine Geste des Arbeitsblattes 9 „Die rätselhafte Geste" oder eine andere, kaum bekannte Geste in eine Situation einzubauen und sie später vor der Gruppe vorzuspielen. Die anderen sollen herausfinden, worin die Geste besteht und was sie bedeutet. Das präsentierende Team erläutert genauer, was die „rätselhafte" Geste bedeutet und woher sie kommt.

Alle Teams erhalten Gelegenheit, mindestens eine „rätselhafte Geste" vorzuführen.

Auswertung

Der Trainer spricht jeden Teilnehmer zu jeder Frage an:

Gefühle   Welche Gefühle haben die „rätselhaften" Gesten im ersten Moment bei dir ausgelöst?

Wie war es für dich, die Gesten vorzuführen oder zu enträtseln?

Verstehen   Was hat dir geholfen, die Gesten zu enträtseln?

Warum sind diese Gesten, die in einem Teil unserer Gesellschaft bekannt sind, für uns alle wichtig?

Transfer   Wie reagierst du, wenn du mit einer für dich typischen und vertrauten Geste auf Unverständnis oder Ablehnung stößt?

Probiere mal eine „rätselhafte" Geste selbst aus und beschreibe das Gefühl, das du dabei hast.

Hättest du Spaß daran, dir mit jemandem Gesten auszudenken, sie einzuüben und vorzuführen?

Wie verstehen wir den Inhalt von Stummfilmen?

Menschen sind
verschieden und gleich

6.4 Menschen sind verschieden und gleich

Hintergrund

Vergleicht man zwei Menschen miteinander, so wird man immer Unterschiede, aber auch Gemeinsamkeiten finden. Nun kann es für zwei Personen sehr spannend sein, sich über ihre Unterschiede zu unterhalten, diese auch bei anderen herauszufinden und zu verstehen. Es können daraus Unsicherheiten und Ängste hervorgehen, die zu einer Distanzierung führen, wenn man nicht gelernt hat, damit umzugehen. Diese Phänomene treten auch auf, wenn sich Menschen unterschiedlichen Geschlechts, aus verschiedenen Generationen, aus verschiedenen Ländern, Sprachen, Kulturen und Religionen oder Milieus begegnen. In interkulturellen Arbeitsgruppen ist ein akzeptierender Umgang miteinander wichtig und hilfreich. Eine Arbeitsgruppe mit einer anspruchsvollen Aufgabe kann umso kreativer und effektiver sein, je größer die Vielfalt der Mitglieder und ihrer Ideen sind, vorausgesetzt sie akzeptieren und achten einander.

Ziele

- ▲ **Ähnlichkeiten und Unterschiede entdecken:** Jugendliche machen sich die Unterschiede zwischen Menschen bewusst und lernen, diese Vielfalt zu akzeptieren. Unbegründete Ängste oder Ablehnungen können damit verringert werden.

- ▲ **Kulturelle Vielfalt:** Die Teilnehmer lernen, Menschen gegenüber, die anders aussehen als sie selbst, Respekt zu zeigen. Sie lernen, dass durch ein sachliches, respektvolles und empathisches Gespräch über Unterschiede Fehleinschätzungen vermieden werden können.

- ▲ **Kommunikations- und Reflexionskompetenz:** Sie lernen, Unterschiede wahrzunehmen und zu akzeptieren sowie Gemeinsamkeiten zu entdecken.

Literaturvorschläge

- Ähnlichkeiten/Unterschiede entdecken: Barna (1994)
- Kulturelle Vielfalt: UNESCO Deklaration (2001)
- Kommunikations- und Reflexionskompetenz: Deardorff (2009c)

Vorschlag 1: **Du bist anders als ich!?**

Paare von Teilnehmern stellen die empfundene Unähnlichkeit untereinander durch eine räumliche Entfernung zwischen sich symbolisch dar und nehmen dazu gemeinsam Stellung. Jeder füllt das Arbeitsblatt 10 „Ähnlich oder unterschiedlich?" aus und schätzt damit seine Ähnlichkeit beziehungsweise Unähnlichkeit mit dem Partner ein; das Paar spricht anschließend darüber. Zum Schluss fertigen die Partner von sich als „unähnlichem Paar" Collagen an, die in der Gruppe ausgestellt werden.

Material

- Arbeitsblatt 10: „Ähnlich oder unterschiedlich?"
- Material für Collagen

Anleitung

In dieser Übung geht es darum, mit derjenigen Person in unserer Gruppe in Kontakt und ins Gespräch zu kommen, die einem zunächst sehr unähnlich erscheint, um zu sehen, wie man respektvoll mit ihr umgehen und wie sich die Beziehung dadurch verbessern kann.

Zu Beginn eine Vorübung, in der wir so tun, als seien wir alle gleich:
Geht locker durcheinander, zunächst ist jeder mehr bei sich. Nach kurzer Zeit schaut jeder, was um ihn herum vor sich geht. Stellt euch nun einmal vor, ihr wärt alle geklont. Ihr wisst, das sind Lebewesen, die aus derselben Erbanlage hervorgegangen sind, und die sehen natürlich alle gleich aus. Also ihr seht um euch herum lauter gleiche Menschen. Sprecht ohne Worte miteinander – und ihr stellt fest: Ihr denkt gleich und verhaltet euch gleich.
Bleibt einmal stehen und ruht euch kurz aus.
Geht jetzt wieder durcheinander. Jetzt schaut ihr die anderen genauer an und stellt fest, da gibt es doch Unterschiede – im Aussehen, Geschlecht, in der Haltung, Mimik, Gestik und weiteren Merkmalen. Versuche herauszufinden, wem du am wenigsten ähnlich bist. Versuche herauszufinden, ob die Person, die du gefunden hast, auch dich am unähnlichsten zu sich selbst empfindet. Wenn das nicht übereinstimmt, versuch es mit jemand anderem. Wie ihr das macht, findet bitte selbst heraus: bis wir nur noch Paare haben, bei denen die Partner sich gegenseitig als sehr unähnlich einschätzen.
So, das habt ihr gut hinbekommen, es war sicher nicht so einfach.
Jetzt stellen sich die unähnlichen Paare einander gegenüber, hier wo ich einen Strich gemacht habe. Dabei stellt euch so weit auseinander wie ihr beide meint, dass ihr verschieden seid. Der von euch gewählte Abstand soll eure Unähnlichkeit ausdrücken.
Diese Gegenüberstellung ist auch sehr gut gelungen.
Jeder Einzelne sagt ein paar Worte, wie er sich als unähnliches Gegenüber fühlt und worin seiner Meinung nach die Unterschiede bestehen.

Der Trainer interviewt die unähnlichen Paare kurz und behutsam mit Fragen nach dem Gefühl in dieser Situation, nach dem größten Unterschied und nach Ähnlichem.
Das Arbeitsblatt 10 „Ähnlich oder unterschiedlich?" wird an die Teilnehmer ausgehändigt. Jeder Teilnehmer wird gebeten, sich anhand des Arbeitsblattes bei einer Reihe von Merkmalen mit seinem Partner zu vergleichen und entsprechend Kreuze zu machen. Danach setzen sich die beiden zusammen und unterhalten sich über das Ergebnis. Außer den im Arbeitsblatt angegebenen Merkmalen können sich die Partner auch über andere Merkmale oder Verhaltensweisen unterhalten. Für diese Übung haben die Teilnehmer etwa eine Viertelstunde Zeit.

Im Anschluss daran fertigt das „unähnliche Paar" in etwa zehn Minuten eine Collage von sich an. Die Collagen werden aufgehängt oder ausgelegt. Jedes „Paar" stellt seine Collage vor und beantwortet Fragen. Der Trainer und die Teilnehmer geben Feedback.

Auswertung

Der Trainer spricht jeden Teilnehmer zu jeder Frage an:

Gefühle Welche Gefühle hattest du gegenüber deinem „unähnlichen" Partner?

Wie hat sich dein Gefühl deinem „unähnlichen" Partner gegenüber im Laufe der Übung verändert?

Verstehen Wodurch hat sich das Bild von deinem „unähnlichen" Partner während der Übung verändert?

Was hat bewirkt, dass du bei dem „unähnlichen Partner" im Laufe der Übung mehr und mehr Gemeinsamkeiten entdeckt hast?

Transfer Ist es dir schon einmal passiert, dass dir jemand zuerst sehr fremd erschien und beim näheren Kennenlernen dachtest du: Der ist ja gar nicht so anders als ich?

Kannst du dir vorstellen, wie es einer Person ergeht, die angemacht wird, weil sie anders aussieht als die meisten Menschen um sie herum?

Wie wird eine Person, die dir sehr fremd erscheint, dich wohl sehen?

Was kannst du tun, damit dir ein fremd vorkommender Mensch vertrauter wird?

Vorschlag 2: **Schublade auf, Schublade zu**

Die Teilnehmer erleben, wie sie aufgrund einer Zuweisung zu einer „Schublade" von den anderen getrennt werden. Die Getrennten sprechen darüber, wie sie von anderen charakterisiert werden. Der Rest der Gruppe sammelt Ausdrücke, die man auf die Ausgeschlossenen anwendet. Mit Hilfe von Fragen werden die „Schubladen" problematisiert.

Material

- Arbeitsblatt 11: „Beschreibe und vergleiche!"

Anleitung

Der Trainer führt zum Thema hin: *Wir Menschen machen es uns manchmal einfach, indem wir unsere Mitmenschen in „Schubladen" stecken und sie dort kaum mehr herausholen. Das kann manchmal hilfreich sein, weil man sich bei einem Menschen nicht alle „Kleinigkeiten" merken muss. Es kann aber auch schnell zu falschen Vermutungen darüber führen, wie er wirklich ist. Dann erweist es sich als Vorurteil, das den Umgang miteinander erschwert. Auch kann es sehr unangenehm sein, von anderen in eine „Schublade" gesteckt und ausgegrenzt zu werden. Wer von euch hat so etwas schon einmal erlebt? Wie ging es dir damit?*

Es sollten mehrere Beispiele erzählt werden.

Wir wollen nun verschiedene „Schubladen" ausprobieren und sehen, wie es einem dabei geht, wenn man in eine „Schublade" gesteckt wird.
Fangen wir mit einer bekannten „Schublade" an.
Alle, die Fußballfans sind, stehen jetzt bitte auf!

Dann werden die Fußballfans zusammen in eine „Schubladenecke" geführt, zum Beispiel eine Ecke des Trainingsraums, und tragen im Gespräch zusammen, was man so über die Fußballfans redet.
Der Rest der Gruppe trägt ebenfalls zusammen, was ihnen einfällt, wenn sie an Fußballfans denken.
Beide Sammlungen werden anschließend in zwei Spalten an die Tafel oder ein Flipchart geschrieben.
Das Zusammengetragene wird anhand folgender Fragen besprochen:

- Trifft das Bild, das die Fans in der Öffentlichkeit haben, auf jeden einzelnen anwesenden Fußballfan zu? Verhalten sich Fußballfans immer so?
- Wie geht es den Fußballfans mit diesen Zuschreibungen?
- Was verbindet die Fußballfans mit den anderen in der Gruppe?

Jetzt rufe ich wieder eine „Schublade" auf:
Alle, die dunkle Haare haben, stehen bitte auf!

Weitere „Schubladen" werden angesprochen: *Gibt es unter uns welche, die sich im Aussehen von den anderen unterscheiden? Was ist anders? Was ist ähnlich?*

Das weitere Vorgehen soll wie oben beschrieben erfolgen.
Wichtig ist bei den Fragen des Trainers, dass sie sowohl Unterschiede als auch Ähnlichkeiten thematisieren.
Die Jugendlichen können selbst eine Liste von Merkmalen nennen. Hierzu kann das Arbeitsblatt 11 „Beschreibe und vergleiche!" herangezogen werden: Diesen Fragebogen füllt jeder Jugendliche für sich aus.

Dann überlegt ihr mit Hilfe der Fragen des Arbeitsblattes, welche „Schubladen" ihr selbst kennt und beschreibt diese.

Auswertung

Der Trainer spricht jeden Teilnehmer zu jeder Frage an:

Gefühle	Wie fühltest du dich, als du wegen eines einzigen Merkmals mit anderen in eine „Schublade" gesteckt wurdest?
	Welche „Schubladen" haben dir gefallen, welche haben dich geärgert?
Verstehen	Worin bestehen die Fehler, die beim Schubladendenken gemacht werden?
	Was für Probleme entstehen, wenn man andere Menschen in eine „Schublade" steckt?
Transfer	Bist du schon einmal ausgeschlossen worden, das heißt, alleine in eine „Schublade" gesteckt worden, während die anderen draußen blieben?
	Wie reagierst du im Alltag, wenn dich jemand in eine „Schublade" steckt?

Wie kannst du vorsichtiger mit Vereinfachungen und Schubladendenken umgehen?

Überprüfe einmal, wen du in eine „Schublade" steckst.

Vorschlag 3: **Zeigt her eure Hände!**

Durch das „blinde" Betasten der Hände von anderen finden die Jugendlichen Ähnlichkeiten und Unterschiede auf einer ansonsten unüblichen Sinnesebene heraus. Sie werden dadurch auf ungewöhnliche Weise sensibilisiert. Das blinde Betasten orientiert sich beispielsweise nicht an der Hautfarbe, der Religions- oder Kulturzugehörigkeit, sondern an ganz eigenen Kriterien.

Material

- Ein Tuch zum Verbinden der Augen

Anleitung

Der Trainer beschreibt das Thema und erklärt die Übung: Ein Freiwilliger kommt nach vorne, ihm werden die Augen verbunden. Er soll nun die linke Hand eines anderen Teilnehmers betasten, beschreiben und schließlich den Besitzer der Hand erraten. Die Übung wird danach mit jedem Teilnehmer wiederholt. Möglichst jeder Teilnehmer sollte einmal der Betastende sowie einmal der Betastete sein.
Fingerringe und Armreife werden vorher entfernt. Auch wenn es schwer fällt, sollen die Betasteten keinen Ton von sich geben, damit sie nicht anhand ihrer Stimme erkannt werden können.
Zur Anregung können die wichtigen Merkmale der Hand für den Beschreibenden angegeben werden: Größe, Länge und Form der Fingernägel, Rauheit, Festigkeit.
Der Ratende soll angeben, ob es sich wohl um die Hand eines Mädchens oder Jungen, eines Jugendlichen oder des Trainers handelt. Schließlich soll er den Namen der Person raten.

Auswertung

Der Trainer spricht jeden Teilnehmer zu jeder Frage an:

Gefühle	Wie fühltest du dich als „Blinder" beim Betasten der Hand eines anderen?
	Wie war es für dich als Betasteter?
Verstehen	Was hast du beim Betasten der Hand gedacht?
	Woran hast du den Besitzer der Hand erkannt?
Transfer	Kannst du dir vorstellen, diese Übung einmal als Spiel in deiner Klasse oder zu Hause durchzuführen?
	Was denkst du nun über die Unterschiede zwischen den Menschen?
	Was denkst du nun über die Ähnlichkeit der Menschen?
	Wie kannst du einen Menschen, den du bisher in eine „Schublade" gesteckt hast, dort wieder herausholen?

Meine Musik – unsere Musik

6.5 Meine Musik – unsere Musik

Hintergrund

Musik spielt bei den Jugendlichen eine wichtige Rolle. Sie hören oft Musik, reden über Musik, machen manchmal mit anderen zusammen Musik. Sie laden sie sich im Internet herunter und tauschen sie aus. Manche definieren sich geradezu über ihre Musik, zum Beispiel als revolutionär, romantisch oder cool. Eine Zugehörigkeit zu nationalen, ethnischen und politischen Gruppen wird ebenfalls durch bestimmte Musik ausgedrückt. Wichtig ist, dass die Musik der anderen akzeptiert und nicht abgewertet wird. Es gilt herauszufinden, was es trotz unterschiedlichster Musikrichtungen an Gemeinsamkeiten gibt. Ein bedeutsamer Aspekt beim Hören von Musik ist, Gefühle und Gedanken wahrzunehmen, die dabei ausgelöst werden.

Ziele

▲ Aufmerksam zuhören: Die Jugendlichen lernen die Musik der anderen kennen.

▲ Interkulturelle Wertschätzung, Ambiguitätstoleranz: Sie lernen, Verständnis dafür aufzubringen, dass andere einen anderen Musikgeschmack haben können. Sie werten die Musik der anderen nicht ab.

▲ Ähnlichkeiten entdecken: Sie finden heraus, welche Gemeinsamkeiten es bei unterschiedlichen Vorlieben gibt.

▲ Empathie: Sie lernen zuzuordnen, woher eine Musik kommt, welche Gefühle und Gedanken sie auslöst und was sie den anderen bedeutet.

Literaturvorschläge

- Aufmerksamkeit, aufmerksames Zuhören: Bay (2010)
- Interkulturelle Wertschätzung: Welsch (2009)
- Ambiguitätstoleranz: Deardorff (2006)
- Ähnlichkeiten/Unterschiede: Barna (1994)

Vorschlag 1: **Meine Musik**

In diesem Trainingsvorschlag geht es darum zu erfahren, welche Musik die Jugendlichen wann, wie oft und zu welchen Anlässen hören. Jeder hat die Gelegenheit, den anderen sein Lieblingsstück vorzustellen und dieses durch die anderen einschätzen zu lassen.

Material

- CD-Player, MP3-Player
- Arbeitsblatt 12: „Unsere Musik"

Anleitung

Dieser Vorschlag muss eine Woche vorher vorbereitet werden, denn jeder Jugendliche soll eine Musikaufnahme mit seiner Lieblingsmusik mitbringen, von der er ein Stück oder einen Ausschnitt von etwa drei Minuten in der Gruppe vorspielt.

Zu Beginn wird ein lockeres Gespräch über das Musikhören geführt. Folgende Fragen können den Jugendlichen gestellt werden:

- Welche Musik bevorzugst du?
- Wie häufig hörst du Musik?
- Zu welchen Gelegenheiten hörst du Musik?
- Woher kennst du deine Musik?
- Welche Rolle spielt die Musik in deinem Leben?

Jeder Jugendliche stellt seine Musik kurz vor (Musikstil, Gruppe, Komponist, Solist; Herkunft der Musik), dann wird die Musik vorgespielt und nachdem sie angehört wurde, können sich die anderen dazu äußern und Fragen stellen.

Im Anschluss daran beantworten alle auf dem Arbeitsblatt 12 „Unsere Musik", wie interessant, aufregend, schön, nach ihrem Geschmack, verständlich oder vertraut sie dieses Musikstück fanden.

Dann stellt der nächste Jugendliche seine Musik vor und die anderen bewerten sie anschließend. Auf diese Weise stellt jeder Jugendliche der Gruppe seine Musik vor.

Jeder, der seine Musik vorgestellt hat, erhält die ausgefüllten Arbeitsblätter der anderen zum Durchlesen.

Wenn es gewünscht wird, kann jemand alle vorgeführten Stücke auf eine CD kopieren. So würde eine Gruppen-CD entstehen, die die vielfältigen Geschmacksrichtungen repräsentiert.

Auswertung

Der Trainer spricht jeden Teilnehmer zu jeder Frage an:

Gefühle   Welche Gefühle hattest du, als du deine Lieblingsmusik hier vorgespielt hast?

                 Welche Gefühle hattest du bei einer dir eher fremden Musik?

Verstehen   Worauf kommt es an, wenn man Musik beurteilt?

                 Was denkst du über die Musik der anderen?

Transfer | Wenn du jetzt mit anderen gemeinsam Musik hörst, worauf wirst du besonders achten?

Wirst du nun manchmal auf deine Gefühle und Gedanken achten, wenn du Musik hörst? Weshalb ist das wichtig?

Wie wirst du dich verhalten, wenn du Musik hörst, die dir sehr fremd ist?

Was meinst du, welche Rolle spielt deine Herkunft oder die deiner Eltern oder Großeltern bei der Auswahl deiner Lieblingsmusik?

Vorschlag 2: **Kleiner Musikwettbewerb**

Die Jugendlichen suchen zu zweit Musikstücke aus, die nicht so bekannt sind. Sie spielen sie der Gruppe vor, die dann herausfinden soll, aus welchem Land die Musik stammt und um welche Inhalte es dabei geht.

Material

- CD-Player und MP3-Player
- Arbeitsblatt 12: „Unsere Musik"

Anleitung

Dieser Vorschlag sollte eine Woche vorher vorbereitet werden, das heißt die Jugendlichen erhalten zu zweit die Aufgabe, gemeinsam ein Musikstück auszusuchen und es eine Woche später in die Trainingssitzung mitzubringen.

Das Musikstück soll möglichst wenig bekannt sein, und in dem Stück soll auch gesungen werden. Das Zweierteam sucht im Voraus bereits Informationen über die Musik zusammen, die bei Bedarf in der Einrichtung für alle kopiert werden kann. Das Team sollte wissen, aus welchem Land die Musik kommt und um welchen Inhalt es geht: ob Abenteuer, Liebe, Trauer, Freude, Natur, …

Das Musikstück wird der Gruppe vorgespielt. Die Zuhörer versuchen zu erraten, aus welchem Land die Musik kommt und um welchen Inhalt es geht. Ein kurzes Gespräch über die Musik schließt sich an. Zum Abschluss füllt jeder das Arbeitsblatt 12 „Unsere Musik" aus.

Ebenso wird mit den Musikstücken der anderen Zweierteams verfahren.

Nachdem alle Musikstücke vorgespielt, besprochen und eingeschätzt wurden, folgt nach einer Auswertung der Fragebogen ein Gespräch über die Vielfalt der vorgestellten Musik.

Auswertung

Der Trainer spricht jeden Teilnehmer zu jeder Frage an:

Gefühle | Was war für dich spannender, die Musik zu zweit auszusuchen oder sie vorzuspielen?

Welche unterschiedlichen Gefühle riefen die Inhalte oder die Herkunft der Musik bei dir hervor?

Verstehen | Von welchem Musikstil verstehst du am meisten?

Welche Rolle spielt vielleicht deine Herkunft bei deiner Auswahl der Musik?

Transfer Was hast du aus dieser Übung für den Umgang mit unbekannter Musik gelernt?

Wirst du dich über weitere, dir weniger bekannte Musik informieren und sie anhören?

Was haben die vertraute und die unbekannte Musik gemeinsam und was unterscheidet sie?

Falls dich eine Musik interessiert, die du vorher nicht kanntest, hast du Interesse, sie näher kennenzulernen?

Vorschlag 3: **Kenn' ich das?**

In dieser Einheit geht es um den Sinn der Musik für die Jugendlichen. Warum macht und hört man Musik? Was hat Musik mit der Kultur der Menschen zu tun?

Material

- CD-Player, MP3-Player
- CD, MP3 mit Musik aus verschiedenen Ländern, Kontinenten, Kulturen, die der Trainer vorbereitet.
- Arbeitsblatt 13: „Musikeffekte"

Anleitung

Der Trainer führt die Sitzung mit folgenden Fragen ein:

- Wozu macht oder hört der Mensch Musik?
- Was hat Musik mit der Zugehörigkeit zu einer Gruppe oder Kultur zu tun?

Nachdem die Fragen ausreichend besprochen wurden, fährt der Trainer folgendermaßen fort:

Die Musik, die aus unserer Kultur stammt, ist uns vertraut, wir haben sie von klein auf gehört und sie löst eher angenehme Gefühle aus. Die Musik aus anderen Ländern dagegen ist uns eher fremd und unvertraut. Ich habe hier eine Reihe von kurzen Musikstücken mitgebracht, die aus ganz verschiedenen Gegenden der Welt stammen und möchte euch diese nacheinander vorspielen. Hört euch alle Stücke an, ohne sie zu bewerten. Ihr könnt raten, aus welchem Land die Musik kommt und feststellen, welche Gefühle sie bei euch hervorruft.

Der Trainer kann die Aufgabe, einen Sampler mit Musik aus der ganzen Welt zu füllen, an einige Teilnehmer delegieren, wenn er sich vergewissert hat, dass diese eine solche Aufgabe verantwortlich ausführen werden.

Nach dem Anhören eines Stücks gibt jeder Jugendliche auf dem Arbeitsblatt 13 „Musikeffekte" an, welche Gefühle er bei dem Stück hatte und wo das Stück herkommt. Anschließend erfolgt ein Gespräch über die verschiedenen Eindrücke.

Diese Übung kann auch als Ratespiel, „welche Gruppe erkennt zuerst das Herkunftsland", mit zwei Teilgruppen durchgeführt werden.

Auswertung

Der Trainer spricht jeden Teilnehmer zu jeder Frage an:

Gefühle   Was für Gefühle hattest du bei dieser musikalischen Reise um die Welt?

Welche Musik hat dir am besten gefallen und warum?

Verstehen   Wann war die Musik sehr und wann weniger vertraut?

Womit hängt es zusammen, ob eine Musik aus einem anderen Land uns vertraut und angenehm vorkommt?

Transfer   Hörst du manchmal Musik aus anderen Ländern?

Von welcher Musik, die vorhin vorgespielt wurde, möchtest du mehr hören?

Macht es ein Land oder eine Kultur interessanter, wenn dir deren Musik gefällt?

Wodurch wird dir die Musik anderer Länder vertrauter?

Meine Gefühle – deine Gefühle

6.6 Meine Gefühle – deine Gefühle

Hintergrund

Es gibt Gefühle, die überall auf der Welt vorkommen und auf ähnliche Weise ausgedrückt werden wie Freude, Zuneigung, Scham, Trauer, Ärger, Wut und Ekel. Wir erhalten meistens aus den nonverbalen Botschaften, also aus der Mimik, Gestik und Körperhaltung unseres Gegenübers, eine Vorstellung von dessen Gefühlen. Gefühle und Ausdrucksverhalten stehen in einem engen Zusammenhang. Die Jugendlichen befinden sich in einem Alter, in dem Gefühle stark sind, weniger kontrolliert zum Ausdruck kommen, manchmal neu und oft schwankend sind. Zugleich ist es für viele schwierig und ungewohnt, über ihre Gefühle zu sprechen. Der Umgang mit Gefühlen und deren Ausdruck ist je nach sozialer Schicht, Geschlecht, religiöser Zugehörigkeit und Kultur verschieden. Um sich selbst und andere besser kennen zu lernen, ist es jedoch sehr wichtig, Gefühle wahrzunehmen, darüber zu sprechen und adäquat damit umzugehen, um andere nicht zu irritieren oder zu verletzen.

Ziele

▲ **Verbalisierung von Gefühlen:** Eigene Gefühle wahrnehmen, bei sich selbst zulassen, erkennen und genau beschreiben können.

▲ **Kommunikation:** Eigene Gefühle anderen gegenüber adäquat ausdrücken und die Auswirkungen auf andere berücksichtigen können.

▲ **Aufmerksamkeit:** Gefühle anderer genau wahrnehmen und rücksichtsvoll damit umgehen.

▲ **Adäquater Ausdruck von Gefühlen:** Mit den eigenen Gefühlen und Gefühlsschwankungen besser umgehen. Beim Ausdruck von Gefühlen den anderen nicht verletzen.

▲ **Empathie:** Mit den Gefühlen und Gefühlsschwankungen anderer einfühlend umgehen, nachfragen, sich in die Situation des anderen hineinversetzen.

Literaturvorschläge

- Sensibilisierung: Klinge (2007)
- Kommunikationskompetenz: Deardorff (2009c)
- Empathie: Fritsch (2012)

Vorschlag 1: **Gefühle ausdrücken**

In dieser Übung geht es darum, Gefühle in Interaktionen mit anderen auszudrücken und sie an dem Verhalten, der Mimik, Gestik und Körperhaltung zu erkennen.

Material

- Arbeitsblatt 14: „Regie der Gefühle"
- Papier und Stifte für eine Wandzeitung
- Gerät für Aufzeichnung und Wiedergabe von Video

Anleitung

Der Trainer gibt zur Einführung einfache Beispiele von Alltagssituationen mit starken Gefühlen:

Es gibt Situationen, die verletzen können. Wenn dir beispielsweise jemand sagt, dass dein Bruder schon immer besser in der Schule war als du. Das macht dich traurig oder wütend. Und es gibt Situationen, die einen sehr erfreuen können, wenn dich zum Beispiel in der Disco deine Traumfrau oder dein Traummann zu einem Tanz auffordert. Zu solchen und weiteren Gefühlen wollen wir ein paar Übungen machen.

Es werden Paare von Jugendlichen gebildet, die je ein Instruktionskärtchen aus dem Arbeitsblatt 14 „Regie der Gefühle" erhalten.
Jedes Teilnehmerpaar soll durch ein kurzes Spiel von ein bis drei Minuten durch Mimik, Gestik, Körperhaltung, Sprache und Handlung das jeweilige Gefühl darstellen. Das Zweierteam soll sich eine Szene ausdenken, an der Menschen unterschiedlicher Herkunft beteiligt sind und diese dann spielen. Worte, die das gesuchte Gefühl benennen, sind nicht erlaubt. Die Zuschauer sollen die Gefühle der Personen erschließen. Wichtig ist dabei, dass die Spieler ihre Situation erst zu Ende spielen, bevor die Zuschauer sagen, welches Gefühl ausgedrückt wurde.
Alle Rollenspiele werden nacheinander durchgeführt und mit der Videokamera aufgezeichnet. Die Gefühle werden jeweils erraten und benannt. Danach werden die richtig geratenen Gefühle unter folgender Leitfrage besprochen:

Woran konnte man dieses Gefühl erkennen?

Um den Gedankenaustausch hierüber zu objektivieren, können die betreffenden Stellen der szenischen Situationen noch einmal aus der Videoaufzeichnung angeschaut werden.
Der Zusammenhang von Gefühl und Körpersprache wie Mimik, Gestik, Haltung und Stimmlage wurde herausgearbeitet, um die Wahrnehmungsfähigkeit für das Erkennen und Interpretieren von Gefühlen zu schulen.
Zusätzlich zu den Äußerungen des Körpers auf dem Arbeitsblatt 14 „Regie der Gefühle" sollen die Jugendlichen weitere körpersprachliche Äußerungen sammeln, die ihnen bei der Darstellung der Gefühle aufgefallen sind. Sie können auf eine Wandzeitung geschrieben werden.

Beispiel einer Sammlung zum Gefühl „Freude":

- Entspannte Körperhaltung
- Fröhliche Stimme
- Positive Worte
- Lachen

- Mundwinkel hochgezogen
- Strahlender Blick

Auswertung

Der Trainer spricht jeden Teilnehmer zu jeder Frage an:

Gefühle	Wie hast du dich gefühlt, als du bestimmte Gefühle ausdrücken musstest?
	Welche der Gefühle waren für dich leicht und welche schwer auszudrücken oder zu erkennen?
Verstehen	Welche Fähigkeiten brauchst du, um die Gefühle anderer zu erkennen?
	Wozu ist es wichtig, die eigenen Gefühle und die der anderen zu erkennen?
Transfer	Wann ist es besonders wichtig, die eigenen Gefühle und die der anderen Menschen richtig zu erkennen und zu interpretieren?
	Wie ist das für dich, wenn andere deine Gefühle richtig erkennen – oder daneben liegen?
	Was würdest du tun, wenn ein Anderer ein Gefühl zeigt, das du nicht genau erkennen kannst?
	Wie ist es mit dem Ausdruck und Erkennen von Gefühlen, wenn du mit Menschen zusammen bist, die aus verschiedenen Ländern kommen?

Vorschlag 2: **Gefühlsquiz**

In dieser Übung geht es um das Erkennen der Gefühle in interkulturellen Situationen, in denen es zu Missverständnissen kommt.

Material

Entfällt

Anleitung

Nach kurzer Einführung in das Thema erzählt der Trainer zur Veranschaulichung die folgende Geschichte:

Im Praktikum entsteht ein Konflikt durch falsches Deuten von Gefühlen. Ein Meister kritisiert bei einem Praktikanten einen Fehler. Der Praktikant reagiert mit einem unbewegten Gesicht und schaut den Meister nicht an. Der Meister interpretiert dies als Gleichgültigkeit und wirft dem Praktikanten vor, dass ihm wohl alles egal sei und dass er sich für nichts interessiere.

Es folgt ein kurzes Gespräch über diese Situation. Die Jugendlichen sollen den Konflikt erkennen, sich in beide Rollen hineinversetzen und die möglichen Gefühle der beiden erkennen und beschreiben.
Die Jugendlichen erhalten nun die Aufgabe, sich zu zweit eine Situation aus Arbeit, Schule oder Freizeit zu überlegen, in der intensive Gefühle vorkommen. In der Situation soll es wie im Beispiel zu einem Missverständnis oder Konflikt über die ausgedrückten Gefühle kommen, und zwar

möglichst zwischen Personen unterschiedlicher Herkunft. Zu zweit oder zu dritt sollen sie diese Situation so vorbereiten, dass sie vor der Gruppe präsentiert werden kann. Sie sollen allerdings nicht nur das Missverständnis, sondern auch die Auflösung des Konflikts oder Missverständnisses darstellen. Dabei sollen die Gefühle aller Beteiligten respektiert werden.
Die Zuschauer sollen herausbekommen, welche Gefühle in der jeweiligen Situation im Vordergrund standen.

Auswertung

Der Trainer spricht jeden Teilnehmer zu jeder Frage an:

Gefühle
Welche Gefühle hattest du bei den Missverständnissen im Rollenspiel?

Wie spannend fandest du es, die Gefühle anderer herauszufinden?

Verstehen
Woran hast du erkannt, welche Gefühle jemand hat?

Warum ist es wichtig, die Gefühle der anderen richtig zu erkennen?

Transfer
Wie kannst du deine Gefühle klar ausdrücken?

Wirst du nachfragen, wenn du das Gefühl deines Gegenübers nicht richtig einschätzen kannst?

Kennst du jemanden, mit dem du über das Thema „Ausdrücken von Gefühlen" sprechen kannst?

Kennst du jemanden, mit dem du ein solches Missverständnis durchspielen und auflösen möchtest?

Vorschlag 3: **Kunst und Gefühl**

Mit Musik, Gedichten und Bildern aus verschiedenen Ländern und Kulturen wird erforscht, welche Gefühle künstlerische Produkte bei den Jugendlichen auslösen und wie sie damit umgehen.

Material

- Vier bis fünf Musikbeispiele aus verschiedenen Kulturen
- CD-Player, MP3-Player
- Bilder (Fotos oder Kunstdrucke) aus verschiedenen Ländern
- Gedichte aus verschiedenen Ländern in Originalsprache und in Deutsch
- Papier, Stifte
- Wasserfarben, Pinsel, Papier

Anleitung

Der Trainer spielt vier oder fünf Musikstücke aus ganz unterschiedlichen Ländern der Welt unter der folgenden Fragestellung vor:

Welche Gefühle löst die Musik bei euch aus?

Die Jugendlichen sollen ihre Gefühle während oder nach dem Hören auf Papier malen. Anschließend zeigen die Teilnehmer nacheinander ihr Bild. Die übrigen Teilnehmer äußern Vermutungen über die Gefühle, die durch die Zeichnungen ausgedrückt wurden.

Zusätzlich können die folgenden Aufgaben gestellt und ausgeführt werden. Nach jeder Präsentation wird die Frage gestellt: „Welche Gefühle löst das bei euch aus?"

- Es werden mehrere Bilder aus verschiedenen Ländern gezeigt.
- Es werden einige Gedichte aus verschiedenen Sprachen vorgelesen.
- Jeder Jugendliche schreibt selbst ein Gedicht und liest es vor.

Auswertung

Der Trainer spricht jeden Teilnehmer zu jeder Frage an:

Gefühle	Was hat dir am meisten Spaß gemacht, zu hören, zu malen oder zu schreiben?
	Welche Gefühle haben die verschiedenen Bilder, Musikstücke oder Gedichte bei dir hervorgerufen?
Verstehen	Wie kommt es, dass Musik, Gedichte und Bilder Gefühle auslösen?
	Weshalb lösen auch völlig unbekannte oder aus anderen Ländern stammende Kunstwerke Gefühle aus?
Transfer	Achte einmal darauf, welche Gefühle du spürst, wenn du Musik oder ein Gedicht hörst oder dir ein Bild oder Kunstwerk anschaust.
	Wirst du deine Bilder oder Gedichte auch anderen zeigen und fragen, was sie dabei fühlen?
	Wirst du Kunstwerke anderer Länder anschauen, lesen oder hören und darauf achten, welche Gefühle sie bei dir auslösen?
	Hast du Lust, mit in eine Kunstausstellung zu gehen oder Kunstwerke draußen anzuschauen – und dabei auf deine Gefühle zu achten?

Mitten drin oder außen vor?

6.7 Mitten drin oder außen vor?

Hintergrund

Ausgeschlossen zu werden, ist eine häufige Erfahrung im Zusammenhang mit Vorurteilen und Diskriminierung. Das Ausschließen ereignet sich nicht nur im interkulturellen Kontext, sondern auch in anderen Lebensbereichen. Die Zugehörigkeit zu unterschiedlichen sozialen Schichten oder Milieus, die Herkunft aus verschiedenen Bundesländern oder die äußere Erscheinung können Anlass zu sozialer Isolation sein. Da jeder Jugendliche Opfer dieser Art von Diskriminierung werden kann, ist die Bearbeitung des vorliegenden Themas unerlässlich.

Ziele

◢ **Diskriminierung wahrnehmen und reflektieren:** Die Jugendlichen erinnern und reflektieren ihre eigenen Erfahrungen mit sozialer Isolation und Diskriminierung.

◢ **Reflexionskompetenz:** Erfahrungen der Diskriminierung werden im Rollenspiel szenisch nachgestellt und reflektiert; Alternativen werden ausprobiert.

◢ **Kommunikationskompetenz:** Die Jugendlichen lernen, mit Erfahrungen der Isolation und Diskriminierung umzugehen und die damit verbundenen Vorurteile zu klären.

Literaturvorschläge

- Diskriminierung: Terkessidis (2008)
- Reflexionskompetenz: Thomas (2003a)
- Kommunikationskompetenz: Deardorff (2009c)

Vorschlag 1: **Außen vor**

Ausgehend von zwei Beispielen der sozialen Isolation beschäftigen sich die Teilnehmer mit eigenen Erfahrungen, Gefühlen und Gründen solcher Erlebnisse.

Material

- Material zum Zeichnen und Malen
- Illustrierte Zeitschriften für Collagen
- Arbeitsblatt 15: „Ausgeschlossen!"

Anleitung

Nach einigen hinführenden Bemerkungen zum Thema erzählt einer der Trainer die folgenden Geschichten:

Ein Mädchen kommt mit ihrer Familie aus ihrem Herkunftsland nach Deutschland. Sie wird in einer deutschen Schule eingeschult. Das Mädchen, das noch nicht deutsch spricht, wird in der Klasse von der Lehrerin vorgestellt. Sie wird neben einen deutschen Jungen gesetzt. Das Mädchen setzt sich hin und spürt, dass der Junge davon nicht begeistert ist. Der Junge zeigt dies durch seine Körpersprache (Abwenden, abfälliger Blick etc.). Das Mädchen fühlt sich unwohl, ausgeschlossen und abgewertet.

Ein Junge zieht mit seiner Familie von einem ganz kleinen Dorf in eine Großstadt. In der Stadt kennen sie keine Leute und der Vater ist hier zunächst arbeitslos. In der Nachbarschaft tun die Kinder so, als wäre der Junge gar nicht da. Er darf nicht mitspielen und wird nicht eingeladen. In der Schule geht es ihm ähnlich: Er wird als Bauerntölpel verspottet, in die letzte Reihe verwiesen, ausgelacht, bei Spielen ausgeschlossen und herumgeschubst.

Der Trainer spricht die Vermutung aus, dass mehrere aus der Trainingsgruppe solche oder ähnliche Erfahrungen schon gemacht haben. Die Teilnehmer werden aufgefordert, sich zu den Geschichten zu äußern.
In kleinen Gruppen sollen danach die unten stehenden Fragestellungen des Arbeitsblattes 15 „Ausgeschlossen!" bearbeitet werden. Zu den Fragen kann gemalt, gezeichnet und etwas aufgeschrieben werden. Eigene Erlebnisse mit Isolation werden nach einem geeigneten Warm-up im Rollenspiel durchgespielt. Anschließend erhalten die Rollenspieler von den Anderen Feedback.

- Hast du dich schon einmal ausgeschlossen gefühlt?
- Wenn ja, wodurch?
- Wie hast du dich dabei gefühlt und welche Gedanken hattest du?
- Wie fühlst du dich, wenn du irgendwo dazu gehörst?
- Warum wird man manchmal ausgeschlossen?
- Gibt es in bestimmten Fällen berechtigte Gründe, jemanden auszuschließen? Kennst du ein Beispiel?

Der Trainer soll darauf hinweisen, dass die obigen Fragestellungen auf Schule, Freizeit und Familie, auf die politische, wirtschaftliche und rechtliche Lage, auf religiöse Zugehörigkeit oder auf Behinderungen bezogen werden können. Die Teams tragen die Ergebnisse ihrer Arbeit (Zeichnungen, Collagen, Bilder, Aufzeichnungen und Rollenspiele) in der Gruppe vor und diskutieren darüber.

Auswertung

Der Trainer spricht jeden Teilnehmer zu jeder Frage an:

Gefühle	Wie fühlst du dich, wenn du ausgeschlossen wirst?
	Wie hast du dich gefühlt, als es darum ging, eigene Erlebnisse zu erzählen und darzustellen, in denen du ausgeschlossen wurdest?
Verstehen	Was hast du in dieser Sitzung gelernt?
	Was kann es für Folgen haben, wenn du ausgeschlossen wirst oder dich selbst zurückziehst?
Transfer	Was tust du, wenn du siehst, dass jemand ausgeschlossen wird?
	Wie würdest du, wenn du dich wieder ausgeschlossen fühlst, reagieren?
	Wie kannst du dich gedanklich darauf vorbereiten, wenn du wiederholt auf ein bestimmtes Vorurteil dir gegenüber stößt?
	Falls du zurzeit irgendwo ausgeschlossen wirst, überlege dir, was du in dem Fall tun kannst. Wenn du magst, können wir darüber sprechen und es einmal durchspielen.

Vorschlag 2: **Was wäre wenn?**

In dieser Übung geht es darum, Erfahrungen von sozialer Isolation im Rollenspiel so durchzuarbeiten, dass alternative konstruktive Reaktionen ausprobiert werden.

Material

• Gerät für Aufzeichnung und Wiedergabe von Video

Anleitung

Zur Einstimmung wiederholt der Trainer die beiden Eingangsgeschichten aus Vorschlag 1 „Außen vor". Es können jedoch auch andere Geschichten mit sozialer Isolation vorgetragen werden. An dieser Stelle, bevor die Teilnehmer in die Kleingruppen gehen, wird ein Warm-up durchgeführt, das einen Rollenwechsel beinhaltet.

Nach kurzem Gespräch über die Beispiele werden die Jugendlichen aufgefordert, eigene Erfahrungen mit sozialer Diskriminierung zu erzählen. Sodann sollen sie in Zweier- oder Dreierteams eine selbst erlebte Geschichte auswählen und sie einmal durchspielen. Nach gegenseitigem Feedback in der Kleingruppe sollen sie sich überlegen, wie sie besser reagieren könnten. Diese Fassung wird ebenfalls durchgeführt, in der Trainingsgruppe präsentiert und mit Feedback abgeschlossen. Sollte genügend Zeit zur Verfügung stehen, dann sollen die Kleingruppen überlegen, ob ihre heutigen Vorurteile gegenüber bestimmten Gruppen mit den Erlebnissen von damals zusammenhängen und wie sie diese Vorurteile verändern können. Die Kleingruppe soll eine Geschichte mit selbst erlebter sozialer Diskriminierung reflektieren, alternative Verhaltensweisen überlegen und das Erlebnis im Rollenspiel konstruktiv gestalten. Zurück in der Trainingsgruppe, werden die in der Kleingruppe erarbeiteten Rollenspiele präsentiert. Nach jeder Präsentation einer Kleingruppe finden ein Feedback und eine Reflexion statt.

Auswertung

Der Trainer spricht jeden Teilnehmer zu jeder Frage an:

Gefühle	Wie fühltest du dich in der Szene, in der du diskriminiert wurdest?
	Welche Stelle in der Übung fandest du nicht so leicht?
Verstehen	Was ist dir bei den verschiedenen Geschichten und Reaktionen besonders aufgefallen?
	Was bringt es dir, darüber nachzudenken, wie dein heutiges Verhalten von dem damaligen Erlebnis beeinflusst wird?
Transfer	Was hast du in dieser Stunde gelernt, um es in einer ähnlichen Situation anwenden zu können?
	Wie würdest du jetzt reagieren, wenn du wegen deiner Herkunft, Kultur oder Religion irgendwo ausgeschlossen würdest?
	Was wirst du tun, wenn deine Freunde Menschen anderer Herkunft ausschließen und diskriminieren?
	Welche Vorteile hat es für alle, Vielfalt und Unterschiede zuzulassen, anstatt jemanden auszuschließen und zu diskriminieren?

Vorschlag 3: **Frühe Bilder**

In dieser Übung assoziieren die Teilnehmer zunächst, was ihnen zu den Begriffen „Ausländer" und „Rassismus" einfällt. Dann schildern sie ihre Erfahrungen mit Einstellungen, Vorurteilen und Gruppenzugehörigkeit.

Material

* Entfällt

Anleitung

In einer Einleitung macht der Trainer klar, dass niemand gänzlich frei von Vorurteilen ist, ebenso wie jeder Mensch sich einer Gruppe oder mehreren Gruppen zugehörig fühlt und anderen nicht angehört oder sich von ihnen abgrenzt. Gruppen wie „Hamburger", „Sachsen", „Türken", „Deutsche", „Europäer" sind sowohl Eigengruppen (zu der man gehört) als auch Fremdgruppen (zu der die anderen gehören). Für eine offene und tolerante Haltung kommt es darauf an, dass man um diese Zusammenhänge weiß und damit sich selbst und seine Vorurteile reflektieren und relativieren kann.
Jeder Teilnehmer soll eine Minute lang ehrlich alle Gedanken aufschreiben, die er im Zusammenhang mit den Begriffen „Ausländer" und „Rassismus" assoziiert. Nach einem kurzen Gespräch über die Assoziationen findet eine Gruppenarbeit, getrennt nach Teilnehmern mit und ohne Erfahrung mit Migration, statt.
Das Thema der Arbeit in Kleingruppen ist „Erste Erinnerungen".
Es werden jeweils Zweiergruppen gebildet, die fünf Minuten über die folgenden Fragen miteinander sprechen sollen.

Für die Gruppe der Jugendlichen mit Erfahrungen der Migration lautet die Frage, über die gesprochen werden soll: *Was sind eure frühesten Erinnerungen an Deutsche oder an das, was euch über die Deutschen erzählt wurde?*

Die Jugendlichen der Gruppe ohne Erfahrungen der Migration erhalten die Frage: *Was sind eure frühesten Erinnerungen an Ausländer oder an das was euch über Ausländer erzählt wurde?*

Nach einem ersten Erfahrungsaustausch über diese Fragen sowie einem Warm-up wählen die Teams typische Szenen oder Situationen aus, spielen die Situation durch und geben einander Feedback. Falls sinnvoll, spielen sie eine weitere Situation oder dieselbe Situation noch einmal durch.

Die Teams sollen nun über zwei Fragen nachdenken und darüber miteinander sprechen:

- *Hat diese erste Erfahrung deine Einstellung beziehungsweise dein Vorurteil geprägt?*
- *Hätte die erste Begegnung oder Erfahrung auch anders verlaufen können? Wie wäre es wünschenswert gewesen?*

Entsprechend der zweiten Frage soll das Zweierteam überlegen, wie die früheren Begegnungen auch hätten verlaufen können. Diese Variante wird im Rollenspiel durchgeführt.

In der gesamten Trainingsgruppe findet unter der Leitfrage „*Welches Bild von Migranten und Deutschen habt ihr von euren frühen Erinnerungen her und welches Bild habt ihr heute?*" ein offenes Gespräch statt.

Auswertung

Der Trainer spricht jeden Teilnehmer zu jeder Frage an:

Gefühle   Welches Gefühl hattest du, als du die frühe Erfahrung szenisch darstelltest?

Welcher Teil der Aufgabe war schwierig für dich?

Verstehen   Wie entstehen Einstellungen und Vorurteile?

Welche Rolle spielen Vorurteile bei Ausgrenzung und Diskriminierung von Menschen?

Transfer   Hast du schon einmal in der Schule oder zu Hause über das Thema Diskriminierung gesprochen?

Welche Einstellungen haben eure Freunde zum Thema „Migranten" und „Deutsche", wo kommen dabei Ausgrenzungen und Vorurteile vor?

Was wirst du tun, wenn du hörst, wie jemand Vorurteile gegenüber deiner Gruppe (Herkunft, Kultur, Religion) äußert?

Welche Nachteile können Ausgrenzungen einzelner Gruppen für die gesamte Gesellschaft mit sich bringen? Kannst du dir vorstellen, einen Beitrag gegen Ausgrenzung zu leisten?

Beziehungen

6.8 Beziehungen

Hintergrund

Die Jugendlichen befinden sich in einem Alter, in dem das Thema der partnerschaftlichen Beziehung aktuell wird. Wir wollen dieses Thema aufgreifen und anregen, über Beziehungen allgemein und den Umgang miteinander nachzudenken. Zwei Personen gehen eine Beziehung ein, wenn sie glauben, sich dadurch ihre Sehnsüchte erfüllen zu können. Dies ist ein alltägliches Geschehen. Wir kennen verschiedene Arten von Beziehungen, wie zum Beispiel Geschäftsbeziehungen, Lernbeziehungen, Freundschafts- und Liebesbeziehungen. In einer Beziehung kommt es zu Problemen, wenn zu viele Wünsche unerfüllt bleiben oder zu viele Dinge auftauchen, die als unangenehm erlebt werden. Lösbar sind Beziehungsprobleme, wenn die eigenen Bedürfnisse und Wünsche klar sind und partnerschaftlich über sie kommuniziert werden kann. Jeder Beziehungspartner erwartet, dass seine Regeln, Bedürfnisse und Wünsche eingehalten werden. Diese Regeln und Erwartungen werden allerdings selten eindeutig geklärt und dem Partner mitgeteilt. Es kann problematisch werden, wenn viele Regeln und Erwartungen der Beteiligten gegenläufig sind. Je mehr sich zwei Menschen auf Grund unterschiedlicher Sozialisation und Herkunft unterscheiden, desto eher können Missverständnisse auftreten, die frühzeitig geklärt werden sollten, um Beziehungen aufrecht und lebendig zu erhalten.

Ziele

⏵ Verstehen, Empathie: Erfahren, was eine gute Beziehung ausmacht.

⏵ Selbstreflexion: Sich klar machen, welche Bedürfnisse und Wünsche, aber auch welche Befürchtungen man hat.

⏵ Reflexionskompetenz: Sich deutlich machen, von welchen Regeln und Erwartungen man selbst bei einer Beziehung ausgeht.

⏵ Kommunikationskompetenz: Lernen, wie man in einer Beziehung Wünsche und Bedürfnisse aussprechen und Konflikte erkennen und lösen kann.

Literaturvorschläge

- Empathie: Fritsch (2012)
- Selbstreflexion: Deardorff (2006)
- Kommunikationskompetenz: Deardorff (2009a)

Vorschlag 1: **Verschiedene Arten von Beziehungen**

Nach einem Gedankenaustausch über das Thema Beziehungen werden einige kurze Beziehungs-sequenzen im Rollenspiel dargestellt und von den Zuschauern beschrieben.

Material

- Arbeitsblatt 16: „Notizen zum Thema Beziehung"
- Arbeitsblatt 17: „Szenen einer Beziehung"

Anleitung

Um das Thema der Stunde zu verdeutlichen, leitet der Trainer ein lockeres Gespräch über Beziehungen ein. Der Trainer hält sich als eher „passiver" Moderator zurück und lässt die Jugendlichen ihre Ansichten austauschen. Hierbei sollen mehrere der folgenden Themen angesprochen werden:

- Was für Beziehungen kennst du?
- Wie kommt es zu einer Beziehung?
- Welche Regeln und Erwartungen gibt es in einer Beziehung?
- Wann ist eine Beziehung eine gute Beziehung?
- Wodurch kommt es zu Konflikten in einer Beziehung?
- Wie kannst du zur Verbesserung einer Beziehung beitragen?
- Welche Probleme kann es bei kulturell und sozial unterschiedlichen Beziehungspartnern aufgrund unterschiedlicher Regeln, Erwartungen und Kommunikationsmuster geben?

Im Anschluss daran füllen die Jugendlichen in Zweiergruppen das Arbeitsblatt 16 „Notizen zum Thema Beziehung" aus. Sie werden aufgefordert, ihre Ergebnisse in der Gesamtgruppe darzustellen. Eine Zweiergruppe fängt mit der Beantwortung der ersten Frage an. Die anderen ergänzen aus ihren Aufzeichnungen. Die nächste Frage wird von einer anderen Zweiergruppe beantwortet usw.

Danach werden die in Arbeitsblatt 17 „Szenen einer Beziehung" aufgeführten Beziehungsformen ausgeschnitten und an die Zweiergruppen verteilt. Diese bereiten eine kurze Szene zur Verdeutlichung dieser Beziehung vor und präsentieren sie vor der Gruppe. Die anderen Gruppenteilnehmer sollen die jeweilige Beziehungsform herausfinden.

Auswertung

Der Trainer spricht jeden Teilnehmer zu jeder Frage an:

Gefühle Wie hast du dich dabei gefühlt, über das Thema Beziehungen zu reden und verschiedene Beziehungsformen darzustellen?

Welche Gefühle hattest du beim Vorspielen der verschiedenen Szenen?

Verstehen Was hast du heute Neues über Beziehungsformen erfahren?

Welche Regeln und Erwartungen zwischen den Beziehungspartnern konntest du in den Szenen erkennen?

Transfer In welcher deiner Beziehungen wäre ein klärendes Gespräch sinnvoll?

In welcher deiner Beziehungen würdest du gerne einige Regeln verändern?

Wie wirst du versuchen, deine Beziehungen zu verbessern? (Beobachtungsbogen)

Welche Regeln und Erwartungen sind für eine gute interkulturelle Beziehung wichtig?

Vorschlag 2: **Was ist eine gute Beziehung?**

Die Jugendlichen sollen sich über ihre Vorstellungen von einer guten Beziehung austauschen und überlegen, was das Typische einer guten und einer schlechten Beziehung ist und wie bei einer Störung die Beziehung geklärt werden kann.

Material

- Arbeitsblatt 18: „Checkliste Beziehung"
- Arbeitsblatt 19: „Leitfaden für Beziehungsgespräche"

Anleitung

Der Trainer gibt eine Einführung in das Thema, indem er eine Geschichte erzählt, aus der hervorgeht, dass Beziehungen schön, zugleich aber auch verletzlich sind und gepflegt werden müssen. Die Teilnehmer werden ermuntert, ähnliche Erfahrungen mitzuteilen.

Auf der Basis der Beantwortung der Fragen des Arbeitsblattes 18 „Checkliste Beziehung" sollen sich die Jugendlichen in Zweierteams über ihre Vorstellungen von einer guten und einer schlechten Beziehung unterhalten.

Sie sollen sich anschließend überlegen, was sie tun, um Probleme in einer Beziehung zu klären oder die Beziehung zu verbessern. Hierzu bereiten sie eine Präsentation vor. Dafür erhalten die Jugendlichen das Arbeitsblatt 19 „Leitfaden für Beziehungsgespräche". Das Arbeitsblatt wird besprochen und erläutert. Die Jugendlichen werden gefragt, ob sie sich in der Lage fühlen, die Empfehlungen des Leitfadens in dem Beziehungsgespräch zu befolgen. Wenn nicht, übt der Trainer mit den Teilnehmern die Methoden, bis sie von allen verstanden und umgesetzt werden.

Das Zweierteam erhält ausreichend Zeit für seine Vorbereitung.

Die Szenen werden anschließend in der Gesamtgruppe präsentiert. Die Teams erhalten Feedback.

Es folgt ein Gespräch, in dem unter anderem folgende Fragen angeschnitten werden:

- Was gehört zu einer guten Beziehung?
- Worin können die Probleme einer gestörten Beziehung bestehen?
- Muss man eine schlechte Beziehung als Schicksal hinnehmen oder gibt es Möglichkeiten der Verbesserung?

Auswertung

Der Trainer spricht jeden Teilnehmer zu jeder Frage an:

Gefühle   Welche Gefühle hattest du, als wir über Beziehungen geredet haben?

Wie hast du dich gefühlt, als wir die Methoden des „Leitfadens für Beziehungsgespräche" geübt haben?

Verstehen   Was unterscheidet eine Beziehung, die du als „läuft gut" bezeichnen würdest, von einer, bei der du sagen würdest, „die ist gestört"?

Welche Empfehlungen auf dem Arbeitsblatt 19 waren eine besonders gute Hilfe in deinem Beziehungsgespräch und warum?

Transfer   Welche Empfehlungen in dem Leitfaden wirst du in Zukunft besonders beachten, um eine/deine Beziehung zu verbessern?

Wie wirst du in Zukunft mit Konflikten in einer Beziehung umgehen?

Muss die „Checkliste Beziehung" von Arbeitsblatt 18 ergänzt werden, wenn es sich um eine interkulturelle Beziehung handelt? Wenn ja, um welche Punkte?

Müssen bei einer interkulturellen Beziehung mehr Punkte der beiden Partner geklärt werden als bei einer Beziehung innerhalb einer Kultur? Wenn ja, welche und woran kann das liegen?

Vorschlag 3: **Beziehung interkulturell**

Nach einem Gespräch über eine interkulturelle Partnerschaft mit eventuellen Besonderheiten und kritischen Punkten erfolgt eine Diskussion in der Kleingruppe sowie die Ausarbeitung und Präsentation von kurzen Szenen einer Beziehung.

Material

- Arbeitsblatt 19: „Leitfaden für Beziehungsgespräche"
- Tafel/Flipchart
- Gerät für Aufzeichnung und Wiedergabe von Video

Anleitung

Der Trainer beginnt mit folgender Einführung: Stellt euch vor, ihr hättet eine Beziehung mit einem Mädchen oder Jungen aus einem anderen Land.

- *Kennt ihr Beziehungen zwischen zwei Menschen unterschiedlicher Herkunft?*
- *Was meint ihr, was ist an einer solchen Beziehung besonders interessant, gut oder schön?*
- *Wodurch können Probleme oder Schwierigkeiten entstehen?*
- *Wie können Probleme in einer interkulturellen Beziehung gelöst werden?*

Die Teilnehmer äußern ihre Gedanken. Stichworte hierzu werden an der Tafel notiert. Die Gruppe der Jugendlichen wird in zwei Teams aufgeteilt, wobei auf eine möglichst gute Mischung von Jungen und Mädchen und unterschiedliche Herkunft geachtet wird. In jedem Team werden die positiven und die negativen Punkte einer interkulturellen Beziehung diskutiert. Jedes Team bereitet je eine kleine Szene vor, die eine positive Seite dieser Beziehung und eine negative verdeutlicht.

Die beiden Teams präsentieren ihre Szenen und erhalten Feedback. Es findet ein Gespräch über die vorgestellten Szenen statt, in dem vor allem über eine Lösung der Probleme nachgedacht wird. Im zweiten Teil der Trainingssitzung wird zur Vorbereitung von Kleingruppenarbeit das Arbeitsblatt 19 „Leitfaden für Beziehungsgespräche" besprochen und erläutert, wenn nötig modellhaft demonstriert, bis die Jugendlichen die einzelnen Punkte verstanden haben – und umsetzen können.

Danach führen Zweierteams, die möglichst interkulturell zusammengesetzt sind, Beziehungsgespräche nach dem Arbeitsblatt 19 „Leitfaden für Beziehungsgespräche" durch. Sie erhalten Feedback. Zur Unterstützung des Feedbacks ist es günstig, die Szenen mit einem Aufnahmegerät als Video aufzuzeichnen, sie anschließend gemeinsam anzusehen und zu besprechen.

Auswertung

Der Trainer spricht jeden Teilnehmer zu jeder Frage an:

Gefühle Welche Gefühle hattest du bei den guten und bei den problematischen Situationen?

Wie fühltest du dich bei den Szenen, in denen eine interkulturelle Beziehung dargestellt wurde?

Verstehen Welches sind die Vorteile und welches die Probleme einer interkulturellen Beziehung?

Worauf kommt es in einer guten interkulturellen Beziehung an?

Transfer Was kannst du jetzt tun, wenn es Probleme in einer Beziehung gibt?

Was wirst du tun, um deine aktuelle Beziehung zu verbessern?

Wie hat sich deine Einstellung zu einer interkulturellen Beziehung geändert?

Welche Reaktion erwartest du, wenn du deinen Eltern erzählst, dass du eine Beziehung zu einem Jungen oder einem Mädchen aus einem anderen Land oder einer anderen Kultur hast?

Styling

6.9 Styling

Hintergrund

Aussehen oder Attraktivität ist für das Lebensalter Jugend von größter Wichtigkeit. Damit drücken die Jugendlichen die Zugehörigkeit zu Gruppen, ihre Individualität und Attraktivität wie auch die Abgrenzung gegenüber anderen aus. Daher ist Aussehen, Kleidung und Styling ein vorzügliches Mittel, um sich einer Gruppe oder Kultur zugehörig zu fühlen – und sich von anderen zu unterscheiden. Indem man die Wahrnehmung der Jugendlichen schärft, sie Veränderbarkeit und Rollentausch erfahren lässt, besteht die Möglichkeit, Stereotypisierung und Diskriminierung abzubauen. Der Trainer sollte mit den Vorschlägen sensibel umgehen, um Ausgrenzung und Diskriminierung zu vermeiden.

Ziele

◢ **Interkulturelles Bewusstsein:** Die Jugendlichen erfahren, dass attraktives Aussehen etwas ist, das man in allen Kulturen anstrebt, dass Geschmacksurteile jedoch subjektiv und relativ sind.

◢ **Antidiskriminierung, Ambiguitätstoleranz:** Die Jugendlichen schärfen ihre Sensibilität für kulturell bedingte Unterschiede in der äußeren Erscheinung und erhöhen ihre Toleranz gegenüber den Selbstpräsentationen anderer.

Literaturvorschläge

- Interkulturelles Bewusstsein: Herbrand (2000)
- Antidiskriminierung, Ambiguitätstoleranz: Deardorff (2006)

Vorschlag 1: **Perfekt**

In dieser Übung sollen die Jugendlichen erkennen, dass es in verschiedenen Kulturen unterschiedliche Vorstellungen von idealer Schönheit und Attraktivität gibt.

Material

- Arbeitsblatt 20: „Jury"
- Tafel oder Pinnwand
- Fotoapparat

Anleitung

Die Teilnehmer werden in der vorangehenden Sitzung gebeten, zur jetzigen Trainingssitzung in einem „perfekten Styling" (Frisur, Kleidung, Schminke, Schuhe, Schmuck) zu kommen.

Jeder Teilnehmer gibt auf dem Arbeitsblatt 20 „Jury" an, wer eine schöne oder interessante Frisur hat, wer gut geschminkt beziehungsweise rasiert ist, wer schöne Kleidung trägt, wer gute Schuhe oder Stiefel trägt (weitere mögliche Bereiche: Mimik, Haltung und Gang). Die ausgefüllten Arbeitsblätter werden zunächst eingesammelt, die Ergebnisse später bekannt gegeben.

Die Teilnehmer sollen sich zu Paaren zusammenfinden, bestehend möglichst aus einem Mädchen und einem Jungen. Jeder Jugendliche preist das Styling und Aussehen seines Partners, was er an Frisur, Schminke oder Rasur, Kleidung, Schuhen und Schmuck schön, interessant, witzig oder gewagt findet. Danach ist der Partner an der Reihe mit der Würdigung. Jede Person hat dafür bis zu fünf Minuten Zeit.

Im Anschluss daran kann ein Gespräch darüber geführt werden, was es für ein Gefühl ist, das Aussehen einer anderen Person zu beurteilen – und wie es ist, selbst beurteilt zu werden. Es können, mit Zustimmung der Personen, Fotos von den Teilnehmern aufgenommen werden.

Dann werden die ausgefüllten Arbeitsblätter 20 „Jury" von allen Teilnehmern an eine Pinnwand geheftet. Die Jugendlichen werden aufgefordert, ihre Jury-Urteile anzuschauen und sich in einem freien Gespräch darüber auszutauschen.

Der Trainer regt ein Gruppengespräch über die Urteile der Teilnehmer an, in dem es um spontane Eindrücke, Gefühle und Gedanken geht.

Auswertung

Der Trainer spricht jeden Teilnehmer zu jeder Frage an:

Gefühle   Wie fühltest du dich, als du dich wie auf einer Modenschau präsentieren solltest?

Wie fühltest du dich dabei, beurteilt zu werden und andere zu beurteilen?

Verstehen   Welche Unterschiede in der Aufmachung oder Darstellung sind dir aufgefallen, die mit der Herkunft zu tun haben könnten?

Warum gibt es nicht die Attraktivität, sondern meistens unterschiedliche Urteile?

Transfer   Weshalb ist es wichtig, wohlwollend mit dem Aussehen eines anderen Menschen umzugehen?

Worauf achtest du bei deinem eigenen Aussehen besonders?

Willst du mit deinem Styling ausdrücken, dass du zu einer Gruppe gehörst?

Kannst du dir vorstellen, einmal etwas vom Stil einer anderen Gruppe auszuprobieren?

Vorschlag 2: **Dein Typ – mein Typ**

Diese Übung soll verdeutlichen, dass Aussehen und Styling nicht eindeutig bestimmten Gruppen oder Herkunftsländern zuzuordnen sind. Eine solche Erkenntnis kann bei der Akzeptanz der Vielfalt und dem Abbau von Diskriminierung und Stereotypisierung helfen.

Material

- Schminke
- Utensilien zum Frisieren
- Verschiedene Kleidungsstücke wie Westen, Pullover …

Anleitung

Die Teilnehmer werden in der vorangehenden Trainingsstunde gebeten, Schminke, Verkleidungssachen, Masken, Gürtel, Tücher und ähnliche Dinge mitzubringen, die den eigenen Geschmack besonders unterstreichen.
Zunächst erfolgt ein lockerer Austausch über folgende Fragen:

Was bedeutet „Typ" bei Jungen, bei Mädchen, bei Männern und bei Frauen?

Gibt es typisch deutsche, russische, türkische oder arabische Arten, sich zu stylen? Falls ja, entsprichst du dem Typ deines Herkunftslandes oder dem deiner Eltern oder weichst du davon ab? Kann man durch Schminke, Frisur und Kleidung einen Typ erschaffen oder verändern?

Über diese Themen wird ein Gespräch geführt, bei dem die Fragen nacheinander und einzeln diskutiert werden.

Im Anschluss daran schlägt der Trainer ein Experiment vor:
Es werden Paare gebildet, die möglichst nach ihrer Herkunft gemischt zusammengesetzt sind. Einer ist „Stylist", einer „Kunde". Der „Stylist" hat 15 Minuten Zeit, den „Kunden" so zu stylen, wie es dem Geschmack des „Stylisten" entspricht.
Danach werden die Gestylten von der Gruppe bewundert. Wenn gewünscht, können Fotos gemacht werden. Die Gestylten werden gefragt, wie sie sich mit dem neuen „Styling" fühlen. Dann werden die Rollen getauscht.

Auswertung

Der Trainer spricht jeden Teilnehmer zu jeder Frage an:

Gefühle	Wie hast du dich dabei gefühlt, dich als „Kunde" von einem anderen stylen zu lassen?
	Welches Gefühl hattest du als „Stylist", der das Aussehen eines anderen gestaltet?
Verstehen	Welche Rolle spielte eventuell die Herkunft des „Stylisten" und des „Gestylten"?
	Welche Rolle spielt beim Styling das Schönheitsideal eines Landes?
Transfer	Warum ist es wichtig, tolerant mit dem Aussehen eines anderen umzugehen?
	Wie hat das Styling deine Wirkung auf andere verändert?
	Würdest du etwas vom Stil einer anderen Gruppe oder Person ausprobieren?

Wann würdest du in deinem Stil etwas Neues ausprobieren und wann beim Gewohnten bleiben?

Vorschlag 3: **Wie ich schon immer aussehen wollte!**

Die Jugendlichen sollen sich selbst schminken und darüber sprechen, ob das Aussehen eines Menschen nicht allein von seiner Herkunft, sondern auch von seiner Stimmung, seinem individuellen Geschmack, vom Anlass, von dem Land, in dem er aufgewachsen ist, und von seiner Persönlichkeit abhängt.

Material

- Schminke
- Utensilien zum Frisieren
- Verkleidungssachen

Anleitung

Die Teilnehmer werden in der vorangehenden Trainingsstunde gebeten, Schminke, Verkleidungssachen und Ähnliches mitzubringen, das der Phantasie, wie sie gerne einmal aussehen würden, entspricht.

Jeder kennt das: Mal findet man sich toll und ein anderes Mal mag man nicht in den Spiegel schauen. Und manchmal gibt es so eine geheime Sehnsucht, ganz anders auszusehen, zum Beispiel wie jemand aus einer anderen Gruppe, aus einem anderen Land oder aus der Galaxis …

Über die vorstehenden Anregungen wird mit den Jugendlichen ein Gespräch geführt.
Im Anschluss daran schlägt der Trainer ein kleines Spiel vor:

Jedes Gruppenmitglied schminkt, frisiert und kleidet sich in 15 Minuten entsprechend der eigenen Phantasie: Wie ich gerne einmal aussehen würde!

Abschließend wird jedes Gruppenmitglied von den übrigen bewundert und erhält einen Phantasienamen wie zum Beispiel „Marsmensch", „Mona Lisa" oder „Napoleon". Jeder Teilnehmer kann erzählen, was er sich dabei vorgestellt hat und womit dieser Wunsch zusammenhängt. Wenn alle damit einverstanden sind, können auch Fotos gemacht werden.

Auswertung

Der Trainer spricht jeden Teilnehmer zu jeder Frage an:

Gefühle   Wie hast du dich beim Schminken und Verkleiden gefühlt?

Wie hast du dich in deiner Verkleidung vor der Gruppe gefühlt?

Verstehen   Was ist dir bei der „Verwandlung" der Einzelnen besonders aufgefallen?

Welche Rolle spielt beim Schminken oder Verkleiden die Zugehörigkeit zu einer Gruppe?

Transfer

Warum ist es wichtig, mit dem Aussehen der anderen tolerant umzugehen?

Was sagt das Aussehen oder Styling eines Menschen über seine Herkunft und über seine Persönlichkeit aus?

Hat dir an den verschiedenen Stylings etwas so gefallen, dass du das an dir selbst ausprobieren würdest?

Würdest du mit jemandem ausgehen, der oder die einen total anderen Geschmack im Styling hat als du selbst?

Vorurteile

6.10 Vorurteile

Hintergrund

Hinter fremdenfeindlichen Einstellungen und Rassismus stehen Stereotype und Vorurteile. Diese basieren auf falschen, vereinfachten und wenig begründeten Annahmen über Menschen, Länder und Kulturen. Die Annahmen werden nicht bewusst überprüft oder hinterfragt. Vorurteile werden im Laufe des Lebens erlernt. Es soll in dieser Trainingssitzung erfahren werden, wie Vorurteile entstehen und wie sie sich in den Beziehungen zwischen Menschen auswirken können. Es ist wichtig, eigene Vorurteile zu erkennen und zu lernen, damit so umzugehen, dass sie weder zu Beleidigungen oder Verletzungen anderer noch zu einer Beschränkung der eigenen Wahrnehmung führen.

Ziele

▲ **Sensibilisierung:** Eine Sensibilisierung für den Umgang mit Vorurteilen erreichen.

▲ **Stereotype und Vorurteile reflektieren:** Die Bereitschaft zum Überdenken eigener Vorurteile wecken und verstärken.

▲ **Reflexionskompetenz:** Verallgemeinerungen und Vereinfachungen sollen reflektiert werden.

▲ **Interkulturelle Offenheit:** Die Offenheit für eine ständige Neubewertung von Personen und Situationen erwerben.

Literaturvorschläge

- Sensibilisierung: Klinge (2007)
- Stereotype und Vorurteile: Bolten (2007)
- Interkulturelle Offenheit: Welsch (2009)

Vorschlag 1: **Fahr (nicht) nach Polen!**

In dieser Übung geht es darum, zu zweit zu erarbeiten, welche Vorurteile über andere Länder sie haben.

Material

- Plakate
- Zeitschriften
- Landkarten, Reisekataloge und Prospekte (von den Teilnehmern mitgebracht)
- Kleber, Scheren, Stifte

Anleitung

Zu Beginn werden in Form eines Brainstormings verbreitete Vorurteile herausgearbeitet, wie zum Beispiel der Spruch „Fahr nicht nach Polen, da wird geklaut."

Welche Vorurteile gibt es zu den verschiedenen Ländern oder Regionen, aus denen die Teilnehmer der Trainingsgruppe stammen?
Was ist ein Vorurteil?

Hierüber führt der Trainer mit den Teilnehmern ein kurzes und offenes Gespräch.

Anschließend sollen je zwei Teilnehmer eine kleine Reisewerbung für ein Land, aus dem sie selbst nicht stammen, vorbereiten. Sie führen danach ihre Reisewerbung in der Gruppe vor. Sie sollen das Land so attraktiv wie möglich darstellen. Es ist empfehlenswert, die Teilnehmer eine Woche vor dieser Sitzung zu bitten, Werbematerial über verschiedene Länder mitzubringen.
Nach einem Feedback für die Präsentation jedes Teams wird die Diskussion vom Anfang der Stunde „Was ist ein Vorurteil?" wieder aufgegriffen, fortgesetzt und schließlich beendet.

Auswertung

Der Trainer spricht jeden Teilnehmer zu jeder Frage an:

Gefühle	Wie fühltest du dich bei dieser Übung?
	War es für dich schwierig, ein Land anzupreisen, von dem du vorher so gut wie nichts wusstest?
Verstehen	Was passierte mit deinen Vorurteilen, als du dich näher mit einem vorher eher fremden Land beschäftigt hast?
	Wie stehst du zu dem Land, das du gerade bearbeitet und präsentiert hast?
Transfer	Wenn du eine Einladung zu einer Reise in ein dir fremdes Land bekämest, wie würdest du dich vorbereiten?
	Was hat sich in deiner Vorstellung von dem Land verändert, das du vorgestellt hast und von dem du jetzt mehr weißt als vorher?
	Was macht fremde Länder so interessant?
	Welches ist der erste Schritt, um deine Vorurteile zu überprüfen?

Vorschlag 2: **Wie sind die Russen wirklich?**

Die Teilnehmer überprüfen zu zweit vorgegebene und eigene Vorurteile.

Material

- Arbeitsblatt 21: „Wie sind die Russen wirklich?"
- Tafel/Flipchart

Anleitung

Der Trainer führt entweder ein Brainstorming zum Thema Vorurteile durch oder er knüpft an Vorschlag 1 an.

In dieser Sitzung untersuchen wir einmal genauer unsere eigenen Vorurteile und die von anderen, um folgende Fragen zu klären:
- *Warum gibt es Vorurteile über Länder oder Völker?*
- *Warum haben wir Vorurteile?*
- *Was ist an den Vorurteilen gefährlich?*
- *Was sollten wir beachten, wenn wir es mit Menschen aus anderen Ländern zu tun haben oder uns bei ihnen aufhalten?*

Ihr sollt jetzt zu zweit in Teamarbeit ein Arbeitsblatt bearbeiten.

Der Trainer teilt das Arbeitsblatt 21 „Wie sind die Russen wirklich?" aus. Die Teilnehmer bilden Zweierteams. Die Aufgabe auf dem Arbeitsblatt wird gemeinsam durchgegangen und geklärt. Nach der Teamarbeit werden die Ergebnisse Aufgabe für Aufgabe vorgelesen und von dem Trainer auf Tafel oder Flipchart festgehalten. Die Ergebnisse der Aufgabe 3 des Arbeitsblattes 21 werden in der Gesamtgruppe zusammenfassend besprochen.

Auswertung

Der Trainer spricht jeden Teilnehmer zu jeder Frage an:

Gefühle	Wie fühlst du dich, wenn du mit einem Vorurteil konfrontiert wirst?
	Wie ist es dir bei der Arbeit im Zweierteam ergangen?
Verstehen	Welchen Einfluss haben Vorurteile über ein Volk auf den einzelnen Menschen?
	Worin liegen Gefahren des Vorurteils?
Transfer	Bist du selbst einmal Opfer eines Vorurteils geworden? Wie hast du darauf reagiert?
	Hast du selbst schon mal jemandem mit einem Vorurteil Unrecht getan und ihn dadurch verletzt?
	Vorurteile hat jeder Mensch. Was kannst du tun, um andere mit deinen Vorurteilen nicht zu verletzen?
	Was wirst du tun, wenn du Zeuge bist, wie jemand durch ein Vorurteil diskriminiert wird?

Vorschlag 3: **Spiel' nicht mit den Schmuddelkindern!**

In dieser Übung geht es darum zu erkennen, wie Jugendliche in ihrer Kindheit von Erwachsenen bestimmte Verbote und Gebote über den Kontakt mit anderen Kindern bekamen und dadurch möglicherweise Vorurteile erwarben.

Material

- Tafel/Flipchart

Anleitung

Der Trainer gibt eine Einführung in das Thema, indem er eigene Erlebnisse erzählt. Dies sollte um Äußerungen der Teilnehmer ergänzt werden.
Der Trainer stellt die folgenden Fragen, die an Tafel oder Flipchart festgehalten werden:

- *Mit welchen Kindern durftet ihr früher nicht spielen?*
- *Hatten diese Kinder arme oder wohlhabende Eltern?*
- *Waren die Eltern oder Großeltern aus einem anderen Land als Deutschland?*
- *Habt ihr eure Eltern nach ihren Gründen für die Verbote gefragt?*
- *Habt ihr euch an die Verbote gehalten?*

Über die Erzählung des Trainers und einiger Teilnehmer und die oben stehenden Fragen wird ein offenes Gespräch geführt.
Danach erhalten die Teilnehmer in Zweierteams die Aufgabe, eine erlebte typische Situation von damals auszusuchen und sie für eine szenische Präsentation vorzubereiten. Das heißt, die Szenen sollen zeitlich auf fünf Minuten begrenzt, die Rollen verteilt und einmal durchgespielt werden.
Nach der Erarbeitung in den Zweierteams präsentieren diese ihre Szenen in der Trainingsgruppe und erhalten dafür Feedback.
In einem anschließenden Gespräch wird unter Bezug auf die präsentierten Szenen noch einmal auf das Erlernen von Vorurteilen und deren Auswirkungen eingegangen.

Auswertung

Der Trainer spricht jeden Teilnehmer zu jeder Frage an:

Gefühle	Wie fühltest du dich als Kind, wenn deine Eltern oder Nachbarn dir den Kontakt mit anderen Kindern verboten haben?
	Wie fühltest du dich, als wir in dieser Trainingssitzung darüber sprachen?
Verstehen	Wie entstehen Vorurteile gegenüber anderen Menschen?
	Haben Kontaktverbote auch gute Gründe?
Transfer	Was wirst du bei der Erziehung deiner Kinder in Bezug auf Vorurteile vielleicht anders machen?
	Wenn du einem Menschen begegnest, dem gegenüber du Vorurteile hast, wie könntest du vorgehen, um deine Vorurteile zu verändern?
	Wie werdet ihr später reagieren, wenn eure Kinder mit Kindern anderer Herkunft spielen wollen?

Kannst du dir vorstellen, auf jemanden zuzugehen, mit dem du früher nicht spielen durftest, und ihm zu erzählen, wie du heute darüber denkst?

Miteinander reden

6.11 Miteinander reden

Hintergrund

Wir reden miteinander. Aber hören wir uns dabei richtig zu und verstehen wir uns so, wie wir uns das wünschen? Bei der Kommunikation zweier Menschen kann es leicht zu Missverständnissen kommen. Dies umso eher, je weniger man miteinander zu tun hat, je weniger man sich kennt und je unterschiedlicher die Sozialisation und der kulturelle Hintergrund sind. Es sollte uns immer klar sein, dass man missverstanden werden kann, dass es aber Strategien gibt, solchen Missverständnissen vorzubeugen und sie zu klären.

Ziele

◢ **Aufmerksamkeit:** Erkennen, wie es zu Missverständnissen kommt.

◢ **Selbstreflexion:** Lernen, sich mit dem eigenen Kommunikationsstil auseinanderzusetzen.

◢ **Kommunikationskompetenz:** Angemessenes Äußern von Wünschen, Interessen, Meinungen und Gefühlen erlernen.

◢ **Selbstreflexion:** Erkennen, dass wir beim Reden und Handeln vieles als selbstverständlich voraussetzen und deshalb manches gar nicht erst ansprechen.

◢ **Kommunikationskompetenz:** Lernen, wie man zuhören und sich dabei vergewissern kann, ob man den anderen richtig verstanden hat und so zu kommunizieren, dass andere einen verstehen und einem folgen können.

Literaturvorschläge

- Selbstreflexion: Barna (1994)
- Kommunikationskompetenz: Schulz von Thun, Zach & Zoller (2012)

Vorschlag 1: **Ein Marsmensch lernt Frühstücken**

Hier geht es darum, zu erfahren, wie es bei der Kommunikation von Personen mit unterschiedlichem Hintergrund zu Missverständnissen kommen kann.

Material

- Ein paar Brötchen
- Ein Messer
- Ein Glas Marmelade und ein Stück Käse
- Margarine oder Butter

Anleitung

Als Einstieg in das Thema „Kommunikation" kann mit den Jugendlichen das Spiel „Ein Marsmensch lernt Frühstücken" durchgeführt werden.
Es dient als Warm-up für die Trainingssitzung und verdeutlicht, wie selbst einfachste Äußerungen und Aufforderungen zu Missverständnissen führen können, wenn zwei Gesprächspartner einen unterschiedlichen Erfahrungshintergrund haben.
Die Materialien werden auf einem Tisch aufgebaut. Ein Trainer setzt sich an den Tisch, vor sich die Esswaren, und gibt folgende Erklärung ab:

Stellt euch vor, ich bin ein Marsmensch und gerade mit meinem Raumschiff auf der Erde gelandet. Da ich von der langen Reise sehr hungrig bin und dringend etwas essen muss, habe ich mir Dinge für ein Frühstück besorgt, die mir die Menschen empfohlen haben. Nun will ich essen, weiß aber nicht, wie ich das anstellen soll. Ich bitte daher jemanden von euch, mir genau zu erklären, was ich mit diesen Dingen auf dem Tisch machen soll. Der Betreffende erklärt mir in Worten genau, was ich tun muss. Er darf aber nicht zu mir herkommen und mir die Hand führen. Das ist nicht erlaubt.

Der Trainer, der den Marsmenschen spielt, führt alle Anweisungen des Jugendlichen genau aus, nur anders als sie gemeint sind. Bei der Aufforderung „Nimm das Messer in die Hand" fasst er das Messer bei der Schneide an. Bei der Aufforderung „Schneide das Brötchen in zwei Hälften" schneidet der Trainer ein Teil des Brötchens senkrecht ab. Wenn es heißt: „Streiche die Butter auf das Brötchen" wird die Brötchenkruste dick mit Butter bestrichen. Der Trainer stellt sich also so begriffsstutzig wie möglich an.
Das Spiel kann auf Wunsch mit weiteren Teilnehmern wiederholt werden. Auch könnte ein schauspielerisch geübter Teilnehmer, der außerhalb des Raumes instruiert wurde, den Marsmenschen spielen und ein anderer Jugendlicher denjenigen, der dem Marsmenschen erklärt, was man tun muss, um frühstücken zu können.
Es folgt ein Gespräch über die Szene und es wird der Frage nachgegangen, wie es zu solchen Missverständnissen kommen kann. Es ist wünschenswert, dass die Rolle der unterschiedlichen Herkunft herausgearbeitet wird. Diese Erkenntnis sollte auf die Kommunikation von Menschen mit unterschiedlichem kulturellem Hintergrund übertragen werden, möglichst unter Einbeziehung persönlicher Erfahrungen.

Im Anschluss an diese Übung und deren Auswertung kann mit einer diskussionsfreudigen Gruppe ein Brainstorming zum Thema Kommunikation unter den folgenden Fragestellungen durchgeführt werden:

- Was bedeutet der Begriff Kommunikation für euch?
- Wie verständigen wir uns untereinander?

- Wenn man die Geschichte des Marsmenschen auf die Situation von Menschen, die noch nicht lange in Deutschland sind, überträgt, was lehrt sie uns dann?
- Ein bekannter Kommunikationsforscher, Paul Watzlawick, behauptete einmal: „Man kann nicht nicht kommunizieren". Was haltet ihr davon – kommuniziert man also auch dann, wenn man schweigt?

Alle Ideen dieses Brainstormings wie auch des Gesprächs nach dem Spiel mit dem Marsmenschen sollen auf einem Poster, einer Pinnwand oder Flipchart festgehalten werden.

Auswertung

Der Trainer spricht jeden Teilnehmer zu jeder Frage an:

Gefühle	Wie empfandest du das Verhalten des Marsmenschen?
	Wie hast du dich gefühlt, als du den Marsmenschen angeleitet hast?
Verstehen	Warum gab es so viele Missverständnisse in dem Spiel?
	Wozu kann es führen, wenn solche Missverständnisse im Alltag vorkommen?
Transfer	Wie wirst du im Alltag bei Missverständnissen reagieren?
	Wie kannst du im Alltag Missverständnissen vorbeugen?
	Welche Gemeinsamkeiten bestehen zwischen der Situation „Ein Marsmensch lernt Frühstücken" und der Situation „Jemand kommt in ein fremdes Land"?
	Was wirst du im Gespräch mit Menschen, die aus anderen Ländern kommen, besonders beachten?

Vorschlag 2: **Gutes Zuhören – schlechtes Zuhören**

In dieser Übung wird gelernt, gut zuzuhören.

Material

- Arbeitsblatt 22: „Gutes Zuhören – schlechtes Zuhören"
- Arbeitsblatt 23: „Themen zu Erzählungen"

Anleitung

Der Trainer beginnt die Sitzungen mit einem Gespräch über das Thema: *„Was ist gutes Zuhören?"* Die Antworten der Jugendlichen werden an der Tafel gesammelt und von dem Trainer gegebenenfalls ergänzt. Auf etwaige kulturelle Unterschiede guten Zuhörens soll besonders geachtet werden.

Im Anschluss an das Gespräch wird das Arbeitsblatt 22 „Gutes Zuhören – schlechtes Zuhören" ausgeteilt. Einzelne Punkte können von dem Trainer ergänzend zum Tafelanschrieb demonstriert werden.

Um das gute Zuhören zu üben, sollen die Teilnehmer in kleinen Teams von drei Teilnehmern Gespräche über ein Thema eigener Wahl führen oder sich ein Thema aus dem Arbeitsblatt 23 „Themen zu Erzählungen" aussuchen, das an dieser Stelle ebenfalls verteilt wird.

Im ersten Durchgang praktizieren die Teilnehmer bewusst das schlechte Zuhören. Einer erzählt etwas, der Zweite hört schlecht zu, der Dritte beobachtet, was geschieht. Jeder soll jede Rolle einmal einnehmen. Die Kleingruppe unterhält sich über ihre Erlebnisse mit dem schlechten Zuhören.

Danach wird das gute Zuhören geübt.

Anschließend kommen die Teilnehmer wieder zur Gesamtgruppe zusammen, wo jede Kleingruppe eine Szene mit einem guten Zuhörer präsentiert. Jede Präsentation erhält von den anderen ein Feedback. Es findet ein kurzes Gespräch darüber statt, welche Vielfalt in den Präsentationen auftrat und wie sich das gute Zuhören auf die Beteiligten ausgewirkt hat.

Variante: Gruppengespräch mit Störung

Bei dieser Variante wird eine Störung eingebaut: Während sich die Jugendlichen in ihrer Gruppe unterhalten, steht einer der Teilnehmer (mit dem der Trainer die Situation vorher abgesprochen hat) auf, redet dazwischen und beschäftigt sich in störender Weise mit etwas ganz anderem.

Die Präsentationen erhalten Feedback und werden unter der Fragestellung diskutiert: Was erleben wir als Störung, was als eine lebendige einfühlsame Unterhaltung?

Auswertung

Der Trainer spricht jeden Teilnehmer zu jeder Frage an:

Gefühle   Wie hast du dich in der Rolle des guten Zuhörers gefühlt und wie in der des schlechten?

Wie hast du dich während des Spiels gefühlt, wenn dir gut oder wenn dir schlecht zugehört wurde?

Verstehen   Was gehört zum guten Zuhören?

Auf welche Weise hast du gelernt, gut oder schlecht zuzuhören?

Transfer   Was wirst du als guter Zuhörer beachten, wenn du mit deinen Freunden und Eltern sprichst?

Woran merkst du, ob andere dir zuhören?

Wie verhältst du dich, wenn du das Gefühl hast, dass der andere dir nicht zuhört?

Wie wichtig ist gutes Zuhören, wenn du mit Menschen sprichst, die dir fremd sind?

Vorschlag 3: **Hier wird deutsch gesprochen!**

Die Jugendlichen sollen Situationen aus ihrem Alltag erzählen, in denen sich einige in ihrer Muttersprache unterhalten, die die anderen nicht verstehen.

Material

- Entfällt

Anleitung

In der Gruppe sollen die Teilnehmer Situationen aus Schule, Bus, Straßenbahn, Wartezimmer oder Urlaub erarbeiten, in denen sich zwei oder mehrere Jugendliche in ihrer Muttersprache unterhalten, die die anderen nicht verstehen. Die Geschichten sollen in Kleingruppen vorbereitet und anschließend vorgespielt werden. Die Kleingruppen erhalten Feedback und Beifall. Über die vorgestellten Szenen wird ein Gespräch geführt, in dem es darum geht, die Motive und Reaktionen derer, die sich in ihrer Muttersprache unterhalten haben, besser zu verstehen. Andererseits wird herausgearbeitet, wie dieses Verhalten auf diejenigen wirkt, die die Sprache nicht verstehen.

Auswertung

Der Trainer spricht jeden Teilnehmer zu jeder Frage an:

Gefühle	Wie hast du dich gefühlt, als du die Sprache nicht verstehen konntest?
	Wie hast du dich gefühlt, als du dich in deiner Muttersprache unterhalten hast?
Verstehen	Welche Gründe kann es haben, dass sich einige Personen in ihrer Muttersprache unterhalten?
	Welche Probleme können dabei auftreten?
Transfer	Hast du eine solche Situation schon einmal erlebt und wie hast du darauf reagiert?
	Wie wirst du dich in einem zukünftigen Fall verhalten?
	Was wirst du sagen, wenn du verstehen möchtest, was einige in einer dir unbekannten Sprache sprechen?
	Wie klärst du, ob die anderen, die die Sprache der Mehrheit nicht so gut sprechen, alles verstanden haben?

Streiten, aber wie?

6.12 Streiten, aber wie?

Hintergrund

Im menschlichen Miteinander sind Konflikte normal. Obwohl die meisten Menschen viele Konflikte erlebt haben, wissen sie wenig darüber, wie Konflikte bearbeitet und gelöst werden können, so dass der Streit nicht eskaliert. Eine faire Konfliktbearbeitung kann erlernt werden. Es geht darum, die eigenen Interessen und Bedürfnisse, wie auch die der anderen, wahrzunehmen und angemessen auszudrücken, Unterschiede auszuhalten und kompromissbereit zu sein. Eine gut ausgebildete Fähigkeit, Konflikte zu bearbeiten, kann den Jugendlichen helfen, ihre sozialen Fähigkeiten und ihre soziale Wahrnehmung zu verbessern und ihre Ziele auf angemessene Weise zu erreichen.

Ziele

▲ **Reflexionskompetenz:** Lernen, dass Konflikte zum Leben gehören und nicht der Konflikt das Problem ist, sondern die Art und Weise, wie man mit ihm umgeht.

▲ **Empathie:** Lernen, während eines Konfliktes die eigenen Gefühle und Bedürfnisse und die des Gegenübers wahrzunehmen und zu berücksichtigen.

▲ **Konfliktfähigkeit:** Erfahren, dass unbearbeitete Konflikte die bestehenden Probleme nicht lösen, sondern eskalieren lassen.

▲ **Kommunikationskompetenz:** Lernen, zwischen Person und Problem zu unterscheiden, das heißt die Sache, um die es geht, zu bearbeiten und nicht die Person abzuwerten.

Literaturvorschläge

- Reflexionskompetenz: Deardorff (2006)
- Kommunikationskompetenz: Schultz von Thun, Zach & Zoller (2012)
- Konfliktfähigkeit: Heilmann (2012)

Vorschlag 1: **Konflikt, ja oder nein?**

Anhand von vorgegebenen konflikthaltigen Situationen und solchen, die von den Jugendlichen eingebracht und im Rollenspiel vorgespielt werden, drücken die Jugendlichen durch ihre Position im Raum aus, ob die Situation für sie ein Konflikt bedeutet oder nicht. Die Teilnehmer sollen erfahren und darüber nachdenken, dass ein und dieselbe Situation von manchen als Konflikt, von anderen jedoch nicht als Konflikt aufgefasst wird.

Material

- Maßband oder Seil
- Plakatpapier
- Stifte

Anleitung

Der Trainer erzählt oder demonstriert die folgenden Begebenheiten:

- Eine Einkaufssituation: Menschen stehen in einer Schlange an der Käsetheke, darunter eine Frau, die offensichtlich aus einem anderen Land kommt. Als sie an der Reihe ist, wird sie von der Verkäuferin ignoriert. Die Verkäuferin bedient den nächsten in der Schlange, einen „deutsch aussehenden" Mann.
- Zwei Jugendliche beteiligen sich nicht an dem Gruppengespräch in der Klasse, sondern wenden sich einander zu und sprechen in ihrer Muttersprache miteinander. Sie werden von den anderen ignoriert, als sie sich wieder am Gespräch beteiligen wollen.
- Fatima und Kathrin sind miteinander befreundet. Fatima ist Muslimin und isst daher kein Schweinefleisch. Beim gemeinsamen Bummeln in der Stadt kauft sich Kathrin an einer Imbissbude eine Bratwurst und isst diese mit Genuss auf.

Es wird empfohlen, weitere, mehr oder weniger konflikthafte Begebenheiten parat zu haben.
Die Jugendlichen sollen im ersten Schritt ausdrücken, ob sie die beschriebene Situation als Konflikt empfinden und wie groß dieser Konflikt für sie persönlich ist.
Es wird ein Maßband, etwa ein Kreppband, quer durch den Raum auf den Fußboden geklebt. Das ferne Ende des Bandes wird mit „Starker Konflikt" markiert und das nahe Ende mit „Überhaupt kein Konflikt", in der Mitte gibt es eine Zone „Unentschieden". Die Jugendlichen sollen sich entsprechend ihrer Beurteilung der jeweiligen Situation auf dem Maßband verteilen und auf ihrer Position stehen bleiben.
Während die Jugendlichen noch auf ihrer Position stehen, „interviewt" der Trainer sie: „Warum empfindest du die Situation so?" Falls die Meinungen der Jugendlichen sehr weit auseinander gehen, fragt der Trainer „Wie erklärst du dir, dass die meisten die Situation ganz anders einschätzen als du?". Das „Interview" sollte insgesamt nicht zu lange dauern. Der Trainer achtet darauf, dass über die Sache gesprochen wird und die Personen nicht verurteilt oder abgewertet werden.
Im Anschluss daran wird ein Gruppengespräch über typisches Verhalten bei Konflikten von dem Trainer eingeleitet und moderiert: Welche Unterschiede gibt es zwischen dem Verhalten von Jugendlichen und Erwachsenen, Männern und Frauen, Familien, Vereinen, Ländern usw.?

Auswertung

Der Trainer spricht jeden Teilnehmer zu jeder Frage an:

Gefühle   Wie fühltest du dich bei dem Konflikt, der für dich der stärkste war?

                In welche Person konntest du dich am besten einfühlen?

Verstehen   Woran erkennst du einen Konflikt?

                Wozu ist es nützlich zu wissen, dass kritische Situationen von den Beteiligten unterschiedlich wahrgenommen werden?

Transfer   Erzähle von einer Situation, die du als Konflikt aufgefasst hast, andere aber nicht?

                Wie verhältst du dich, wenn du einen Konflikt mit einem Menschen anderer Herkunft hast?

                Wie kannst du in einem Konflikt zwischen „Person" und „Sache", um die es in dem Konflikt geht, unterscheiden und dich so verhalten, dass du die „Person" nicht verletzt?

                Mit welchem Freund kannst du üben, einen Konflikt sachlich zu lösen?

Vorschlag 2: **ICH und DU**

Die Jugendlichen lernen in zwei Übungen, ICH-Sätze anstelle von DU-Sätzen in ihren Rückmeldungen an andere zu benutzen.

Material

- Arbeitsblatt 24: „ICH- und DU-Sätze"
- Arbeitsblatt 25: „ICH oder DU?"

Anleitung

Der Trainer überlegt sich vor der Trainingssitzung zu jedem Jugendlichen ein Feedback zu seinem Verhalten innerhalb der letzten Trainingsstunden. Das Feedback soll einmal in der Form eines DU-Satzes und einmal in der Form eines ICH-Satzes erfolgen. Das Feedback wird auf eine Karteikarte geschrieben; auf der einen Seite als ICH-Satz, auf der anderen als DU-Satz.

Der Trainer sagt zu Beginn einige einführende Worte, worum es in der Übung geht: *Vielfach werden Rückmeldung, Feedback und Kritik auf eine Weise gegeben, die Ablehnung, Ärger, Widerstand und Streit hervorruft. Man kann jedoch auch eine negative Rückmeldung oder Kritik so ausdrücken, dass das Gegenüber sie annehmen kann und sich nicht persönlich angegriffen fühlt. Ich demonstriere euch eine häufige, aber schlechte Form des Feedbacks und eine positive Form, die leider seltener praktiziert wird. Damit ihr das richtig erleben könnt, habe ich für jeden von euch ein Feedback zu eurer Mitarbeit einmal in der schlechten Form und dann in der positiven Form formuliert. Ich lese für jeden von euch erst die negative und danach die positive Form vor. Ein solches negatives Feedback erhalten wir meistens in Form eines DU-Satzes, das positive Feedback erfolgt dagegen in Form eines ICH-Satzes.*

Nach dieser Einleitung liest der Trainer das Feedback vor, zuerst als DU-Satz, danach als ICH-Satz. Die Jugendlichen machen sich Notizen zu ihren Gefühlen und Gedanken während des Feedbacks, die in einem anschließenden Gespräch ausgewertet werden.

Als Ergänzung wird das Arbeitsblatt 24 „ICH- und DU-Sätze" von dem Trainer eingeführt und mit den Jugendlichen vor dem Hintergrund der vorangegangenen Übung erläutert.

Zur Vertiefung sollte außerdem das Arbeitsblatt 25 „ICH oder DU" behandelt werden, das die Jugendlichen zunächst nicht in die Hand bekommen. Der Trainer liest daraus einen DU-Satz vor und stellt den Jugendlichen folgende Fragen:

- Welche Gefühle werden bei euch durch den DU-Satz ausgelöst?
- Wie kann man diesen DU-Satz in einen ICH-Satz umwandeln?

Die Jugendlichen schreiben ihre Gefühle zu jedem vorgelesenen DU-Satz auf und formulieren ihren entsprechenden ICH-Satz. Im Anschluss daran werden ihre Vorschläge von dem Trainer bestätigt oder korrigiert. Dann wird das Arbeitsblatt 25 „ICH oder DU?" ausgeteilt und zur wiederholten Lektüre empfohlen.

Dieser komplexe Trainingsvorschlag kann auf zwei Trainingssitzungen verteilt werden.

Auswertung

Der Trainer spricht jeden Teilnehmer zu jeder Frage an:

Gefühle	Was war für dich besonders schwierig beim Formulieren der ICH-Sätze?
	Wie fühltest du dich bei den DU-Sätzen/bei den ICH-Sätzen?
Verstehen	Warum ist ein ICH-Satz bei der Klärung eines Konfliktes besser als ein DU-Satz?
	Warum ist es besser, über das eigene Verhalten nachzudenken, als den anderen zu beschimpfen?
Transfer	Benutzt du in deinem Alltag mehr ICH- oder mehr DU-Sätze, wenn du jemandem ein Feedback gibst?
	Welchen Dauerkonflikt in deiner Freundesgruppe oder Schule könntest du mit ICH-Sätzen lösen?
	Könnte das Benutzen von ICH-Sätzen in deiner Familie und Gruppe auf Widerstand stoßen?
	Wo wirst du die Anwendung von ICH-Sätzen ausprobieren? (Beobachtungsbogen)

Vorschlag 3: **Streiten, aber fair!**

In dieser Übung erlernen die Jugendlichen mit einer aus der Mediation stammenden Methode, einen Konflikt auf faire Weise zu bearbeiten, indem sie sich mit dem Konfliktpartner über ihre Bedürfnisse, Gefühle und Ziele austauschen.

Material

- Arbeitsblatt 26: „Ein schlauer Weg bei Konflikten"
- Pinnwand, Tafel oder Flipchart
- Gerät zur Aufzeichnung und Wiedergabe von Video

Anleitung

Zu Beginn der Übung sollte ein Warm-up durchgeführt werden, bei dem es besonders um Einfühlung geht.

Nach einer kurzen Einführung in Ziel und Ablauf der Trainingsstunde wird den Jugendlichen das Beispiel eines Konfliktes im interkulturellen Bereich gegeben (vergleiche Vorschlag 1 „Konflikt, ja oder nein?").

Nachdem der Trainer sich vergewissert hat, dass die Jugendlichen verstehen, welcher Art die Konflikte sein sollen, schließen sich je zwei Jugendliche zu einem Team zusammen. Sie einigen sich auf einen Konflikt, der interkultureller Natur und für Jugendliche typisch ist. Nach der Erarbeitung spielt das Team seine Konfliktsituation vor, wie sie tatsächlich stattgefunden hat. Wenn möglich wird das Rollenspiel aufgezeichnet. Die Spieler geben sich gegenseitig Feedback. Im Anschluss daran werden die Aufzeichnungen in der Trainingsgruppe abgespielt. Nach jedem Abspielen sammeln die Jugendlichen mögliche Konsequenzen des Konflikts – und zwar kurzfristige und langfristige – und schreiben diese auf.

In einem nächsten Schritt werden die Jugendlichen zu Überlegungen angeregt, wie Streitereien, Unstimmigkeiten oder Konflikte konstruktiv, fair und ohne Verletzungen bearbeitet werden können. Die Vorschläge werden an Pinnwand, Tafel oder Flipchart festgehalten. Der Trainer bringt an dieser Stelle das Arbeitsblatt 26 „Ein schlauer Weg bei Konflikten" ein und bespricht es mit den Jugendlichen.

Die Teams werden aufgefordert, ihren Konflikt oder Streit in der konstruktiven Fassung unter Anwendung der Methode „Ein schlauer Weg bei Konflikten" durchzuspielen. Es wird auch davon eine Aufzeichnung erstellt.

Die Aufzeichnungen werden abgespielt. Zu jeder Aufzeichnung wird Feedback gegeben. Es findet eine Auswertung anhand der Kategorien des Arbeitsblattes 26 „Ein schlauer Weg bei Konflikten" statt. Die Erkenntnisse nach der ersten Rollenspielrunde werden mit der zweiten verglichen. Und es werden Schlüsse aus den Ergebnissen abgeleitet.

Auswertung

Der Trainer spricht jeden Teilnehmer zu jeder Frage an:

Gefühle
Wie hast du dich während der Streitsituation im ersten Rollenspiel gefühlt?

Wie hast du die zweite Runde nach der Methode „Ein schlauer Weg bei Konflikten" empfunden?

Verstehen
Was ist bei dem „Schlauen Weg" anders als bei dem gewöhnlichen?

Welche Rolle spielen bei dem „Schlauen Weg" deine Gefühle und Gedanken?

Transfer
Mit welchem Freund kannst du den „Schlauen Weg" weiter üben?

Was kann man noch machen, um Streitfälle, Konflikte und Unstimmigkeiten fair zu bearbeiten?

Was wird sich in der Klasse oder in anderen gemischten Gruppen verändern, wenn ihr die Konflikte nach dem „Schlauen Weg" bearbeitet?

Warum hilft dir der „Schlaue Weg", Konflikte in gemischten, interkulturell zusammengesetzten Gruppen besser zu verstehen und zu lösen?

Meine Gruppe – deine Gruppe – unsere Gruppe

... SO KOMMST DU
BEI UNS NICHT
REIN..!

DANN GEH' ICH
EBEN WIEDER...!

6.13 Meine Gruppe – deine Gruppe – unsere Gruppe

Hintergrund

Der berühmte griechische Philosoph Aristoteles hat den Menschen das „politische Tier" genannt. Der Mensch ist ohne seine Gruppe(n) nichts. Seine Identität enthält immer auch Anteile einer Gruppenidentität von Familie, Clan, Dorf, Region, Stadt, Land, Firma oder Verein. Ist die Identifikation mit einer der eigenen Gruppen allerdings überstark, so kann das zu einer Diskriminierung der Angehörigen anderer Gruppen führen. Nun hat es selbstverständlich Vorteile, sich mit einer Gruppe zu identifizieren, diese gut zu finden, sich dort wohl zu fühlen, durch sie Unterstützung zu erhalten. Diese Vorteile kann man auch dann genießen, wenn man gleichzeitig andere Gruppen wertschätzt und akzeptiert. Ein Problem, das sich aus der Zugehörigkeit zu einer Gruppe ergeben kann, ist der „Gruppendruck", das heißt, dass von den Mitgliedern bestimmte Verhaltensweisen, Einstellungen oder ein besonderes Styling erwartet werden. Hier kann es zu Konflikten mit anderen Gruppen kommen, denen man ebenfalls angehört. Die Besonderheiten von Gruppen herauszuarbeiten, ist insofern wichtig, als wir immer wieder mit Menschen zusammenleben und -arbeiten, die auch anderen Gruppen angehören. Hier gilt es, das gemeinsame Ziel in den Vordergrund zu stellen, die Unterschiede bestehen zu lassen, die Vielfalt wohlwollend zur Kenntnis zu nehmen und die Tatsache, dass man fast immer auch denselben Gruppen angehört (derselben Klasse einer Schule, demselben Sportverein usw.).

Ziele

▲ **Interkulturelle Identität:** Sich bewusst werden, in welchen Gruppen man selbst mit anderen Mitglied ist.

▲ **Selbstreflexion:** Sich klar machen, welche Gründe es gibt, sich einer Gruppe anzuschließen, und welche Nachteile das haben kann.

▲ **Vielfalt:** Das Erkennen der Zufälligkeit mancher Gruppenzugehörigkeiten.

▲ **Kulturelle Vielfalt und Identität:** Lernen, dass wir die Zugehörigkeit zu einer Gruppe als etwas Besonderes erleben können, ohne andere Gruppen abzuwerten.

▲ **Flexibilität, Konfliktfähigkeit:** Sich klar machen, dass man Gruppenzugehörigkeiten frei wählen und auch wieder verändern kann und darf.

Literaturvorschläge

- Interkulturelle Identität: Cameron & Turner (2010)
- Kulturelle Vielfalt: Terkessidis (2010)
- Interkulturelle Kommunikation: Kumbier & Schulz von Thun (2006)

Vorschlag 1: **Meine Gruppen**

Nach einem lockeren Gespräch über Gruppenzugehörigkeit und ihre Vor- und Nachteile sollen die Jugendlichen ihre Zugehörigkeit zu verschiedenen Gruppen deutlich machen und einige Fragen dazu beantworten.

Material

- Arbeitsblatt 27: „Die Gruppe und ich"
- Papier, Bleistift

Anleitung

Der Trainer leitet ein Gespräch über das Thema mit folgenden Fragen ein:

- Kann ein Mensch leben, ohne in einer Gruppe zu sein?
- Welche Vorteile bringt es, in einer Gruppe zu sein?
- Welche Verpflichtungen ergeben sich, wenn man einer Gruppe angehört?
- Welchen Gruppen gehöre ich an?
- Welcher Gruppe gehören wir hier alle an?

Zur Verdeutlichung der Gruppenzugehörigkeit wird das Arbeitsblatt 27 „Die Gruppe und ich" eingesetzt. Nachdem das Arbeitsblatt verteilt ist, gibt der Trainer folgende Anweisung:

Schreibe oben auf das Arbeitsblatt, zu welchen Gruppen du gehörst. Dann zeichne auf ein Extrablatt einen Kreis mit deinem Namen in der Mitte. Jetzt schreib alle Gruppen, zu denen du gehörst, in kleine Kreise darum herum. Zeichne Pfeile von den Gruppenkreisen zum Kreis in der Mitte und drücke durch die Dicke der Pfeile aus, wie wichtig die jeweilige Gruppe für dich ist.
Beantworte danach auf dem Arbeitsblatt 27 „Die Gruppe und ich" die folgenden Fragen:

- *Weswegen ich stolz bin, zu der Gruppe … zu gehören.*
- *Weil ich zu der Gruppe … gehöre, habe ich das folgende Problem (gehabt):*
- *Hast du schon einmal eine Gruppe gewechselt? Von welcher in welche? Warum?*
- *Bist du in einer Gruppe, in der Jugendliche aus unterschiedlichen Teilen der Gesellschaft sind? In welcher Gruppe? Wie fühlst du dich in dieser Gruppe?*

Wenn du die Frage des Arbeitsblattes 27 „Die Gruppe und ich" beantwortet hast, erläutere in der Trainingsgruppe deine Zugehörigkeiten zu den verschiedenen Gruppen.

Nachfragen der anderen Gruppenteilnehmer sind erwünscht und werden beantwortet.
Der Trainer moderiert behutsam.
Wenn möglich, sollte die Trainingsgruppe anschließend folgendes Thema besprechen: „Was bedeuten mir meine Gruppen und was bedeuten uns unsere gemeinsamen Gruppen? Was ist das Besondere der Gruppen, die für alle da sind (Trainingsgruppe, Klasse, Sportverein usw.)?"
Hier kann der Trainer die Teilnehmer auffordern, Erlebnisse aus ihren Gruppen zu erzählen oder szenisch vorzuspielen.

Auswertung

Der Trainer spricht jeden Teilnehmer zu jeder Frage an:

Gefühle	Hat es dir Spaß gemacht, über dich als Gruppenwesen nachzudenken?
	Wie fühlst du dich, wenn es in einer Gruppe schwierig wird?
Verstehen	Was bedeuten dir deine Gruppen – und die Gruppen, in denen wir alle sind?
	Was für Probleme können bei mehreren Gruppenzugehörigkeiten entstehen?
Transfer	Wie siehst du jetzt deine Zugehörigkeit zu verschiedenen Gruppen?
	In welcher Gruppe würdest du dich in Zukunft mehr einbringen, in welcher weniger?
	Wie wichtig sind Gruppen für dich, in denen ganz unterschiedliche Mitglieder der Gesellschaft sind?
	Wirst du den Mut aufbringen, in einer für dich wichtigen Gruppe etwas anzusprechen, was du nicht gut findest? Wie wirst du dabei vorgehen?

Vorschlag 2: Die Sanften und die Stolzen

Das Schicksalhafte manch einer Gruppenzugehörigkeit, zum Beispiel in eine christliche oder muslimische Familie hineingeboren zu werden, soll deutlich werden. Für ein gemeinsames Spiel werden die Jugendlichen per Zufall einer fiktiven Gruppe zugewiesen und sollen dann als Teil dieser Gruppe bestimmte, für sie eher ungewohnte Regeln einhalten.

Material

- Arbeitsblatt 28: Galaxis „Die Sanften"
- Arbeitsblatt 29: Galaxis „Die Stolzen"
- Gerät für Aufzeichnung und Wiedergabe von Video
- Musikinstrumente oder Tonträger
- Mitgebrachte Verkleidungssachen von den Teilnehmern
- Teegebäck und Getränke

Anleitung

Der Behandlung des Themas geht ein Warm-up voraus, in dem die Teilnehmer spielerisch in vorgegebene Rollen schlüpfen und gestisch-mimisch miteinander interagieren.
Mit folgender Frage kann der Trainer das Thema einleiten:

- *Wie kommt es, dass man immer zu einer Gruppe gehört?*

Es folgt ein kurzes Gespräch, in dem unter anderem deutlich werden soll, dass manche Gruppenzugehörigkeiten dadurch entstehen, dass man in einem bestimmten Land oder in einem bestimmten Milieu geboren wurde.

Der Trainer führt eine kurze Einstimmung durch:

Stellt euch vor, das folgende Spiel findet im interplanetarischen Raum, in der Galaxis statt …

Durch Würfeln oder ein anderes Zufallsverfahren werden zwei gleich große Gruppen gebildet, die von da an vollkommen getrennt, also in zwei verschiedenen Räumen, nacheinander instruiert werden. Das Vorhandensein eines Co-Trainers bei der vorliegenden Trainingssitzung wäre eine große Erleichterung für den Trainer.

Mit den Arbeitsblättern 28 oder 29 erhalten die Gruppen ihre jeweiligen Instruktionen:

Instruktion für die Gruppe „Die Sanften". *Ihr gehört auf einem fernen Planeten einem Volk an, das friedlich und verträglich ist. Wenn ihr sprecht, lächelt ihr. Und ihr begrüßt Fremde, indem ihr euch lächelnd verbeugt und ihnen etwas zu essen und zu trinken anbietet. Zur Begrüßung spielt ihr außerdem sanfte und leise Musik auf euren Musikinstrumenten oder von Tonträgern. Wenn die Fremden grob oder aggressiv werden, bleibt ihr freundlich, lächelt, leistet keinen Widerstand, denn das würde eure Götter beleidigen.*
Wenn Leute aus einem fremden Volk zu euch kommen, verhaltet ihr euch wie oben beschrieben, nur dass ihr nach altem Brauch zunächst nicht sprecht, sondern alles mit Gestik, Mimik und Musik ausdrückt.
Ihr richtet den Raum so her, dass er zu dem Land der „Sanften" passt.

Instruktion für die Gruppe „Die Stolzen". *Ihr gehört auf einem fernen Planeten einem Volk an, das dort als stolz und tapfer gilt. Zu euren Vorstellungen von Tüchtigkeit und Ehre gehört, dass ihr fast immer ernst und streng seid und vor niemandem euren Rücken beugt. Wenn ihr in ein fremdes Land kommt, das euch keinen Widerstand entgegensetzt, unterwerft ihr die Leute und regiert sie mit strenger Hand.*
Stellt euch vor, ihr seid eine Gruppe eures Volkes und habt euch verirrt. Ihr erreicht schließlich ein Land, in dem ihr noch nie wart. Zu eurer Überraschung kommen euch die Leute sehr freundlich entgegen. Nur sprechen sie aus irgendeinem Grund nicht. Ihr versucht also, mit Händen und Füßen mit ihnen zu verhandeln.

Die beiden Gruppen erhalten fünfzehn Minuten Zeit, die Instruktion zu lesen, sich zu beraten und das ihnen vorgegebene Verhalten einzuüben. „Die Stolzen" erhalten ein Zeichen, wann das Spiel beginnt.
Der Raum, in dem die Sanften leben und in dem die Begegnung der beiden Gruppen stattfindet, wurde von ihnen für das Spiel hergerichtet, geschmückt usw.
Die Durchführung des Spiels dauert fünfzehn bis zwanzig Minuten. Die Angehörigen der beiden Gruppen verhalten sich, wie es in ihrer Anweisung beschrieben ist. Was aus der Begegnung wird, ist nicht vorgegeben. Später erfolgt ein Austausch darüber.
Bei dieser Simulation kann es besonders interessant sein, das Zusammentreffen der beiden „Völker" mit einem Videoaufzeichnungsgerät aufzuzeichnen, um sich später die Begegnung anzuschauen und sie zu besprechen.

Auswertung

Der Trainer spricht jeden Teilnehmer zu jeder Frage an:

Gefühle   Wie hast du dich beim Zusammentreffen der beiden Gruppen gefühlt?

Wie groß war deine Neugierde oder Ratlosigkeit bei der Begegnung der beiden Gruppen?

Verstehen	Was war bei dem Spiel ähnlich wie im realen Leben?
	Wieso kam es zu Problemen zwischen den beiden Gruppen?
Transfer	Was könnten zwei Gruppen aus zwei verschiedenen Ländern bei einer ersten Begegnung besser machen?
	Was kannst du tun, wenn du von einer Gruppe unter Druck gesetzt wirst, dich in bestimmter Weise zu verhalten?
	Was kannst du persönlich aus diesem Spiel über die Begegnung von Menschen aus verschiedenen Kulturen lernen?
	Wie sollten die Menschen aus verschiedenen Kulturen aufeinander zugehen?

Vorschlag 3: **Gruppenrollenspiele**

Konflikte, die dadurch entstehen, dass man Gruppen mit unterschiedlichen „Vorschriften" oder „Regeln" angehört, werden gesammelt, im Rollenspiel demonstriert und bearbeitet.

Material

- Arbeitsblatt 30: „Meine Gruppe"
- Gerät zur Aufzeichnung und Wiedergabe von Video

Anleitung

Das Thema wird mit einem Gespräch über Gruppenzugehörigkeiten und daraus folgenden Konsequenzen eingeleitet. Die Fragen sind im Arbeitsblatt 30 „Meine Gruppe" enthalten und können den Jugendlichen zum Bearbeiten ausgehändigt werden.

- Welchen Gruppen gehörst du an?
  (Zum Beispiel der Gruppe Gleichaltriger, mit der man sich nachmittags trifft, Musik hört oder zusammen Fußball spielt.)
- Wodurch unterscheidet sich deine wichtigste Gruppe von anderen weniger wichtigen Gruppen? Was ist die Besonderheit deiner wichtigsten Gruppe?
  (Beispiele: Gleiches Alter, man ist befreundet, trägt die gleiche Baseballmütze und hört die gleiche Musik.)
- Welche Regeln musst du einhalten, um in deiner wichtigsten Gruppe Mitglied zu bleiben?
  (Man darf seine Mütze nicht absetzen, darf andere Musik nicht gut finden.)
- Gibt es besondere Verhaltensweisen, die du zeigen musst, wenn du mit deiner wichtigsten Gruppe „unterwegs" bist?
- Welche Konflikte kannst du bekommen, wenn du auch noch anderen Gruppen angehörst, zum Beispiel solchen, in denen Menschen aus allen Teilen der Gesellschaft sind?

Nach dieser Einleitung sollen die Jugendlichen Beispiele für Konflikte suchen, die auf mehrere unterschiedliche kulturelle oder religiöse Gruppenzugehörigkeiten zurückzuführen sind.
Dafür werden zwei Halbgruppen gebildet, die möglichst nach kultureller Herkunft und Geschlecht gemischt sind. Jede Halbgruppe hat den Auftrag, Probleme, Konflikte und Schwierigkeiten, die aus der gleichzeitigen Zugehörigkeit zu mehreren Gruppen resultieren, zu sammeln und im Rollenspiel darzustellen. Es sollte zunächst so gestaltet werden, wie es erlebt wurde und danach so, wie es besser laufen könnte.

Bevor die Gruppenarbeit beginnt, werden zwei Beispiele für Konflikte gegeben. Die Gruppen können jedoch gerne ein eigenes Erlebnis nehmen:

- *Fatima ist ein Mädchen mit muslimischem Glauben, 8. Klasse. Die Klasse macht mit zwei Lehrern eine Klassenfahrt, um den Zusammenhalt der Klasse zu stärken und um eine schöne Gegend an der See kennen zu lernen. Fatima möchte natürlich gerne mitfahren. Aber die Eltern von Fatima verbieten ihr mitzufahren.*
- *John ist ein Junge von 14 Jahren. Er hat eine Freundesgruppe, mit der er viel unternimmt: Im Sommer zusammen grillen, Mofa fahren, Besuch von Konzerten. Er ist außerdem ein begeisterter Basketballspieler und trainiert regelmäßig in seinem Verein. An Wochenenden sind meistens Spiele. Eines Tages entsteht in seiner Freundesgruppe ein Gespräch über seinen Verein. Seine Freunde finden es nicht gut, dass er in dem Verein mit Türken, Marokkanern, Tunesiern und Russen zusammen Sport macht.*

Wenn eine Situation so durchgespielt wurde, wie sie sich real abgespielt hat, erhalten die Spieler Feedback von ihren Mitspielern, und es wird darüber gesprochen, wie man sich besser verhalten könnte. Dies wird ebenfalls durchgespielt. Daraufhin folgt erneut ein Feedback und ein Gespräch darüber, was verbessert wurde und ob es noch weitere Lösungsmöglichkeiten gibt.
Gegebenenfalls kann ein weiterer Durchlauf mit erneut verbessertem Verhalten, eventuell auch mit Rollentausch erfolgen.
Dann wird in zwei Halbgruppen gearbeitet. Innerhalb jeder Halbgruppe soll möglichst jeder Teilnehmer mit einem eigenen Erlebnis dieser Art an die Reihe kommen. Für die Arbeit in den Halbgruppen sollten zwischen 20 und 30 Minuten zur Verfügung gestellt werden.
Nach Beendigung der Arbeit in den Halbgruppen präsentieren die Teilnehmer ihren Fall in der Trainingsgruppe zuerst in der ursprünglichen Form und dann in der verbesserten Fassung.
Die Konflikte und ihre Lösungen werden besprochen. Hier kann der Einsatz eines Gerätes zur Aufzeichnung und Wiedergabe von Video zur Unterstützung des Feedbacks lohnend sein.
Für die Umsetzung des gesamten Vorschlages braucht der Trainer möglicherweise zwei Trainingssitzungen.

Auswertung

Der Trainer spricht jeden Teilnehmer zu jeder Frage an:

Gefühle   Wie schwer war es für dich, eigene Erlebnisse und Probleme durchzuspielen?

Wie fühltest du dich, wenn du für ein Problem eine gute Lösung gefunden hast?

Verstehen   Hast du Gemeinsamkeiten bei den Erlebnissen deiner Kollegen und dir gesehen? Worin bestanden sie?

Welche Unterschiede bestehen zwischen den Konflikten und den Lösungen?

Transfer   Was kannst du aus den Rollenspielen lernen, um dich in solchen Konfliktsituationen besser zu verhalten?

Wenn du in Zukunft Ähnliches erlebst: Wie wirst du dich dann verhalten?

Welche Möglichkeiten zeigt dir das Rollenspiel, um Konfliktlösungen auszuprobieren, wenn diese durch Unterschiede der Herkunft entstanden sind?

Was ist besonders wichtig, wenn du in Konflikte kommst, die durch unterschiedliche kulturelle Anforderungen und Erwartungen bedingt sind?

Einfühlung

6.14 Einfühlung

Hintergrund

Perspektivenübernahme setzt Reflexionskompetenz, die Fähigkeit und Bereitschaft zur Relativierung des eigenen Referenzrahmens voraus. Ebenso erfordert sie die Erweiterung des eigenen Wertesystems, die Bereitschaft, Neues zu lernen und seine eigenen Denk- und Verhaltensmuster zu korrigieren. In der sozialen Situation kann eine gezielte Perspektivenübernahme zur Verbesserung der sozial-kognitiven Informationsverarbeitung beitragen. Darüber hinaus vermag dieser kognitive Vorgang zu einer affektiven Neubewertung der nicht so vertrauten Denk- und Verhaltensweisen führen. Dadurch wird das Neue leichter emotional angenommen. Ängste vor dem Fremden nehmen ab. Dies ist die Voraussetzung zum empathischen Umgang miteinander. Einfühlung oder Empathie ist daher ein zentraler Bestandteil sozialer Kompetenz. Bei der interkulturellen Interaktion hat die Empathie die Funktion, sich in die Befindlichkeiten und Denkweisen des Partners aus einer anderen Kultur einzufühlen. Sie hilft, die Ablehnung des „Fremden" zu überwinden.

Ziele

◢ Empathie: Lernen, Standpunkte, Bedürfnisse und Gefühle anderer Menschen wahrzunehmen, zu verstehen und emotional mitfühlen zu können.

◢ Perspektivenübernahme, Selbstreflexion: Sich vorstellen, wie andere auf das eigene Verhalten reagieren werden. Lernen, das eigene Verhalten zu überprüfen und gegebenenfalls zu verändern.

◢ Empathie: Offen und einfühlsam auf die Wünsche und Bedürfnisse anderer Menschen eingehen zu können.

Literaturvorschläge

- Empathie: Fritsch (2012)
- Perspektivenübernahme: Deardorff (2009a)

Vorschlag 1: **Blindenübung**

Die Übung soll durch Einfühlung in die Bedürfnisse und Gefühle anderer und gezielte Übernahme von Verantwortung für den anderen die soziale und interkulturelle Kompetenz fördern. Sie soll darüber hinaus erfahrbar machen, dass eine Zusammenarbeit wechselseitiges Vertrauen erfordert.

Material

- Tücher oder Schals zum Verbinden der Augen.

Anleitung

Voraussetzung für diese Übung ist, dass in der Trainingsgruppe und zwischen den Übungspartnern eine entspannte Atmosphäre herrscht, damit die Teilnehmer einander das nötige Vertrauen entgegenbringen. Der Trainer soll an dieser Stelle mit Hilfe von Beispielen auf die Zielsetzungen der Übung eingehen. Durch diese Übung wird gelernt, sich mit Hilfe des Einfühlungsvermögens in die Lage des Gegenübers hineinzuversetzen.
Es handelt sich um eine sogenannte Blindenübung, die zu zweit durchgeführt wird. Dabei lässt sich immer ein Jugendlicher mit verbundenen Augen von einem anderen durch den Raum führen. Der Führende übernimmt die Verantwortung für den Geführten, so dass diesem nichts passiert und der Geführte sich sicher fühlt. Der Geführte vertraut sich dem Führenden an. Die Rollen werden später getauscht.

Die folgende Anweisung soll genau beachtet werden:
Die Teilnehmer sollen sich zu Paaren zusammentun. Nach Möglichkeit werden Paare aus Teilnehmern unterschiedlicher Herkunft gebildet. Die Paare einigen sich, wer von ihnen beim ersten Durchgang Führender und wer Geführter ist. Dem Geführten werden die Augen verbunden. Der Führende lenkt den Partner durch Auflegen der Hand auf die Schulter des Geführten, durch Auflegen einer Hand auf den Rücken des Geführten und andere Arten. Das jeweilige Paar wählt gemeinsam eine für sie geeignete Form aus. Beim Umhergehen der Paare soll es nicht zu Zusammenstößen kommen.

Nach angemessener Zeit wird von dem Trainer das Zeichen zum Anhalten gegeben. Die beiden unterhalten sich kurz über ihre Gefühle während des Führens und Geführtwerdens sowie über Gedanken und Erfahrungen während der Übung. Die Rollen werden nun getauscht. Wenn der Trainer den Eindruck gewinnt, dass die Übung bei den Teilnehmern gut ankommt und die Gruppe einfühlsam und achtsam ist, können Varianten der Übung durchgeführt werden:

- Es kann ein Parcours mit Hindernissen, bestehend etwa aus Tischen und Stühlen, aufgebaut werden. Dieser wird auf die obige Weise begangen. Die Geführten sollen achtsam um die Hindernisse herumgeführt werden.
- Versuche mit unterschiedlichem Führen können durchgeführt werden: zum Beispiel eher schnell und elegant oder eher zaghaft, einfühlsam usw.
- Wenn die Übung im Freien durchgeführt wird, können Bäume, Büsche, Zäune oder Hügel aufgesucht und von den Geführten tastend erraten werden.

Auswertung

Der Trainer spricht jeden Teilnehmer zu jeder Frage an:

Gefühle	Welche Rolle hat dir besser gefallen, die des Führenden oder die des Geführten?
	Welche Gefühle hattest du als Führender, welche als Geführter?
Verstehen	Wie soll die führende Person sich verhalten, damit der „Blinde" sich auf sie verlassen kann?
	Welche Rolle spielt das Einfühlungsvermögen des Führenden bei dieser Übung?
Transfer	Hast du es schon erlebt, dass sich ein anderer Mensch in dich hineingedacht und eingefühlt hat? Was für ein Gefühl hattest du dabei?
	In welchen Situationen ist es besonders wichtig, dass du dich in dein Gegenüber hineindenkst und einfühlst?
	Übe in der nächsten Zeit, dich in andere Personen einzufühlen: Was denkt und fühlt die Person gerade? Der Beobachtungsbogen kann dir dabei helfen.
	Wenn du in der nächsten Zeit einen Freund oder Kameraden triffst, mit dem du ein Problem hast, das du lösen möchtest, dann überlege vorher: Was denkt er, was fühlt er, was möchte er?

Vorschlag 2: **Vorhersage**

Mit Hilfe der folgenden Übung lernen die jugendlichen Teilnehmer, durch die Perspektivenübernahme und Reflexion der Reaktion ihres Gegenübers, sozial und interkulturell angemessener zu reagieren.

Material

- Arbeitsblatt 31: „Situationsbeschreibungen I"
- Arbeitsblatt 32: „Situationsbeschreibungen II"

Anleitung

Zur Einführung in das Thema erzählt der Trainer eine kurze Geschichte, die deutlich macht, wie nachteilig es sein kann, sich nicht in sein Gegenüber hineinzuversetzen:

Ein Schüler mit Namen Robert stellt sich in der Autowerkstatt „Ceyran" für ein Praktikum vor. Der etwas gestresste Chef bittet ihn, einen Moment zu warten, er müsse bei einer eiligen Reparatur noch den Fehler finden. Robert überlegt sich, dem Chef zu erzählen, wie er während der bisherigen Praktikumssuche bei mehreren Firmen angefragt hat, die ihn jedoch alle vor die Tür gesetzt hätten, damit Herr Ceyran ihn aus Mitleid nähme.
Als Herr Ceyran schließlich ganz außer Atem in das Büro zurückkommt, legt Robert gleich los und erzählt ausführlich von seinen erfolglosen Bemühungen um einen Praktikumsplatz und regt sich darüber auf, dass die von Migranten geführten Unternehmen ihn immer sofort an die Luft gesetzt hätten. Das freundliche Gesicht von Herrn Ceyran ist im Laufe von Roberts nicht zu bremsendem Redefluss ernster geworden. Robert redet unbeirrt weiter. Als er endlich eine kleine Pause macht, sagt Herr Ceyran, das reiche, er habe jetzt einen Eindruck. Robert fragt erwartungsvoll, ob er genommen sei. Herr Ceyran zögert einen Moment und sagt dann, er bekomme in ein paar Tagen Bescheid. Robert ist enttäuscht und verlässt missmutig und grußlos den Raum.
Der Bescheid ist ablehnend. Gründe gibt die Firma nicht an.

- *Was glaubt ihr, warum hat Herr Ceyran Robert nicht als Praktikanten genommen?*
- *Was hätte Robert nicht tun sollen?*
- *Wie hätte Robert sich anders verhalten können?*

Wenn die Jugendlichen nicht von alleine das Wesentliche ansprechen, sollte unbedingt darauf hingewiesen werden, dass Robert die Gefühle und Bedürfnisse seines Gegenübers völlig außer Acht gelassen hat: Das betrifft zunächst den Stress von Herrn Ceyran, den Robert nicht berücksichtigt hat. Stattdessen hat er pausenlos geredet und sich über die anderen Firmenchefs beschwert. Kurz, Robert hat es versäumt, sich in seinen Gesprächspartner hineinzuversetzen. Infolgedessen hat er die Reaktion des Chefs nicht beachtet und nicht richtig bewertet.

In der folgenden Übung sollen die Jugendlichen anhand von Beschreibungen sozialer und interkultureller Situationen ihr Einfühlungsvermögen und die gedankliche Vorwegnahme oder Reflexion der Reaktion des anderen üben. Der Trainer verteilt die Arbeitsblätter 31 und 32 „Situationsbeschreibungen I und II", so dass immer zwei Jugendliche die gleiche Situation erhalten und jeder eine Rolle übernimmt. Die Teilnehmer lesen zunächst ihre Situation durch und stellen sich die Gefühle und Gedanken der eigenen Rolle genau vor.
Im Anschluss daran setzen sich diejenigen Jugendlichen zusammen, die dieselbe Situation gewählt haben. Sie teilen sich gegenseitig mit, was sie in der Einzelarbeit herausgefunden haben.
Sie sollen die beschriebene Situation einmal durchspielen und sich Verbesserungen überlegen.
Sie spielen die verbesserte Version durch.
Danach wird die verbesserte Version in der Trainingsgruppe präsentiert. Bei der zweiten Durchführung findet ein Rollentausch statt, der bisherige Partner ist nun die Hauptperson.
Bei der Auswertung jedes Spiels werden die Hauptpersonen nach ihrem emotionalen Erleben während des Spiels befragt. Die Jugendlichen und der Trainer geben Feedback unter Beachtung der Feedbackregeln.

Auswertung

Der Trainer spricht jeden Teilnehmer zu jeder Frage an:

Gefühle   Welche Gefühle hattest du, als du versucht hast, die mögliche Reaktion des anderen abzuschätzen?

Welche Stelle in der Übung fandest du besonders spannend?

Verstehen   Wie wichtig ist die Einfühlung und Perspektivenübernahme zwischen Menschen aus verschiedenen Gruppen der Gesellschaft?

Verstehst du, wie die Perspektivenübernahme funktioniert, oder musst du noch weiter üben?

Transfer   Wenn du merkst, dass dein Gegenüber sich gar nicht in deine Lage versetzt, was kannst du dann tun?

Kennst du Personen, in die du dich besonders gut hineinversetzen kannst?

Mit welcher Person kannst du die Perspektivenübernahme und die mögliche Reaktion des anderen am besten üben? (Beobachtungsbogen)

In welchen Bereichen ist es für dich in nächster Zeit besonders wichtig, dass du dich in andere hineindenkst und einfühlst?

Vorschlag 3: Perspektivenwechsel

Der Perspektivenwechsel soll auf spielerische Weise geübt werden.

Material

- Entfällt

Anleitung

Zur Einführung in die Übung kann eine Geschichte mit einem erfolgreichen Perspektivenwechsel erzählt werden:

Ayshe, eine Schülerin der 9. Klasse, hat sich um einen Praktikumsplatz in einer Kita beworben und ist zu einem Vorstellungsgespräch eingeladen worden. Als sie zu der Leiterin hereingerufen wird, bemerkt sie, dass die Frau offenbar unter großem Stress steht. Ayshe sagt darauf: Frau Kirilenko, ich sehe, sie haben sehr viel zu tun. Soll ich ein anderes Mal wiederkommen? Frau Kirilenko lächelt, bittet Ayshe, Platz zu nehmen und stellt ihr einige gezielte Fragen. Am Ende gibt die Leiterin Ayshe den Praktikumsplatz mit der Begründung, sie habe sich sehr einfühlsam gezeigt, was für eine Erzieherin besonders wichtig sei.

Es sollte Gelegenheit für Fragen und spontane Kommentare gegeben werden.

Zur Vorbereitung des Rollenspiels wird ein gezieltes Warm-up durchgeführt:
Die Jugendlichen setzen sich paarweise gegenüber. Ein Jugendlicher beginnt damit, den Gesichtsausdruck, die Körperhaltung und die Haltung der Arme und Hände zu verändern. Der Partner soll dessen Mimik und Gestik nur einfach nachmachen. Nach zwei bis drei Minuten signalisiert der Trainer einen Rollenwechsel. Am Schluss werden ein paar Worte darüber ausgetauscht.

Die nachfolgende Übung hat das Ziel, den Perspektivenwechsel auf spielerische Weise einzuüben, um ihn dann im Alltag anwenden zu können.
Immer zwei Teilnehmer unterhalten sich über ein Problem, das entweder von dem Trainer vorgegeben oder von den Rollenspielern erfahren oder ausgedacht wurde.
Vorgegebene Situationen für die Problemgespräche, in denen die Teilnehmer gerne ihre eigenen Namen verwenden können, sind die folgenden:

- Der Meister Fritz kritisiert den Auszubildenden Fatih, weil dieser wieder einmal die Mittagspause überzogen habe. Fatih war von einem Kollegen gebeten worden, ihm schnell noch etwas vom Kiosk zu besorgen. Er konnte nicht nein sagen und tat es.
- Feridun sagt zu seinem Freund Leo: „Du hast mir meine Freundin ausgespannt."
- Die Berufsschullehrerin ermahnt Nicole, weil sie jetzt schon zum vierten Mal ihr Berichtsheft vergessen hat.
- Du hast ein Portemonnaie auf einer Parkbank gefunden und nimmst es mit nach Hause. Deine Mutter redet dir ins Gewissen, es beim Fundbüro abzugeben.

Die Paare führen nacheinander ihr Problemgespräch durch, das nicht länger als drei Minuten dauern sollte. Die Rollenspieler werden anschließend vom Trainer gebeten, ihre Gefühle, die sie während des Gesprächs hatten, auszudrücken. Dann sollen sie beurteilen, wie gut es ihnen gelungen ist, die Perspektive des anderen einzunehmen. Darüber hinaus erhalten die Rollenspieler

Feedback von den anderen und dem Trainer. Dann findet ein Rollentausch statt; das Problemgespräch wird in gleicher Weise bearbeitet.

Auswertung

Der Trainer spricht jeden Teilnehmer zu jeder Frage an:

Gefühle	Wie hast du dich in den verschiedenen Rollen gefühlt?
	Wie war es, als du dich in deinen Gesprächspartner hineinversetzen solltest?
Verstehen	Was hast du bei dem Rollentausch über Einfühlung und Perspektivenwechsel gelernt?
	Was ist der Vorteil für beide, wenn sie sich in den Gesprächspartner hineindenken und einfühlen?
Transfer	In welchen Lebensbereichen ist es wichtig, sich in sein Gegenüber hineinzuversetzen?
	In welche Person in deinem Umfeld kannst du dich besonders gut einfühlen?
	Hast du diese Fähigkeit an anderen Menschen schon beobachtet? Wie lief das ab?
	Bei welchem Menschen findest du es besonders wichtig, dass du dich in ihn hineindenkst und einfühlst?

Ist das normal?

6.15 Ist das normal?

Hintergrund

Es ist ein vielfach nachgewiesenes Phänomen, dass die Menschen allgemein auf Fremde, Fremdes und Unbekanntes zunächst mit Angst, Abwehr oder Abneigung reagieren. Diese unmittelbaren Reaktionen können durch soziale, emotionale und geistige Prozesse vermindert, auch besänftigt und in ein konstruktives akzeptierendes Miteinander überführt werden. Dieses anzuregen und Mittel aufzuzeigen, die unmittelbaren Reaktionen durch positive soziale Einstellungen und Verhaltensweisen zu ersetzen, ist eine der Aufgaben interkultureller Bildung, die für das friedliche Zusammenleben und die Akzeptanz der Vielfalt im „globalen Dorf" unabdingbar ist. Dabei wird das Schwarz-Weiß-Denken zugunsten eines Sowohl-als-auch-Denkens aufgebrochen. Langfristig führt es zu Ambiguitätstoleranz, der Fähigkeit, Fremdes, Unbekanntes und Mehrdeutiges zu tolerieren. Vorschnelle Reaktionen, Stereotype und Vorurteile werden vermindert.

Ziele

◢ Reflexion der ethnozentrischen Sicht: Die Jugendlichen lernen, dass es auf der Welt, ja auch im eigenen Land, menschliche Verhaltensweisen und Einstellungen gibt, die für sie unbekannt oder befremdlich, jedoch für andere Gruppen und Menschen ganz normal sind.

◢ Fremdenangst: Sie lernen, dass ihre spontanen Reaktionen wie Angst, Abwehr oder Ablehnung von Fremdem zwar normal sind, um jedoch damit umgehen zu können, muss man sich diese Gefühle bewusst machen und die eigene Einstellung reflektieren.

◢ Ambiguitätstoleranz und Akzeptanz der Vielfalt: Sie lernen, nicht vorschnell zu reagieren, sondern spontan aufkommende Gefühle der Irritation auszuhalten, bis ein besserer Umgang damit möglich ist.

Literaturvorschläge

- Ethnozentrische Sicht: Barna (1994)
- Fremdenangst: Gudykunst (2005)
- Ambiguitätstoleranz: Hatzer & Layers (2005)

Vorschlag 1: **Es war einmal**

Der Trainer führt mit einigen Geschichten, von denen zwei als Beispiele vorgegeben sind, in das Thema ein: „Ich sehe die Menschen sich so verhalten, dass es mir sehr fremd vorkommt, und es ruft bei mir Irritation, Angst, Abneigung oder Aggression hervor." Die Jugendlichen erhalten das Arbeitsblatt 33 „Fremd- und Selbstwahrnehmung" und werden aufgefordert, sich an solche Erlebnisse zu erinnern und zu zweit darüber zu sprechen.

Material

- Arbeitsblatt 33: „Fremd- und Selbstwahrnehmung"

Anleitung

Der Trainer führt in das Thema der Trainingssitzung ein, indem er eine oder zwei Situationen beschreibt, in denen er Fremdheitsempfindungen und -gedanken selbst erlebt hat. Um deutlich zu machen, was für Erlebnisse gemeint sind, werden zunächst zwei solcher Situationen beschrieben:

- *Eine Reise mit der Bahn in einem fernen Land: Wir hatten noch viel Zeit auf dem Bahnsteig und was wir sahen, war so aufregend und fremdartig, dass es uns sehr irritiert hat: Mehrere Bettler, die in Lumpen herumliefen oder auf dem Bahnsteig lagen. Daneben standen junge Männer in dunklem Anzug mit Krawatte und modischen Aktentaschen. Ein alter Mann schlief auf einem Knäuel Taue. Ein anderer Mann mit nacktem Oberkörper war auf die Bahngleise herabgestiegen, hatte sich dort bis auf ein Tuch um die Lenden ausgezogen und wusch sich an einem Hydranten. Eine Großfamilie mit Großeltern, Mutter, fünf bis sechs Kindern, alle in ärmlicher Kleidung, lagerten auf dem Bahnsteig um einen kleinen Teppich herum und aßen.*
  Unsere ersten spontanen Gefühle und Gedanken:
  Wir waren irritiert und schockiert über die Gegensätze, mit denen Menschen auf engstem Raum zusammen leben.

- *Wir fuhren zu Pfingsten nach L. Als wir am Hauptbahnhof ausstiegen, befanden wir uns sofort inmitten vollkommen in schwarz gekleideter meist junger Menschen, die wie wir in die Stadt gingen. Ihre Kleider waren phantastisch gestylt, zum Beispiel als Ritter und Ritterfräulein, Mönch und Teufel oder König und Königin. Die Gesichter der schwarz Gekleideten waren stark weiß geschminkt, mit grell roten Lippen und schwarzen Augenringen geschmückt. Die Vielfalt und Phantasie der Masken und Kostüme war unerschöpflich. Wir befanden uns sofort inmitten von Scharen ernst und traurig dreinblickender schwarzer Gestalten.*
  Unsere ersten spontanen Gefühle und Gedanken:
  Wir dachten, wir seien im falschen Film und fühlten uns fehl und fremd inmitten Tausender schwarz Maskierter, bis wir herausfanden, dass in L., wie immer zu Pfingsten, das Eurotreffen der „Gothics" oder „Grufties" stattfand. Und nun schauten wir uns das Spektakel eine Weile interessiert an.

Es ist anzuraten, dass der Trainer Erlebnisse, die er selbst einmal hatte, als Illustration erzählt und erklärt, was mit dem Thema gemeint ist. Wenn dem Trainer eine Situation einfällt, die mit dem Fremden und Unbekannten zu tun hat, sollte er bei sich selbst die Probe vornehmen, was er in den ersten Momenten empfunden und gedacht hat.

Die Teilnehmer sollen sich zu zweit zusammenfinden und folgende Aufgabe auf dem Arbeitsblatt 33 „Fremd- und Selbstwahrnehmung" einzeln und im Team bearbeiten:

- *Erinnere dich an eine Situation, in der Menschen sich durch Merkmale wie Kleidung, Hautfarbe, Haartracht und Verhalten sehr von dem bisher Gewohnten unterschieden, so dass du erschrocken, irritiert, abgestoßen, ängstlich oder misstrauisch warst.*
- *Beschreibe die Situation so genau wie möglich.*
- *Beschreibe deine spontanen Gefühle und Gedanken in der Situation so genau wie möglich.*
- *Haben sich deine Gefühle im Lauf der Begegnung geändert? Beschreibe, wodurch sie sich verändert haben?*
- *Erzählt euch gegenseitig eure Situationen. Wie haben sich eure Gefühle und Gedanken dabei geändert?*

Vor der Trainingsgruppe berichten die Zweierteams über Situationen, ihre Spontanreaktionen und die eventuellen Veränderungen der Gefühle, Gedanken und Bewertungen.

Auswertung

Der Trainer spricht jeden Teilnehmer zu jeder Frage an:

Gefühle	Wie hast du dich gefühlt, als ihr euch zu zweit über die befremdlichen Situationen unterhalten habt?
	War es für dich schwierig, das Gefühl der Fremdheit auszuhalten? Wie gingst du damit um?
Verstehen	Wenn du über etwas Fremdes weiter nachdenkst oder dich informierst, was fällt dir dabei auf?
	Was kann passieren, wenn man seine spontanen Gefühle und Gedanken nach einem so fremden Erlebnis für die einzig möglichen und endgültigen Reaktionen hält?
Transfer	Es ist ganz normal und üblich, dass uns etwas Fremdes begegnet. Wie kannst du dein lückenhaftes Wissen und Verständnis erweitern oder ergänzen?
	Sogar im Freundes- und Familienkreis kannst du in Situationen kommen, in denen du dich fremd fühlst, nichts verstehst oder irritiert bist. Wie gehst du damit um?
	Was kannst du tun, wenn du plötzlich in eine Situation kommst, in der du das Geschehen nicht verstehst und irritiert, ängstlich oder abwehrend reagierst?
	Erkläre, wie Vorurteile aufgrund erster spontaner Gefühle und lückenhafter Information entstehen.

Vorschlag 2: **Was machen die denn?**

Wir gehen von einer Situation aus, in der wir Menschen beobachten, die eine uns sehr wenig bekannte Tätigkeit oder Handlung ausführen. Die Gefühle der Fremdheit, Irritation und Abneigung, die spontan auftreten können, sollen beschrieben und reflektiert werden. Mittel und Möglichkeiten, diese spontanen Gefühle und Gedanken zu reflektieren und zu verändern, werden gesucht, erarbeitet und erprobt.

Material

- Arbeitsblatt 34: „Was machen die denn?"
- Video

Anleitung

In dieser Übung kommt es darauf an, die eigene Reaktion auf wenig bekannte Handlungen, die verbal, pantomimisch oder per DVD oder Video vorgestellt werden, zu erleben.
Beispiele für solche Situationen sind:

- Eine „Spring-Prozession" mit einem katholischen Geistlichen, der mit einer Reliquie vorangeht. Die Gläubigen folgen in einem seltsamen Gehüpfe, indem sie immer zwei Schritte vor und einen zurück machen.
- Buddhistische Mönche meditieren, indem sie über mehrere Stunden bewegungslos im Lotussitz verharren.
- Ein muslimischer Gläubiger breitet auf dem Rasen einer Autobahnraststätte seinen Gebetsteppich aus, kniet nieder und verneigt sich zum Mittagsgebet.

Im Anschluss an das Vorstellen solcher oder ähnlicher fremder Handlungen oder Zeremonien wird über die ersten Eindrücke und Gefühle gesprochen. Es können Fragen gestellt werden.
Die Teilnehmer erhalten das Arbeitsblatt 34 „Was machen die denn?", das sie zunächst alleine bearbeiten. Danach finden sie sich zu zweit in Teams zusammen. Sie erzählen sich Erlebnisse wie in den Beispielen, einschließlich ihrer Gedanken und Gefühle, die sie spontan dabei hatten. Sie teilen sich mit, ob und wie sich ihre Gefühle veränderten, wenn sie sich die Situation näher angeschaut, über sie nachgedacht oder sich mehr Informationen verschafft haben. Danach kommen die Zweierteams wieder in der Trainingsgruppe zusammen.
Die Jugendlichen erzählen von ihren Erlebnissen der ersten Fremdheit und ihren spontanen Gefühlen sowie deren Veränderungen.
Der Trainer spricht den folgenden Aspekt an: Um zu vermeiden, die betreffenden Menschen in ihren religiösen, rituellen oder nationalen Gefühlen zu verletzen, ist es notwendig, die eigenen Gefühle und Gedanken der Irritation, der Abneigung oder der Lächerlichkeit wahrzunehmen, zu reflektieren, zu relativieren und sie dann zu überwinden.
Der Trainer stellt den Jugendlichen die Frage, womit das wohl gelingen kann.
Die Antworten sollen eventuell durch den Trainer ergänzt und zu dem Punkt geführt werden, dass ein zunächst fremdes Geschehen oder Handeln von Menschen umso verständlicher erscheint, je mehr man über die Bedeutung, die Einordnung in einen Glauben oder eine Kultur in Erfahrung bringt. Gleichzeitig verändern sich die spontanen Gefühle und Gedanken in Interesse, Verständnis und Akzeptanz des andersartigen Verhaltens.

Auswertung

Der Trainer spricht jeden Teilnehmer zu jeder Frage an:

Gefühle Was fiel dir bei deinen Gedanken und Gefühlen während der Übung auf?

Was hat dich an der Übung über unbekannte religiöse Handlungen bewegt oder interessiert?

Verstehen Was kannst du beim Anblick unbekannter ritueller Handlungen tun, um Reaktionen der Irritation, Lächerlichkeit oder des Abscheus zu korrigieren?

Wie kannst du erreichen, dass du deine anfängliche Reaktion in Verständnis und Toleranz verwandelst?

Transfer Hast du als Teilnehmer an einer religiösen Zeremonie schon einmal erlebt, dass uneingeweihte Zuschauer mit Kopfschütteln, Lachen oder Widerwillen reagiert haben?

Wie wirst du reagieren, wenn du so etwas noch einmal erlebst?

Wie würdest du dich verhalten, wenn du als Gast bei einer dir unbekannten Zeremonie eingeladen wärst?

Kannst du dir vorstellen, zu einem Tag der offenen Tür einer dir unbekannten religiösen Gruppe zu gehen, um dich über ihre Religion zu informieren?

Vorschlag 3: **Ich übe mich in Toleranz**

In einer multikulturellen Gesellschaft trifft man manchmal auf Rituale, Gebräuche oder religiöse Zeremonien, die einem fremd sind. Darüber kann man spontan erstaunt, irritiert, abgestoßen oder schockiert sein. Der vorliegende Vorschlag zeigt den Jugendlichen Wege auf, die anfänglichen abwertenden Gefühle und Gedanken in tolerante und akzeptierende zu transformieren, um so die Menschen mit den fremden Ritualen nicht zu verletzen oder gar anzugreifen. Auf diese Weise können die Begegnungen positiv mit gegenseitiger Anteilnahme und wohlwollendem Interesse gestaltet werden.

Material

- Arbeitsblatt 35: „Toleranz und Vielfalt"

Anleitung

Der Trainer führt in das Thema „Religiöse, rituelle Zeremonien" mit Beispielen ein:

- Die Kommunion oder das Abendmahl in der katholischen oder in der evangelischen Kirche aus der Sicht Andersgläubiger.
- Das Verrichten eines muslimischen Gebetes in dem Flur eines Industriebetriebs.
- Die Taufe durch vollständiges Untertauchen in dem Taufbecken bei der christlichen Gemeinschaft der Baptisten.

Die Jugendlichen werden aufgefordert, sich an Erlebnisse ähnlicher Art zu erinnern, in denen bestimmte Gruppen von Menschen etwas machten, das ihnen sehr fremd, unbekannt und neu war. Die Teilnehmer erhalten das Arbeitsblatt 35 „Toleranz und Vielfalt". Die Jugendlichen sollen sich zu Zweier- oder Dreierteams zusammenfinden, in denen sie sich – anknüpfend an die vorausgehenden Beispiele in der Trainingsgruppe – erzählen, welche Gefühle und Gedanken sie bei ähnlichen Zeremonien hatten. Haben sich ihre Gefühle im Laufe der Unterhaltung verändert? Welche Gründe gab es dafür?
Zurück in der Trainingsgruppe tauschen die Teilnehmer ihre Erfahrungen in der Kleingruppe aus. Sie sollen nun darüber nachdenken, wie man das Gefühl der Fremdheit bei einer unbekannten Handlung überwinden kann. Es wird ihnen auf dem Arbeitsblatt 35 „Toleranz und Vielfalt" ein Hinweis auf das Einholen von Informationen und Wissen gegeben. Die Kleingruppe holt sich in der Trainingssituation Informationen und Hintergrundwissen von anderen Mitgliedern der

Trainingsgruppe. Der Trainer achtet darauf, dass sozial kompetent gefragt wird, um die anderen nicht zu verletzen.

In einem abschließenden Plenum der Trainingsgruppe werden die Teilnehmer von dem Trainer gefragt, ob sie zu einem besseren Verständnis von Zeremonien und Ritualen anderer religiöser Gruppen gekommen sind, indem sie sich mit anderen unterhalten und ihr Wissen darüber ergänzt haben.

Auswertung

Der Trainer spricht jeden Teilnehmer zu jeder Frage an:

Gefühle	Wie hast du dich gefühlt, als es um deine eigene Religionsgemeinschaft ging?
	Mit welchem Gefühl hast du die Informationen über eine andere Religionsgemeinschaft aufgenommen?
Verstehen	Die freie Ausübung der Religion ist ein Menschenrecht und Bestandteil der Verfassung. Wie sollte man sich also bei religiösen Zeremonien verhalten?
	Wie kannst du es erreichen, dass du solche Zeremonien mit Ruhe und Respekt erlebst?
Transfer	Hast du schon einmal über eine fremde Zeremonie gelacht oder gelästert?
	Wie würdest du dich heute in einer solchen Situation verhalten?
	Was kannst du tun, um dich auf solche Situationen vorzubereiten?
	Mit wem möchtest du dich gerne über seine/ihre Religion unterhalten?

Ich denke – über mich

6.16 Ich denke – über mich

Hintergrund

Die Selbstreflexion ist eine Kompetenz, die dem Menschen hilft, seine kommunikativen und interkulturellen Fähigkeiten zu verbessern. Selbstreflexion ist ein Denken, das auf die Klärung der eigenen Rolle innerhalb interaktiver Prozesse gerichtet ist. Neben dem rückwärts gerichteten Denken, „Wie habe ich zu der Situation beigetragen?", ist das in die Zukunft gerichtete, „Wie verhalte ich mich beim nächsten Mal besser?" nicht minder wichtig. So kann man die Selbstreflexion als ein zielgerichtetes inneres Selbstgespräch bezeichnen. Durch die Beachtung partnerschaftlicher Regeln der Kommunikation sowie durch die konsequente Anwendung eines beschreibenden statt eines urteilenden Kommunikationsstils kann die Selbstreflexion wesentlich zu einem selbstbewussten, sozial- und interkulturell kompetenten Verhalten beitragen. Die Selbstreflexion ist daher eine wichtige Kompetenz im interkulturellen Kontakt und in der Akzeptanz der Vielfalt.

Ziele

◢ **Selbstreflexion:** Die Jugendlichen erkennen, dass bei interkulturellen Interaktionen und Problemen beide Seiten beteiligt sind und dass es daher wichtig ist, ihre eigenen Anteile zu reflektieren.

◢ **Interkulturelle Kommunikation:** Sie lernen, bei interkulturellen Missverständnissen oder Zusammenstößen über die eigenen Anteile und Verbesserungsmöglichkeiten zu kommunizieren.

◢ **Selbstreflexion:** Sie erlernen einige elementare Methoden, die eine konstruktive Selbstreflexion fördern.

Literaturvorschläge

- Reflexionskompetenz: Deardorff (2009a)
- Interkulturelle Kommunikation: Kumbier & Schulz von Thun (2006)

Vorschlag 1: **Nachdenken nützt, Nachdenken schützt**

Die Teilnehmer spielen in kleinen Teams Konflikte zwischen Partnern unterschiedlicher Herkunft im Rollenspiel durch. Anschließend denkt jeder Beteiligte über seine eigene Rolle in dem Geschehen nach und sucht nach möglichen Verbesserungen seines Interaktionsverhaltens.

Material

• Arbeitsblatt 36: „Nachdenken und zuhören!"

Anleitung

Der Trainer führt in das Ziel und den Inhalt der Trainingssitzung „Ich denke – über mich" ein: Wie man sein Verhalten in interkulturellen Begegnungen verändern kann, um gut miteinander zu leben. Das Ziel ist hier die Akzeptanz der Vielfalt und ein befriedigendes Zusammenleben.

Ich gebe euch nun eine Situation vor, in der ein Streit oder Konflikt entsteht:
In einem Gespräch sagt Robert zu seinem Freund Muhammad: „Warum trägt deine Schwester eigentlich ein Kopftuch? Ich versteh' das nicht, deine Schwester ist doch klug! Sie schadet sich damit doch selbst. Später kann sie nicht mehr jeden Beruf bekommen …"
Muhammad fällt ihm ins Wort: „Was weißt du Kartoffelesser denn schon von muslimischen Frauen?!"
Wie seht ihr dieses Gespräch? Was sagt ihr dazu?

Die Teilnehmer äußern spontane Meinungen, Ansichten und Gedanken.
Der Trainer lässt sich die Jugendlichen zu zweit oder dritt zusammensetzen. Die Jugendlichen erhalten das Arbeitsblatt 36 „Nachdenken und zuhören!" Jeder soll sich an eine nicht ganz leichte Situation zwischen Jugendlichen unterschiedlicher Herkunft erinnern und diese aufschreiben. Hier kann auch die vom Trainer vorgetragene Situation genommen werden. Danach lesen sie sich ihre Situationen gegenseitig vor und suchen eine davon aus, die sie im Rollenspiel darstellen. Dann sollen die Beteiligten ihre jeweilige Rolle und ihren eigenen Anteil an dem Konflikt kritisch beleuchten. Sie sollen Lösungswege für die Situation finden, zum Beispiel durch gutes Zuhören und Nachfragen, mehr Verständnis für den Partner aufzubringen, statt die Situation durch Verteidigen und Rechtfertigen der eigenen Position zuzuspitzen. Sie sollen überlegen, wie sie sich zukünftig in solchen Situationen toleranter, reflektierter und partnerschaftlicher verhalten können.
Die Zweier- und Dreierteams kommen in der Trainingsgruppe zusammen. Die in der Kleingruppe behandelten Konfliktsituationen werden zunächst so präsentiert, wie sie stattgefunden haben. Die Teams erhalten Feedback. Danach tragen die Teams in einer zweiten Runde ihre Gedanken zu ihrer eigenen Rolle und ihrem Anteil an der Entstehung des Konflikts vor. Der Trainer achtet hier ganz besonders auf die Kommunikationsregeln und weist auf deskriptive, sozial kompetente Formulierungen hin. Eine auf diese Weise schrittweise verbesserte Fassung des Geschehens wird dann, nach kurzer Vorbereitung in der Kleingruppe, in der Trainingsgruppe im Rollenspiel dargestellt.

Auswertung

Der Trainer spricht jeden Teilnehmer zu jeder Frage an:

Gefühle   Welche Gefühle hattest du beim Vorspielen der Konfliktsituation?
Welche Gefühle hattest du beim Vorspielen der verbesserten Fassung?

Verstehen	Was strebst du an, wenn du über dein eigenes Verhalten nachdenkst?
	Welche Regeln sind hilfreich, wenn du über dein eigenes Verhalten nachdenkst, um es in Zukunft zu verbessern?
Transfer	Hat dir ein Nachdenken über deine eigene Rolle in einem Konflikt schon einmal geholfen?
	Mit wem wirst du diese Methode ausprobieren?
	In welcher deiner Beziehungen solltest du über deine eigene Rolle nachdenken, um einen Streit oder ein Missverständnis zu klären?
	Wem von deinen Freunden solltest du besser zuhören, um Missverständnisse zu vermeiden?

Vorschlag 2: **Meine Rolle im Streit**

Die Teilnehmer lernen einige Regeln und Methoden der Selbstreflexion bei einem interkulturellen Streit kennen und wenden sie auf eigene Erlebnisse an.

Material

- Arbeitsblatt 37: „Meine Rolle im Streit"
- Tafel/Flipchart

Anleitung

Der Trainer führt in das Thema ein. Das Beispiel aus Vorschlag 1 „Nachdenken nützt, Nachdenken schützt" kann benutzt werden. Wenn der Streit aus Vorschlag 1 der Trainingssitzung in der Gruppe bereits vorgetragen wurde, sucht der Trainer ein eigenes Beispiel aus und trägt es vor.

Wir beschäftigen uns heute mit wirksamen Methoden, über ungünstiges Verhalten in Streit oder Konflikten so nachzudenken, dass wir unseren eigenen Anteil an dem Konflikt besser erkennen und in Zukunft solche Fehler vermeiden können.

Nach dem Vortragen sollte den Teilnehmern Gelegenheit zu Fragen und Bemerkungen gegeben werden.

Der Trainer leitet zur Behandlung des Themas hin:
Der Trainer führt ein paar einfache Regeln der partnerschaftlichen und sozial kompetenten Kommunikation und der Selbstreflexion ein, schreibt diese an die Tafel oder das Flipchart, gibt Beispiele und bittet die Teilnehmer, ebenfalls Beispiele zu nennen. Die wichtigsten Regeln finden sie in der Tabelle des Arbeitsblattes 37: „Meine Rolle im Streit".

- Denke über dein Verhalten beschreibend, nicht beurteilend nach.
- Beschreibe es so, als würdest du dir den Verlauf, die einzelnen Szenen, noch einmal in Zeitlupe anschauen.
- Stelle dir selbst keine Warum-Fragen! Ganz häufig führen sie in eine Sackgasse.
  Beispiel: Warum habe ich das bloß zu ihm gesagt?

- Stelle dir stattdessen Wie- und Was-Fragen.
  Beispiele: „Wie habe ich schließlich die Kurve gekriegt?" „Was habe ich gesagt, als er mich als Kartoffelesser beschimpft hat?"

- Benutze ICH-Sätze, vermeide DU-Sätze! (Das Arbeitsblatt 24 „ICH- und DU-Sätze" wird noch einmal verwendet.)

Die Teilnehmer erhalten das Arbeitsblatt 37 „Meine Rolle im Streit" sowie das Arbeitsblatt 24 „ICH- und DU-Sätze" und bearbeiten die Aufgaben des Arbeitsblattes 37 „Meine Rolle im Streit" mit Hilfe der auf der Tafel oder dem Flipchart festgehaltenen Erläuterungen. Der Trainer vergewissert sich, dass die Teilnehmer die Aufgabe verstanden haben.
Die Teilnehmer gehen in Zweier- beziehungsweise Dreiergruppen und einigen sich auf eine Situation, die sie im Rollenspiel durchspielen.
In der Trainingsgruppe präsentieren die Kleingruppen ihre verbesserten Szenen und erhalten Feedback. Hierbei interveniert der moderierende Trainer, sobald die deskriptiven konstruktiven Kommunikationsregeln nicht beachtet werden.

Auswertung

Der Trainer spricht jeden Teilnehmer zu jeder Frage an:

Gefühle   Wie hast du dich gefühlt, als du nach dem Rollenspiel in der Kleingruppe über deine eigene Rolle „laut nachgedacht" hast?

Wie hast du dich bei der Einübung der positiven Selbstreflexion gefühlt?

Verstehen   Was muss man bei dem Nachdenken über den eigenen Anteil an einem Streit, Missverständnis oder Konflikt beachten?

Was macht die Wirksamkeit dieser Methode aus?

Transfer   Hast du schon einmal nach einem interkulturellen Missverständnis mit deinem Gegenüber ein ruhiges, offenes und klärendes Gespräch über deine und seine Rolle dabei geführt?

Ist es vorgekommen, dass du nach einer solchen Gelegenheit alleine in Ruhe über deinen Anteil nachgedacht hast?

Kannst du nach dieser Sitzung mit jemandem, den du gut kennst, die Regeln und Methoden üben? (Beobachtungsbogen)

Kannst du dir vorstellen, nach einem nächsten Streit, Missverständnis oder Konflikt, über deinen Anteil nachzudenken, wie du es heute gelernt hast?

Vorschlag 3: Ich und mein Partner

Dieser Vorschlag baut auf den beiden vorangehenden auf.
Mit den Teilnehmern wird eine Übung durchgeführt, die jedem die Möglichkeit gibt, die in Vorschlag 1 und 2 eingeführten Methoden weiter zu üben und eigene Vorschläge in die Gruppe einzubringen und zu erproben.

Material

- Arbeitsblatt 38 „Mein Rezept fürs Nachdenken"
- Tafel/Flipchart

Anleitung

Der Trainer führt in den Trainingsvorschlag ein, in dem es um das weitere Üben der Methoden der Reflexion über seine eigene Rolle oder seinen eigenen Anteil bei Missverständnissen und Konflikten mit Partnern unterschiedlicher Herkunft geht.

Zunächst wird der Trainer mit den Teilnehmern die Methoden sammeln und kurz beschreiben, die in den vorausgehenden Trainingsvorschlägen angewendet wurden. Vergleiche vor allem Arbeitsblatt 37 „Meine Rolle im Streit", Tabelle der Regeln. Der Trainer achtet darauf, dass die Methoden korrekt beschrieben und an Tafel oder Flipchart gebracht werden.

Darüber hinaus können die Teilnehmer eigene Vorschläge für das Lösen von Konflikten zwischen Partnern unterschiedlicher Herkunft einbringen. Hierbei achtet der Trainer darauf, dass die von den Teilnehmern vorgeschlagenen Methoden mit denen der konstruktiven Kommunikation kompatibel sind.

Die Jugendlichen erhalten das Arbeitsblatt 38 „Mein Rezept fürs Nachdenken". Der Trainer geht das Arbeitsblatt zur Klärung mit den Jugendlichen durch.

Die Teilnehmer finden sich zu Zweier- oder Dreiergruppen zusammen. Sie erzählen sich Erlebnisse der beschriebenen Art, wählen eine Situation aus und spielen sie nach Vorbereitung im Rollenspiel durch. Jeder am Streit beteiligte Teilnehmer denkt über seine eigene Rolle beziehungsweise seinen Anteil an dem Streit oder Konflikt nach und schreibt Stichworte dazu auf das Arbeitsblatt 38.

Anschließend wird die Situation in einer verbesserten Version durchgespielt. Die Teilnehmer geben einander Feedback und sprechen darüber, wie sich ihr Verhalten und ihre Rolle verändert haben.

Zurück in der Trainingsgruppe, präsentieren die Kleingruppen die verbesserte Fassung ihres Rollenspiels. Nach dem Feedback durch die Trainingsgruppe und den Trainer berichten die Mitglieder der Kleingruppe kurz, wie die erste Fassung des Rollenspiels verlief, um den Unterschied zwischen beiden Fassungen zu verdeutlichen.

Auswertung

Der Trainer spricht jeden Teilnehmer zu jeder Frage an:

Gefühle   Welche Gefühle rief die erste Fassung bei dir hervor?

Welche Gefühle hattest du bei der verbesserten Fassung?

Verstehen   Was hast du beim Nachdenken über die eigene Rolle über dich erfahren?

Welche Gedanken über deine Rolle haben dir eine wichtige Erkenntnis gebracht?

Transfer   Hast du schon einmal etwas Ähnliches gemacht? Was ist dir dabei gelungen oder nicht gelungen?

Mit wem könntest du in der nächsten Zeit die Methoden des Nachdenkens und Zuhörens probieren und verbessern?

Kennst du Menschen in Schule, Praktikum, Freizeit, mit denen du auf diese Weise einen Streit bereinigen könntest?

Wenn du in der nächsten Zeit ein Missverständnis, einen Streit oder einen Konflikt mit jemandem hast, wie wirst du vorgehen?

7. Evaluation

Das vorliegende Training „Fit für kulturelle Vielfalt" ist auf der Grundlage des Vorgängers „Fit for Differences" erstellt und überarbeitet worden. Dieses interkulturelle Training wurde während eines EU-Projektes[18] entwickelt, eingesetzt und evaluiert.

In der dort beschriebenen Evaluation wurden sowohl die jugendlichen Teilnehmer selbst, als auch ihre Trainer an zwei Erhebungszeitpunkten (Prä-, Posttestung: vor und unmittelbar nach Durchführung des Trainings) um die Einschätzung der relevanten Einstellungen und Verhaltensweisen der Jugendlichen gebeten. Parallel dazu wurden zum selben Zeitpunkt die gleichen Daten von einer Kontrollgruppe erhoben, die nicht am Training teilnahm.

7.1 Erfassungsinstrumente 2004 aus „Fit for Differences"

In den Jahren 2002 bis 2003 war die Erfassung der Effekte interkultureller Trainingsprogramme schwierig, weil es keine veröffentlichten und überprüften Instrumente gab. Die Thematisierung der Fremden- und Ausländerfeindlichkeit war vorherrschend (Dollase, Kliche & Moser, 1999; Heitmeyer & Müller, 1995; Klose, 2000; Noack, 2001; Wagner, van Dick & Zick, 2001). Daher haben wir nach Konsultierung von Experten selbst eine Skala zur Einschätzung von Fremdenfeindlichkeit durch Trainer und nicht beteiligte Personen erstellt.

Die um die Jahrhundertwende einsetzende Diskussion über den hohen Anteil sozialer Fähigkeiten, Fertigkeiten und Einstellungen an der interkulturellen Kompetenz (Thomas, 1996a; 1996b) hat uns ermutigt, unseren bewährten Fragebogen zur Erfassung des Sozialverhaltens einzusetzen (Jugert, Rehder, Notz & Petermann, 2014).

Jugendliche: Einstellung gegenüber Fremden. Von den Jugendlichen wurde deren Zustimmung zu Sprüchen mit mehr oder weniger stark ausgeprägten fremdenfeindlichen beziehungsweise fremdenfreundlichen Inhalten abgefragt. Dazu wurde von den Autoren ein Fragebogen entwickelt, der sich unter anderem auf Hinweise und Informationen von Dollase (2001) und Grob (2001) stützt. Dieser Fragebogen zum Training „Fit for Differences" ist am Ende dieses Kapitels zu finden.

Jugendliche: Rückmeldung zum Training. Desweiteren wurde von den Jugendlichen mit Hilfe eines Fragebogens (siehe Ende dieses Kapitels) eine Rückmeldung zum Training erhoben. In dieser Rückmeldung wird ihre Meinung zum Training, zum Trainer und zu den Inhalten des Trainings abgefragt.

Trainer: Sozialverhalten und Mitarbeit der Jugendlichen. Die Trainer füllten zu jedem Jugendlichen je einen Fragebogen zur Erfassung des Sozialverhaltens und der Mitarbeit der Jugendlichen aus. Beide Fragebögen sind ebenfalls am Ende dieses Kapitels zu finden.

---

18 Projekt des Bremer Instituts für Pädagogik und Psychologie (bipp) innerhalb des bundesweiten Förderprogramms Xenos, Leben und Arbeiten in Vielfalt (www.xenos-de.de, Stand: 20.10.2013) unterstützt vom Sozialfonds der Europäischen Union und dem Bundesministerium für Wirtschaft und Arbeit.

7.2 Ergebnisse

Ein Ziel des Trainings neben anderen war die Reduzierung der fremdenfeindlichen Einstellung. Dazu wurde für jeden Jugendlichen die individuelle Veränderung des Fragebogenwertes zwischen Beginn und Ende des Trainings berechnet. Diese Veränderung wurde dann mit der von nicht-trainierten Jugendlichen verglichen.

In der Auswertung konnten die Daten von 82 trainierten Jugendlichen mit den Daten von 105 nicht-trainierten Jugendlichen verglichen werden. Die Jugendlichen, die am Training „Fit for Differences" teilnahmen, zeigten im Durchschnitt eine Verringerung ihrer fremdenfeindlichen Einstellung um 2,4 Prozent. Im Vergleich dazu zeigte sich bei den Jugendlichen, die an keinem Training teilnahmen, eine durchschnittliche Steigerung der Werte zur fremdenfeindlichen Einstellung um 1,9 Prozent. Auch wenn dieser Unterschied mit einem p=10 Prozent statistisch nicht signifikant ist, so ist er doch, wie in **Abbildung 5** dargestellt, deutlich erkennbar.

Abbildung 5: Veränderung der fremdenfeindlichen Einstellung

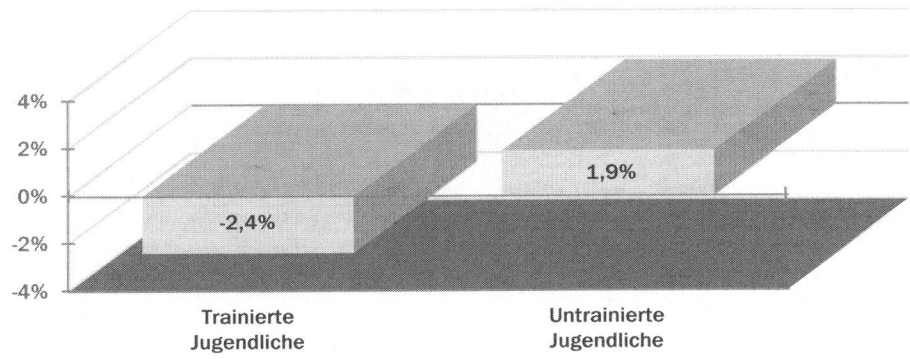

Nimmt man die Daten der Rückmeldung zum Training, so zeigt sich eine mittlere Zufriedenheit bei 32,2 Prozent der Jugendlichen und eine hohe bei 49,7 Prozent der Jugendlichen (siehe **Abbildung 6**). Hierzu konnten die Daten von 143 Jugendlichen verwendet werden.

Abbildung 6: Ausmaß an Zufriedenheit mit dem Training „Fit for Differences"

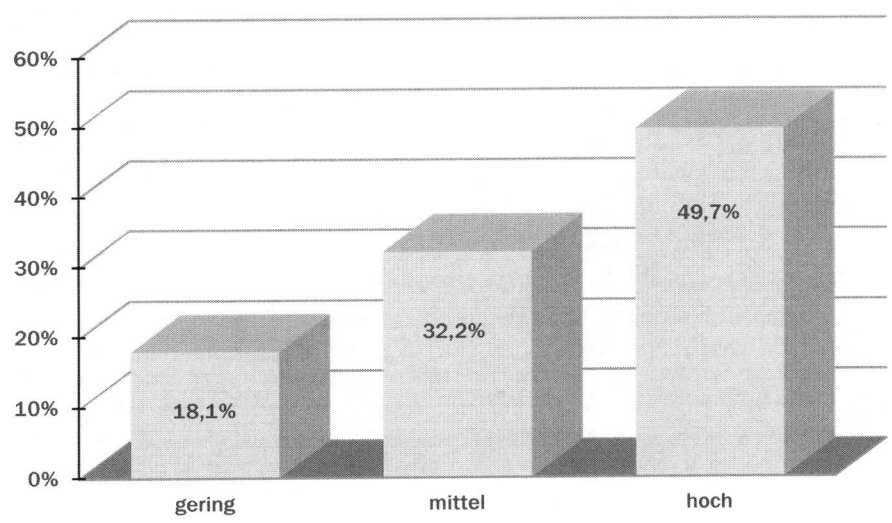

Zur Auswertung der von den Trainern eingeschätzten sozialen Kompetenz der Jugendlichen wurden die Daten derjenigen Jugendlichen verwendet, bei denen ein Mindestmaß an Mitarbeit zu erkennen war. Hier zeigte sich bei den trainierten Jugendlichen eine durchschnittliche Verbesserung in der sozialen Kompetenz um 6,3 Prozent und bei den nicht-trainierten Jugendlichen lediglich eine durchschnittliche Verbesserung im Sozialverhalten von 0,5 Prozent (siehe **Abbildung 7**). Dieser Unterschied ist statistisch auf dem 2-Prozent-Niveau signifikant und damit hoch bedeutsam.

Abbildung 7: Veränderung im Sozialverhalten

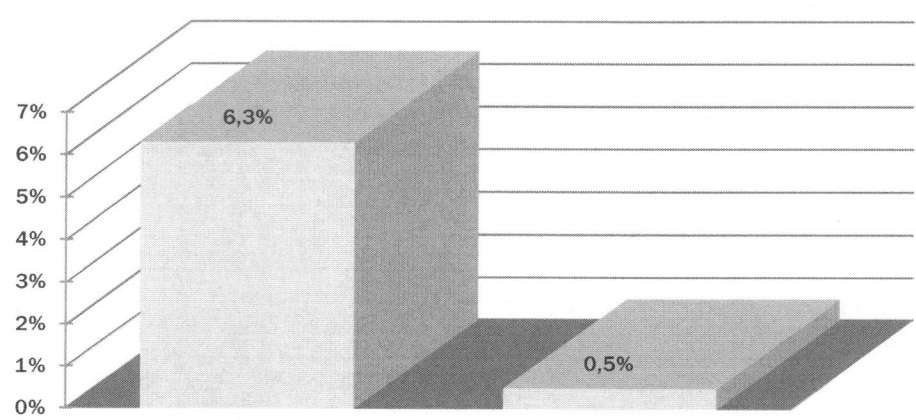

7.3 Evaluation des überarbeiteten Manuals „Fit für kulturelle Vielfalt"

Im Zuge der Überarbeitung des Manuals von „Fit for Differences", mit dem neuen Titel „Fit für kulturelle Vielfalt", ist eine Evaluation des überarbeiteten und erweiterten Trainings geplant. Diese scheiterte bisher – trotz Unterstützung der Schulverwaltung einer namhaften Großstadt – an der Überlastung der Schulen durch mehrere laufende Reformen. Außerdem konnten trotz starken Interesses viele Schulen den Mehraufwand und die Mehrkosten, die bei der Aufteilung der Klassen in Trainingsgruppen von je 8 bis 10 Jugendlichen erforderlich wird, nach eigenen Angaben nicht tragen.

Das Autorenteam hat angesichts dieser Lage beschlossen, das überarbeitete und erweiterte Buch gleichwohl zu veröffentlichen, indem es sich auf die Ergebnisse der Erstevaluation stützt. Sobald es die Situation der Schulen zulässt, wird eine Evaluation des überarbeiteten und erweiterten Manuals „Fit für kulturelle Vielfalt" vorgenommen, in einer Fachzeitschrift und dann in einer Neuauflage des Buches selbst publiziert.

Das Autorenteam hat für die Neuevaluation neue Erfassungsinstrumente entwickelt. Diese Instrumente werden im Anhang (Teil III, Fragebögen) abgedruckt, damit Evaluationen durch Anwender des Trainings mit den neuen Fragebögen durchgeführt werden können.

Folgende neue Erfassungsinstrumente sind für künftige Evaluationen vorgesehen[19]:

---

19 Die Erfassungsinstrumente „Einschätzung interkultureller Kompetenz von Jugendlichen (IKJ)" und „Selbsteinschätzung interkultureller Kompetenz von Jugendlichen (SIJ)" wurden von den Autoren im Wesentlichen auf der Grundlage von Deardorff (2006, 2009a) und Klinge (2007) erstellt.

Fremdeinschätzung durch Trainer und nicht beteiligte Personen:

1. Einschätzung interkultureller Kompetenz von Jugendlichen
2. Einschätzung der Mitarbeit der Jugendlichen im Training

Selbsteinschätzung der Jugendlichen:

3. Selbsteinschätzung interkultureller Kompetenz von Jugendlichen
4. Rückmeldung der Jugendlichen zum Training

Im Rahmen einer Evaluation werden die Fragebögen 1 und 3 sowohl in der Experimental- als auch in der Kontrollgruppe eingesetzt, damit ein Vergleich zwischen trainierten und nicht-trainierten Jugendlichen durchgeführt werden kann. Die Fragebögen 2 und 4 werden in der Experimentalgruppe nach Durchführung des Trainings bearbeitet.

Erstevaluation aus dem Jahre 2004

Fragebogen zum Training „Fit for Differences"

Das Training „Fit for Differences" verringert Fremdenfeindlichkeit. Um aber festzustellen, was das Training deiner Gruppe bringt, führen wir zwei Mal eine Befragung durch. Die Befragung findet am Anfang und am Ende des Trainings statt.

Auf der Rückseite dieses Blattes findest du Sprüche, die häufig zu hören sind. Wir bitten dich, zu jedem Spruch anzukreuzen, was deine eigene Meinung ist.

- Gib zu **jedem** Spruch eine Antwort, auch wenn es dir manchmal schwer fällt, oder dieser Spruch deiner Meinung nach blöd ist. Schreib dann dazu, was dir nicht gefällt.
- Deine **eigene Meinung** ist hier wichtig. Überleg zu jedem Spruch kurz, was du dazu denkst. Hier ist es egal, was andere denken oder was du zu einem anderen Spruch geantwortet hast.

Wir versichern dir:
- Alle Angaben, die du hier machst, bleiben absolut anonym, das heißt, niemand wird etwas darüber erfahren, wer welche Angaben gemacht hat.
- Wir verwenden diese Angaben nur für die Überprüfung des Trainings „Fit for Differences".
- Hier gibt es kein „Richtig" oder „Falsch". Es wird auch keine Bewertung folgen.

Niemand ist gezwungen, Angaben zu machen, aber wir danken jetzt schon allen, die den Fragebogen ehrlich und vollständig ausfüllen.

Unterschrift der TrainerIn

Gib uns hier bitte einige Angaben zu dir:

Geburtsdatum: ☐☐.☐☐.☐☐☐☐ [TT.MM.JJJJ]

Alter: ☐☐ Jahre

Geschlecht: ☐ weiblich ☐ männlich

Erstevaluation aus dem Jahre 2004

Kreuze an, was **deine eigene Meinung** zu den Sprüchen ist.
Lass keinen Spruch aus.

Was ist deine Meinung dazu?

Sprüche	völlig falsch	eher falsch	eher richtig	völlig richtig
Die Sportler aus meinem Herkunftsland gehören zu den Besten der Welt!				
Nur mit Musik aus meinem Herkunftsland kommt bei mir gute Stimmung auf!				
Bei einer wahren Freundschaft spielt die Hautfarbe keine Rolle!				
Die Religion, der ich angehöre, ist die einzig richtige!				
Wahre Freundschaft gibt es nur, wenn beide gleicher Herkunft sind!				
Auf einer Party von Leuten aus einer fremden Kultur hat man keinen Spaß!				
Ferien in einem fremden Land sind super, weil ich dort ganz andere Menschen kennen lernen kann!				
Wer sich anders kleidet als ich, mit dem will ich nichts zu tun haben!				
In meine Clique kommen nur welche aus meinem Herkunftsland, Fremde haben dort nichts zu suchen!				
Richtig glücklich kann man doch nur unter seinesgleichen werden.				
Es ist spannend, von der Herkunft, Kultur, Religion und Lebensweise anderer Menschen zu erfahren!				
Mit Menschen anderer Herkunft rede ich nicht, denn sie verstehen nicht richtig, was ich meine.				
Hautfarbe und Rasse bestimmen, wie schlau ein Mensch wird, egal in welche Schule er geht!				
Die schönsten Menschen kommen aus meinem Herkunftsland!				

Deine weiteren Anmerkungen zu diesem Thema:

Du hast jede Frage so beantwortet, wie es für dich richtig ist?

Danke!

Erstevaluation aus dem Jahre 2004

Rückmeldung zum Training

Deine ehrliche Rückmeldung (Feedback) ist uns sehr wichtig. Mit den anonymen Angaben, die wir mit diesem Fragebogen erhalten, lernen wir etwas darüber, wie gut das Training „Fit for Difference" bei dir angekommen ist. Wir werden überlegen, ob und was wir anders machen können, damit wir in Zukunft noch mehr Lernerfolg erzielen.

Wir versichern dir:
- Alle Angaben, die du hier machst, bleiben absolut anonym, das heißt, niemand wird etwas darüber erfahren, wer welche Angaben gemacht hat.
- Wir verwenden diese Angaben nur für die Überprüfung des Trainings „Fit for Difference".
- Hier gibt es kein „Richtig" oder „Falsch". Es wird auch keine Bewertung folgen.
- Niemand ist gezwungen Angaben zu machen, aber wir danken jetzt schon allen, die den Fragebogen ehrlich und vollständig ausfüllen.

Unterschrift der TrainerIn

Gib bitte zu jeder Frage mit einem Kreuzchen auf der rechten Seite an, inwieweit du ihr zustimmst.	Null 0	1	2	3	4	5	Total 6
Mir hat „Fit for Differences" gefallen.	○	○	○	○	○	○	○
Mit unserem Trainer war ich zufrieden.	○	○	○	○	○	○	○
Mir war klar, was ich mit den „Spielen" bei „Fit for Differences" lernen sollte.	○	○	○	○	○	○	○
Ich nehme meine eigenen Gefühle nun besser wahr.	○	○	○	○	○	○	○
Ich achte nun auch besser auf die Gefühle der anderen.	○	○	○	○	○	○	○
Ich habe gelernt, mit anderen Menschen besser zu reden.	○	○	○	○	○	○	○
„Fit for Differences" war mir eine echte Hilfe, mich auf das Berufsleben vorzubereiten.	○	○	○	○	○	○	○
Menschen anderer Herkunft verstehe ich jetzt besser.	○	○	○	○	○	○	○

Ich möchte noch mehr loswerden!

_____

_____

_____

_____

_____

(Auf die Rückseite dieses Blattes kannst du noch mehr Rückmeldungen schreiben!)

Erstevaluation aus dem Jahre 2004

Sozialverhalten des Jugendlichen

Zeitpunkt: ☐ Anfang / ☐ Ende des Trainings   Datum: ☐☐.☐☐.☐☐☐☐

Schule/Einrichtung:_____ **Klasse/Gruppe:** _____

Code/Name des Jugendlichen: _____ **Geschlecht:** ☐ weiblich ☐ männlich

Bitte denken Sie an den Jugendlichen mit seinem Verhalten in den letzten 2 Trainingssitzungen. Geben Sie ihre Einschätzungen spontan ab.

Aktuelle Ausprägung

Wie schätzen Sie den Jugendlichen zum jetzigen Zeitpunkt bezüglich folgender positiver Aspekte ein?	Null 0	1	2	4	5	6	Total 7
Aufmerksamkeit	○	○	○	○	○	○	○
Einfühlungsvermögen (Empathie)	○	○	○	○	○	○	○
Kommunikationsfähigkeit	○	○	○	○	○	○	○
Kooperationsfähigkeit	○	○	○	○	○	○	○
Überwinden von Misserfolgen	○	○	○	○	○	○	○
Umgang mit Gefühlen	○	○	○	○	○	○	○
Umgang mit Kritik	○	○	○	○	○	○	○
Offenheit gegenüber Personen anderer Kulturen	○	○	○	○	○	○	○

Wie schätzen Sie den Jugendlichen zum jetzigen Zeitpunkt bezüglich folgender negativer Aspekte ein?	Null 0	1	2	3	4	5	Total 6
Aggressivität gegen Sachen	○	○	○	○	○	○	○
Initiativlosigkeit	○	○	○	○	○	○	○
Hilflosigkeit	○	○	○	○	○	○	○
Pessimismus	○	○	○	○	○	○	○
Unsicherheit	○	○	○	○	○	○	○
Verbale Aggressivität	○	○	○	○	○	○	○
Zurückgezogenheit	○	○	○	○	○	○	○
Vermeiden von Kontakt zu Menschen anderer Herkunft	○	○	○	○	○	○	○
Allgemeine rassistische Äußerungen	○	○	○	○	○	○	○
Rassistische Äußerungen gegenüber einem Menschen anderer Herkunft (face to face)	○	○	○	○	○	○	○

Weitere Anmerkungen schreiben Sie bitte auf die Rückseite dieses Blattes.

Erstevaluation aus dem Jahre 2004

Mitarbeit der Jugendlichen

Name des Einschätzers: _____ Datum: ☐☐.☐☐.☐☐☐☐

Schule/Einrichtung: _____ **Klasse/Gruppe:** _____

Code/Name des Jugendlichen: _____ **Geschlecht:** ☐ weiblich ☐ männlich

Bitte denken Sie an den Jugendlichen mit seinem Verhalten in den letzten 2 Trainingssitzungen. Geben Sie ihre Einschätzungen spontan ab.

		Null						Total
Positive Verhaltensweisen des Jugendlichen		0	1	2	3	4	5	6
1.	aktive Beteiligung an den Diskussionen	○	○	○	○	○	○	○
2.	aktive Beteiligung an den Spielen und Übungen	○	○	○	○	○	○	○
3.	Anwesenheit	○	○	○	○	○	○	○
4.	Aufmerksamkeit in der Trainingsstunde	○	○	○	○	○	○	○
5.	Einbringen eigener Ideen	○	○	○	○	○	○	○
6.	Einhalten der Gruppenregeln	○	○	○	○	○	○	○
7.	Kooperation mit den anderen Jugendlichen	○	○	○	○	○	○	○
8.	Kooperation mit dem Trainer	○	○	○	○	○	○	○

		Null						Total
Negative Verhaltensweise des Jugendlichen		0	1	2	3	4	5	6
9.	Stören des Trainings	○	○	○	○	○	○	○

Aktuelle Ausprägung

Weitere Anmerkungen

_____

_____

_____

_____

_____

_____

Weitere Anmerkungen schreiben Sie bitte auf die Rückseite dieses Blattes.

Teil III
Anhang

- ◢ Beobachtungsbogen
- ◢ Arbeitsblätter
- ◢ Fragebögen zur Evaluation
- ◢ Hinweise zu den
  Online-Materialien
- ◢ Literatur
- ◢ Glossar

Beobachtungsbogen

Ich, _____ ,
beobachte mich selbst.
In dieser Woche will ich auf ein bestimmtes Verhalten von
mir achten und mich selbst dafür loben, was ich geschafft
habe.

So will ich mich verhalten: _____

_____

Ich mache jeden Abend ein Kreuz bei „Ja", wenn es geklappt
hat, ein Kreuz bei „Nein", wenn es nicht geklappt hat. In die letzte Spalte der Tabelle schreibe ich,
was mir noch aufgefallen ist.

Tag	Ja	Nein	Was mir noch aufgefallen ist:
Montag	○	○	
Dienstag	○	○	
Mittwoch	○	○	
Donnerstag	○	○	
Freitag	○	○	
Samstag	○	○	

Ich beurteile mich selbst:

Ich freue mich, dass ich in dieser Woche _____ mal bei „Ja" ein Kreuz gemacht habe.

Ich will in der nächsten Woche _____ mal bei „Ja" ein Kreuz machen.

Arbeitsblätter

Arbeitsblatt 1
Woher?

Aufgabe einzeln:
Du wirst deine Herkunft in kreativer und unterhaltsamer Form präsentieren: als Collage, in Form einer Geschichte, durch ein Bild oder ein Gedicht. Zur Vorbereitung auf diese Aufgabe beantwortest du bitte die folgenden fünf Fragen:

WOHER KOMMST DU?

1. Woher kommt deine Familie?

_____

_____

_____

2. In welchen Städten und Ländern hast du bisher gelebt?

_____

_____

_____

3. Welche Sprachen kannst du sprechen und welche können deine Eltern und Großeltern sprechen?

_____

_____

_____

4. Welche Sprachen werden in deiner Familie gesprochen?

_____

_____

_____

5. Beschreibe in Stichworten das Herkunftsland deiner Familie, und zwar das, was dir besonders wichtig ist oder besonders gut gefällt.

_____

_____

_____

Arbeitsblatt 2
Daher!

Aufgabe einzeln:

Bitte, beantworte die folgenden vier Fragen zunächst alleine:

1. Erzähle, was du besonders gut findest an dem Land deiner Eltern, deiner Großeltern oder deinem Lieblingsland.

_____

_____

_____

_____

2. Was an dem Land findest du besonders schön?

_____

_____

_____

_____

3. Würdest du gerne dort leben? Was macht es dir so sympathisch?

_____

_____

_____

_____

4. Ist das Land ein Urlaubsland? Was macht es zu einem Reiseland?

_____

_____

_____

_____

Arbeitsblatt 3
Meine Möglichkeiten – meine Grenzen[20]

Aufgabe einzeln:

Kreuze bei den folgenden zehn Wünschen JA an, wenn du dir den Wunsch
erfüllen kannst, kreuze NEIN an, wenn du ihn dir nicht erfüllen kannst.

Wünsche	Ja	Nein
1. Du möchtest dir eine eigene Einzimmerwohnung nehmen.	○	○
2. Du würdest gerne mit Freunden eine zweiwöchige Reise nach Frankreich, Spanien oder Italien unternehmen.	○	○
3. Du möchtest dich mit einem Mitschüler oder einer Mitschülerin anfreunden, der oder die eine ganz andere Religion hat als du.	○	○
4. Du möchtest gerne ein Rockkonzert in einem benachbarten Ort besuchen.	○	○
5. Du möchtest gerne einmal alle Bezirke und Viertel deines Wohnortes durchstreifen und kennen lernen.	○	○
6. Du möchtest gerne in ein Freibad zum Schwimmen gehen.	○	○
7. Angenommen, du wärst 18 und möchtest an der nächsten Bundestagswahl deine Stimme abgeben.	○	○
8. Du möchtest gerne Mitglied in einem Sportverein werden.	○	○
9. Du möchtest an einem EU-finanzierten beruflichen Praktikum in einem Nachbarland teilnehmen.	○	○
10. Du möchtest gerne bei der nächsten Kommunalwahl in deinem Wohnort zur Wahl gehen.	○	○

Deine spontanen Gedanken und die der anderen (Tafel oder Flipchart):

_____

_____

_____

Bring das Blatt wieder mit ins Training. Wir reden noch einmal darüber.

20 In Anlehnung an Leiprecht & Kerber, 2006.

Arbeitsblatt 4
Situationen für Rituale

Aufgabe für die Kleingruppe:

Sucht euch ein bis drei der Rituale zu folgenden Gelegenheiten aus, verteilt die Rollen, spielt die Rituale einmal durch. In der Trainingsgruppe führt ihr die Rituale vor.

✂ -

Geburtstag

✂ -

Todesfall

✂ -

Hochzeit

✂ -

Ein gutes Zeugnis

✂ -

Geburt eines Kindes

✂ -

Verlust der Arbeitsstelle

✂ -

Im Krankenhaus

✂ -

Im Gotteshaus

✂ -

Arbeitsblatt 5
Begrüßung je nachdem

Aufgabe in der Kleingruppe:
Sucht euch drei verschiedene Begrüßungsrituale aus, einigt euch über die Rollen und das Ritual. Spielt die Rituale einmal durch.

Aufgabe in der Trainingsgruppe:
Führt die drei Szenen vor. Nach jeder Szene gibt es Feedback.

Begrüßungen in verschiedenen Situationen mit verschiedenen Menschen:

Freunde des gleichen Geschlechts treffen sich

Freunde verschiedenen Geschlechts treffen sich

Dir geht es gerade ganz schlecht/ganz gut und
du triffst eine(n) gute(n) Freund/Freundin

Sohn/Tochter begrüßt Vater/Mutter

Chef/Chefin begrüßt Auszubildende(n)

Großmutter/Großvater begrüßt Mutter/Vater

Großvater/Großmutter begrüßt Enkelin/Enkel

Lehrer/Lehrerin begrüßt Schülerin/Schüler

Arbeitsblatt 6
Körpersprache – was ist das?

Aufgabe in der Trainingsgruppe:
Schreibe zu jeder Frage in Stichworten auf, was du dazu weißt.

1. Was gehört alles zur Körpersprache?

   _____

   _____

   _____

2. Gib Beispiele für die Körpersprache.

   _____

   _____

   _____

3. Was wird durch Körpersprache ausgedrückt?

   _____

   _____

4. Welche Missverständnisse kann es geben, wenn man die Körpersprache des anderen nicht versteht?

   _____

   _____

5. Was hat es für Vorteile, wenn man die Körpersprache des anderen versteht?

   _____

   _____

   _____

Arbeitsblatt 7
Stimmungskärtchen

Aufgabe einzeln:
Suche dir eine Stimmung oder ein Gefühl aus. Drücke das Gefühl oder die Stimmung mit deiner Mimik, Gestik und Körperhaltung aus.

Aufgabe in der Gruppe:
Später stellst du es ohne Worte wie im Stummfilm der Gruppe vor, die das Gefühl oder die Stimmung herausfinden soll.

einfühlsam	interessiert
verschlossen	ärgerlich
zufrieden	abwehrend
nachdenklich	traurig

Arbeitsblatt 8
Situationskärtchen

Aufgabe in der Kleingruppe:
Sucht euch eine Situation heraus oder nehmt eine andere, die ihr kennt. Verteilt die Rollen und spielt die Situation einmal durch, mit Wort- und Körpersprache.

Aufgabe in der Trainingsgruppe:
Stellt die erarbeitete Situation vor der Gruppe dar.

Erzähle einer Freundin / einem Freund, dass du eine gute Note in einer wichtigen Klassenarbeit erhalten hast.	Du berichtest deiner Freundin / deinem Freund, dass du im Jugendfreizeitheim eine neue Bekanntschaft gemacht hast.

Du sprichst mit deiner Freundin / deinem Freund und dich juckt der Rauch ihrer / seiner Zigarette unangenehm in der Nase.	Du berichtest deiner Schwester / deinem Bruder von einem tollen Erlebnis während deines letzten Urlaubs.

Du erzählst deiner Freundin / deinem Freund, dass du beobachtet hast, wie jemand in der Straßenbahn einen Afrikaner / eine Afrikanerin seltsam angestarrt hat.	

Arbeitsblatt 9
Die rätselhafte Geste

Aufgabe in der Kleingruppe:
Wählt eine der drei Geschichten oder denkt euch eine eigene aus, spielt sie einmal durch, gebt euch gegenseitig Feedback und sprecht darüber, wie gut eure Körpersprache für den Zuschauer zu erkennen ist.

Aufgabe in der Gruppe:
Stellt die Situation später in der Trainingsgruppe dar.

1. Du erzählst deiner Schulkameradin / deinem Schulkameraden, die / der als Kind mit seinen Eltern aus der Türkei nach Deutschland gekommen ist, irgendetwas und sie / er zieht plötzlich die Augenbrauen hoch und gibt einen (leisen) Schnalzlaut von sich.

2. Du fragst deine griechische Besucherin / deinen griechischen Besucher, ob sie / er auch ein Eis haben möchte. Sie / er schüttelt den Kopf und macht dazu ein freudiges Gesicht.

3. Du erzählst deiner Tante aus Amerika, wie du es geschafft hast, eine schwierige Aufgabe zu lösen. Sie zeigt einen bewundernden Gesichtsausdruck und tippt sich dabei mit dem Zeigefinger an die Stirn.

Auflösung:

Zu 1.   Das Hochziehen der Augenbrauen, begleitet von einem leisen Schnalzlaut, bedeutet in der Türkei ein „Nein".

Zu 2.   In Griechenland wird der Kopf geschüttelt, wenn man seine Zustimmung oder ein JA ausdrücken möchte, während bei uns Kopfschütteln NEIN bedeutet. Umgekehrt bedeutet Kopfnicken in Griechenland Ablehnung oder ein NEIN, bei uns dagegen Zustimmung oder JA.

Zu 3.   In manchen Teilen der USA tippt man sich mit dem Finger an die Stirn, wenn man dem anderen zeigen möchte, dass man ihn für ein schlaues Köpfchen hält, während es bei uns bedeutet, dass man den anderen nicht für sehr schlau hält.

Arbeitsblatt 10
Ähnlich oder
unterschiedlich?

IM GRUNDE SIND WIR UNS
TOTAL ÄHNLICH!

Aufgabe:
Vergleiche deine „unähnliche Person" mit dir
durch Ankreuzen in einer der beiden Spalten.

Merkmale	Gleich oder eher ähnlich	Anders oder eher unähnlich
1. Haarfarbe	○	○
2. Augenfarbe	○	○
3. Gesichtstönung	○	○
4. Alter	○	○
5. Geschlecht	○	○
6. Frisur	○	○
7. Gut in Mathe	○	○
8. Fit am PC	○	○
9. Sportlich	○	○
10. Viele Freunde	○	○
11. Musikgeschmack	○	○
12. Freizeitaktivität	○	○
13. Religion	○	○

Arbeitsblatt 11
Beschreibe und vergleiche!

Aufgabe:
Beantworte die zehn Aussagen
für dich persönlich durch Ankreuzen
von JA oder NEIN.

Aussage	Ja	Nein
1. Ich lese gerne.	○	○
2. Ich habe blaue Augen.	○	○
3. Ich mache gerne Sport.	○	○
4. Ich gehe gerne in die Disco.	○	○
5. Ich esse gerne Nudeln.	○	○
6. Ich höre gerne Musik.	○	○
7. Ich esse gerne Eis.	○	○
8. Ich bin Fußballfan.	○	○
9. Ich bin ein Mädchen.	○	○
10. Ich gehe gerne ins Theater.	○	○

Arbeitsblatt 12
Unsere Musik

Aufgabe einzeln:

Die von _____

vorgespielte Musik finde ich:

	Überhaupt nicht 0	1	2	3	4	5	Total 6
interessant	○	○	○	○	○	○	○
aufregend	○	○	○	○	○	○	○
schön	○	○	○	○	○	○	○
ganz mein Geschmack	○	○	○	○	○	○	○
verständlich	○	○	○	○	○	○	○
vertraut	○	○	○	○	○	○	○

Vielleicht willst du noch etwas mehr zu der Musik schreiben:

_____

_____

_____

_____

_____

_____

Arbeitsblatt 13
Musikeffekte

Aufgabe einzeln:

Welche Gefühle und Gedanken hattest du beim Hören der Musik?

Bitte, fülle nach jeder abgespielten Musik die drei Spalten aus.

Musik-stück	Von wem wurde das Stück vorgespielt?	1. Gefühle wie Freude, Ärger, Angst, Zuneigung, Niedergeschlagenheit 2. Gedanken	Aus welchem Land, aus welcher Kultur kommt die Musik?
1		Gefühle: _____ _____ Gedanken: _____ _____	
2		Gefühle: _____ _____ Gedanken: _____ _____	
3		Gefühle: _____ _____ Gedanken: _____ _____	
4		Gefühle: _____ _____ Gedanken: _____ _____	
5		Gefühle: _____ _____ Gedanken: _____ _____	
6		Gefühle: _____ _____ Gedanken: _____ _____	
7		Gefühle: _____ _____ Gedanken: _____ _____	
8		Gefühle: _____ _____ Gedanken: _____ _____	

Arbeitsblatt 14
Regie der Gefühle

Aufgabe im Zweierteam:

Ihr denkt euch zu „eurem" Gefühl eine kurze Situation aus, an der zwei Menschen aus zwei verschiedenen Herkunftsländern beteiligt sind. In dieser Situation wird bei einem von euch das Gefühl ausgelöst. Spielt die Situation einmal kurz für euch durch.

Verbessert sie, wenn nötig.

Freude

- ◢ Entspannte Körperhaltung
- ◢ Fröhliche Stimme
- ◢ Lachen
- ◢ Mundwinkel hochgezogen

Scham

- ◢ Gesenkter Blick
- ◢ Leise Stimme
- ◢ Vorgezogene Schultern
- ◢ Abgewandte Körperhaltung

Trauer

- ◢ Herabgezogene Mundwinkel
- ◢ Gesenkter Kopf
- ◢ Blick nach unten gerichtet
- ◢ Hängende Schultern

Abneigung

- ◢ Abgewandte Körperhaltung
- ◢ Heruntergezogene Mundwinkel
- ◢ Strenger Blick
- ◢ Zusammengezogene Augenbrauen

Zuneigung

- ◢ Interessierter Blick
- ◢ Zugewandte Körperhaltung
- ◢ Zustimmendes Nicken
- ◢ Strahlender Blick

Wut / Ärger

- ◢ Schreien oder lautes Sprechen
- ◢ Geballte Fäuste
- ◢ Angespannter Körper
- ◢ Grimmiger Blick

Angst

- ◢ Zittern
- ◢ Weit aufgerissene Augen
- ◢ Angespannte Körperhaltung
- ◢ Schultern hochgezogen

Niedergeschlagenheit

- ◢ Gesenkter Blick
- ◢ Wenig Körperspannung
- ◢ Bewegungslos
- ◢ In die Hand gestützter Kopf

Arbeitsblatt 15
Ausgeschlossen!

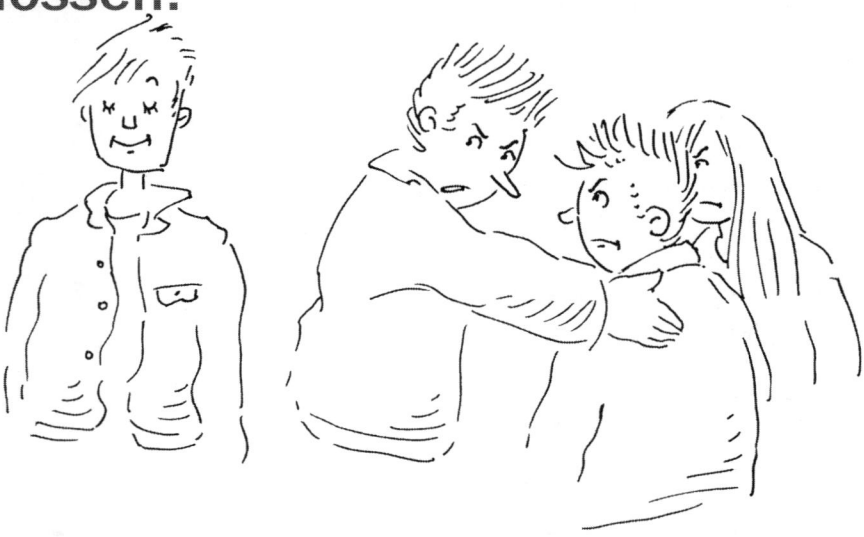

Aufgabe einzeln:
Beantworte bitte die Fragen durch Ankreuzen.

Aufgabe in der Kleingruppe:
Zu manchen Fragen könnt ihr ein Bild malen oder zeichnen und eventuell mit den anderen gemeinsam
ein Rollenspiel ausdenken und durchspielen.

1. Hast du dich schon einmal ausgeschlossen gefühlt?   ○ Ja   ○ Nein
   Wenn ja, wodurch?

   _____

   _____

2. Wie hast du dich dabei gefühlt? Welche Gedanken hattest du?

   _____

   _____

3. Wie fühlst du dich, wenn du irgendwo dazugehörst?

   _____

   _____

4. Warum wird man manchmal ausgeschlossen?

   _____

   _____

5. Gibt es in bestimmten Fällen berechtigte Gründe, jemanden auszuschließen? Kennst du Beispiele?

   _____

   _____

Arbeitsblatt 16
Notizen zum Thema Beziehung

Aufgabe zu zweit:

Füllt den Bogen zu zweit aus und stellt danach in der Gesamtgruppe eure Antwort zu ein oder zwei der Fragen dar.

1. Was für Arten von Beziehungen kennst du?

   _____

   _____

2. Wie kommt es zu einer Beziehung?

   _____

   _____

3. Welche Regeln und Erwartungen gibt es in einer Beziehung?

   _____

   _____

4. Wann ist eine Beziehung eine gute Beziehung?

   _____

   _____

5. Wodurch kommt es zu Konflikten in einer Beziehung?

   _____

   _____

6. Wie kannst du zur Verbesserung einer Beziehung beitragen?

   _____

   _____

7. Welche Probleme kann es bei Beziehungspartnern aufgrund unterschiedlicher Regeln, Erwartungen und Kommunikationsmuster geben?

   _____

   _____

Arbeitsblatt 17
Szenen einer Beziehung

Verschiedene Arten von Beziehungen, die szenisch dargestellt werden können:

✂—————————————————————————————

Beziehung zwischen
einer Frau und einem Mann

✂—————————————————————————————

Arbeitsbeziehung zwischen
Meister und Auszubildendem

✂—————————————————————————————

Beziehung zwischen
Eltern und Kind

✂—————————————————————————————

Beziehung zwischen
zwei Freundinnen/Freunden

✂—————————————————————————————

Beziehung zwischen einem Kunden und
Verkäufer oder Handwerker

✂—————————————————————————————

Freizeitbeziehung
im Verein, beim Fußball, im Park

✂—————————————————————————————

Arbeitsblatt 18
Checkliste Beziehung

Aufgabe einzeln:
Fülle bitte die zehn Punkte in den beiden Spalten in Stichworten aus.

Aufgabe Zweierteam:
Unterhaltet euch danach zu zweit über eure Vorstellungen von einer guten und von einer schlechten Beziehung. Ihr müsst nicht zur gleichen Meinung kommen.

	Wie wichtig ist mir das in einer Beziehung?	Wie ist es in meiner aktuellen Beziehung?
1. Schönheit		
2. Musik- geschmack		
3. Freizeit- interessen		
4. Rauchen / Nichtrauchen		
5. Zuhören können		
6. Religion		
7. Herkunft		
8. Umgang mit Konflikten		
9. Führerschein / Auto		
10. Ziele / Erwartungen		

Arbeitsblatt 19
Leitfaden für Beziehungsgespräche

Vorbereitungen:

◢ Sucht euch einen Platz, wo ihr ungestört seid.

◢ Macht eine bestimmte Zeit für das Gespräch aus.

Im Gespräch:

◢ Mache dir deine bisherige Rolle als Partner in der Beziehung klar.

◢ Mit welchen Gefühlen gehst du in das Beziehungsgespräch?

◢ Benutze ICH-Sätze, zum Beispiel: „Ich fühle mich verletzt."

◢ Vermeide DU-Sätze, zum Beispiel: „Mit deinen Wutausbrüchen machst du alles kaputt."

◢ Wenn du deinem Partner / deiner Partnerin ein Feedback gibst, beachte einige wichtige Regeln:
  – Höre deinem Partner bis zum Ende zu.
  – Beschreibe, wie das Verhalten deines Partners auf dich wirkt.
  – Mache Pausen und gib deinem Partner damit die Möglichkeit zu antworten.
  – Bringe zum Schluss deines Feedbacks einen Vorschlag zur Verbesserung ein.
  – Beendet das Gespräch mit einer gemeinsamen Vereinbarung zur Lösung des Konflikts.

◢ Ein Tipp: Übt diese Art von Beziehungsgespräch so oft ihr könnt!

Arbeitsblatt 20
Jury

INTERESSANT, SCHÖN, WITZIG, GEWAGT, GELUNGEN!

Aufgabe einzeln:

Welcher Teil des Stylings ist deiner Meinung nach wem besonders gut gelungen?

Schreibe die Namen derer hin, denen dies bei Frisur, Schminke, Kleidung usw. besonders gut gelungen ist.

1. Frisur: _____

   _____

2. Schminke / Rasur: _____

   _____

3. Kleidung: _____

   _____

4. Schmuck: _____

   _____

5. Schuhe oder Stiefel: _____

   _____

6. Gesamteindruck: _____

   _____

Arbeitsblatt 21
Wie sind die Russen wirklich?

Aufgabe zu zweit:
Nehmt die drei folgenden Sprüche über die Bewohner
von drei europäischen Ländern mit Hilfe der drei
darunter stehenden Fragen unter die Lupe.

◢ Die Russen sind maßlos, so beim Feiern mit
   lautem Singen, wildem Tanzen, wüstem Lärmen,
   Trinken bis zum Umfallen – und beim Erzeugen von Chaos.

◢ Die Deutschen sind rechthaberisch, überheblich,
   rücksichts- und humorlos. Sie leben um zu arbeiten.

◢ Die Engländer sind an der Oberfläche freundlich, dabei aber heuchlerisch. Sie sind von ihrer eigenen
   Überlegenheit durchdrungen – und von drei Bier total enthemmt.

1. Welche eigene Meinung habt ihr über das betreffende Land / Volk?

   _____

   _____

   _____

2. Welche Merkmale haben alle drei Sprüche gemeinsam?

   _____

   _____

   _____

3. Welche Fehler begehen wir, wenn wir solche Sprüche auf den einzelnen Menschen anwenden?

   _____

   _____

   _____

Arbeitsblatt 22
Gutes Zuhören – schlechtes Zuhören

Aufgabe:

◢ Einigt euch in eurer Gruppe auf einen Erzähler und auf einen schlechten Zuhörer. Der Dritte beobachtet, was geschieht und gibt am Ende Feedback. Jeder soll jede Rolle einmal spielen.

◢ Geht beim Üben des guten Zuhörens in gleicher Weise vor.

◢ Sucht eine Szene mit gutem Zuhören aus, die ihr in der ganzen Trainingsgruppe präsentiert.

JA, VERLASS DICH RUHIG AUF MICH....!

ICH VERLASSE DICH!

Schlechtes Zuhören:

◢ Schau weg, beschäftige dich mit etwas anderem.

◢ Sprich häufig dazwischen und rede über eigene Erfahrungen.

◢ Wechsle das Thema oder gib kluge Ratschläge.

Gutes Zuhören:

◢ Schau deinen Gesprächspartner an.

◢ Zeige deinem Gesprächspartner, dass du zuhörst, indem du mit zustimmendem „mh", „ja" oder Kopfnicken reagierst.

◢ Zeige dein Interesse durch Nachfragen wie zum Beispiel:
Wie kam es dazu?
Was passierte dann?
Wie ging es dir dabei?
Wie hast du dich gefühlt?
Erkläre mir das bitte genauer.

Arbeitsblatt 23
Themen zu Erzählungen

Aufgabe einzeln:
Suche ein Thema aus, das dir gefällt, und bereite dich auf einen Vortrag von etwa fünf Minuten über das Thema vor. Du kannst dir Stichworte für den Vortrag aufschreiben.

✂--

Was ich am letzten Wochenende gemacht habe

✂--

Meine Hobbys und Interessen

✂--

Meine Wünsche und Träume

✂--

Mein letzter Geburtstag

✂--

Über was ich mich geärgert habe

✂--

Was ich schon lange einmal tun wollte

✂--

ICH BIN GERNE AM MEER!

Arbeitsblatt 24
ICH- und DU-Sätze

GRRRRR!   DU BIST JETZT SAUER
AUF MICH, ODER?!

ICH-Sätze	DU-Sätze
Mit dem ICH-Satz beschreibe ich meine Meinung, Gefühle, Bedürfnisse und Wünsche.	Mit dem DU-Satz kritisiere und bewerte ich den Anderen als Person.
Vorteile von ICH-Sätzen:	**Nachteile von DU-Sätzen:**
Sie bitten den anderen um etwas.	Sie fordern oder behaupten etwas.
Sie geben die eigene Meinung wieder.	Sie verallgemeinern und verurteilen.
Sie beschreiben die eigenen Gefühle und Bedürfnisse.	Sie machen den anderen für deine eigenen Gefühle und Bedürfnisse verantwortlich.
Sie stempeln den anderen nicht ab.	Die Person wird kritisiert, verletzt, abgewertet und beschuldigt.
Sie führen eher zu einem Miteinander als zu einem Gegeneinander.	Sie rufen Ärger, Trotz, Abwehr und Aggression hervor.
Sie regen zum Nachdenken über das eigene Verhalten und über Lösungsmöglichkeiten an.	Sie verschärfen den Streit.
Sie fördern die Beziehung.	Sie gefährden die Beziehung.

Arbeitsblatt 25
ICH oder DU?

◢ Du hast dir ja wieder mal gar keine Mühe gegeben!

◢ In dem Brief habe ich acht Fehler gefunden;
   so möchte ich ihn nicht abschicken.

◢ Was ist los mit dir? Nie redest du mit mir über
   deine Zukunftspläne!

◢ Ich fühle mich ausgeschlossen; dabei würde ich gerne
   mit dir über deine Pläne sprechen.

◢ Bist du von deiner neuen Frisur wirklich so begeistert?

◢ Deine neue Frisur gefällt mir nicht so gut wie die frühere.

◢ Warum musst du immer alles alleine entscheiden?

◢ Ich möchte bei Entscheidungen gerne mitreden.

◢ Sei doch endlich mal leiser, du bist doch nicht alleine im Haus!

◢ Ich kann mich bei der lauten Musik nicht konzentrieren. Ich bitte dich, sie leiser zu stellen.

◢ Übernimm doch endlich die Verantwortung und kümmere dich um deine Angelegenheiten!

◢ Mir wird es im Moment zu viel. Ich möchte dich bitten, dich selbst darum zu kümmern.

◢ Nie hast du Zeit für mich!

◢ Ich würde gerne mehr Zeit mit dir verbringen.

◢ Kannst du deine Arbeit auch mal sauber zu Ende bringen?

◢ Ich bitte dich, die angefangene Arbeit erst zu Ende zu bringen, wie wir es vereinbart hatten.

Arbeitsblatt 26
Ein schlauer Weg bei Konflikten

Arbeitsblatt 27
Die Gruppe und ich

Zu welchen Gruppen gehöre ich?

◢_____

◢_____

◢_____

Aufgabe einzeln:

Zeichne auf ein Blatt einen Kreis mit
deinem Namen in der Mitte. Jetzt schreibe
alle Gruppen, zu denen du gehörst,
in kleine Kreise darum herum.
Zeichne Pfeile von den Gruppenkreisen
zum Kreis in der Mitte und drücke
durch die Dicke der Pfeile aus, wie
wichtig die jeweilige Gruppe für dich ist.

ICH EIN TEIL VON ALLEM, VON ALLEM EIN TEIL IN MIR!

Fragen einzeln:

1. Weswegen ich stolz bin, zu der Gruppe _____ zu gehören:

   _____

2. Weil ich zu der Gruppe _____ gehöre, habe ich folgendes Problem (gehabt):

   _____

3. Hast du schon einmal eine Gruppe gewechselt?   ○ Ja   ○ Nein

   Von welcher in welche? _____

   Warum? _____

4. Bist du in einer Gruppe, in der Jugendliche aus allen Teilen der Gesellschaft sind?

   In welcher Gruppe? _____

   Wie fühlst du dich in dieser Gruppe? _____

   _____

   _____

Arbeitsblatt 28
Galaxis
„Die Sanften"

Ihr gehört auf einem fernen Planeten einem Volk an, das friedlich und verträglich ist. Ihr begrüßt Fremde, indem ihr euch lächelnd verbeugt und ihnen etwas zu essen und zu trinken anbietet.

Zur Begrüßung spielt ihr außerdem sanfte und leise Musik auf euren Musikinstrumenten. Wenn andere grob oder aggressiv werden, bleibt ihr freundlich, lächelt, leistet keinen Widerstand, denn das würde die Götter beleidigen.

Wenn Leute aus einem fremden Volk zu euch kommen, verhaltet ihr euch wie oben beschrieben, nur dass ihr nach altem Brauch zunächst nicht sprecht, sondern alles mit Gestik und Mimik ausdrückt.

DIE SANFTEN

Noch ein paar Hinweise für das Spiel:

1. Bitte richtet den Raum so her, dass er zum Land der „Sanften" passt.

2. Zieht ein paar Kleider und Accessoires an, die zu eurer Rolle passen.

3. Haltet eure Musikinstrumente beziehungsweise euren Recorder und die CD bereit.

4. Und denkt bitte an Kekse, Plätzchen oder Cookies und ein Getränk für die Gäste.

Arbeitsblatt 29
Galaxis
„Die Stolzen"

Ihr gehört auf einem fernen Planeten einem Volk an, das als stolz und tapfer gilt. Zu euren Vorstellungen von Tüchtigkeit und Ehre gehört, dass ihr fast immer ernst und streng seid und vor niemandem den Rücken beugt. Wenn ihr in ein fremdes Land kommt, das euch keinen Widerstand entgegensetzt, unterwerft ihr die Leute und regiert sie mit strenger Hand.

Stellt euch vor, ihr seid eine Gruppe eures Landes und habt euch verirrt. Ihr erreicht schließlich ein Land, in dem ihr noch nie wart. Zu eurer Überraschung kommen euch die Leute sehr freundlich entgegen. Nur sprechen sie aus irgendeinem Grund nicht. Ihr versucht also, „mit Händen und Füßen" mit ihnen zu reden.

Noch ein paar Hinweise für das Spiel:

1. Bitte, zieht euch Kleidungsstücke und Accessoires über, die zu der Rolle passen.

2. Ihr könnt euch darüber unterhalten, wie ihr euch als die „Stolzen" verhalten wollt.

3. Ihr könnt das Verhalten der „Stolzen" ausprobieren.

4. Ihr bekommt ein Zeichen, wenn ihr in das fremde Land gehen sollt.

DIE STOLZEN

Arbeitsblatt 30
Meine Gruppe

1. Welchen Gruppen gehörst du an?

   _____

   _____

2. Wodurch unterscheidet sich deine wichtigste Gruppe von anderen?

   _____

   _____

3. Welche Regeln musst du einhalten, um in deiner wichtigsten Gruppe Mitglied zu sein?

   _____

   _____

4. Gibt es besondere Verhaltensweisen, die du zeigen musst, wenn du mit deiner wichtigsten Gruppe „unterwegs" bist?

   _____

   _____

5. Welche Konflikte kannst du bekommen, wenn du noch anderen Gruppen angehörst?

   _____

   _____

   _____

... SO KOMMST DU BEI UNS NICHT REIN..!

DANN GEH' ICH EBEN WIEDER...!

Arbeitsblatt 31
Situationsbeschreibungen I

Partnerarbeit:

Lies dir die Situation durch und stelle dir
die Gedanken und Gefühle deiner Rolle
genau vor. Tauscht aus, was ihr bisher
herausgefunden habt. Spielt die Situation
einmal durch. Überlegt euch Verbesserungen.
Spielt die verbesserte Version durch.
Präsentiert die verbesserte Version in der Trainingsgruppe.

Disco

Du beobachtest schon seit mehreren Wochen ein Mädchen / einen Jungen in deiner Stammdisco, das /
den du gerne kennen lernen würdest. Du hast dich bislang aber nicht getraut, sie / ihn anzusprechen, weil
sie / er irgendwie anders aussieht, sich irgendwie anders verhält und die meisten Jungen / Mädchen weg-
schickt.

Bewerbung

Du bewirbst dich bei einer Firma für einen Ausbildungsplatz. Nach vier Wochen wunderst du dich, weshalb
du keine Nachricht erhältst und rufst die Firma an. Du erfährst von einer Sekretärin, dass ein anderer genommen wurde. Als du darum bittest, dass man dir deine Bewerbungsunterlagen zurückschickt, hörst du,
dass diese weggekommen sind.

Familie

In vier Monaten wirst du 18 Jahre alt. Deine Eltern haben dir einen MP3-Player versprochen. Als du deine
Mutter / deinen Vater darauf ansprichst, sagt sie / er: „Du bekommst ihn nur unter einer Bedingung: Wenn
du aufhörst, mit dem bosnischen Mädchen / dem bosnischen Jungen, dem deutschen Mädchen / dem
deutschen Jungen zu gehen."

Praktikum

Seit zwei Monaten machst du ein Praktikum in einer Werkstatt / einem Labor / einer Praxis. Du machst
dich dort ganz gut, bekommst auch Lob, und es gefällt dir. Eines Morgens stürmt ein Mitarbeiter, der dich
betreut, in den Sozialraum und meckert dich an, du würdest ständig die Frühstückspause überziehen und
deine Arbeit würde liegen bleiben.

Arbeitsblatt 32
Situationsbeschreibungen II

Alltag

Du lebst bei deinen Eltern / in einer Wohngemeinschaft / in einem Internat. Jeder hat dort seine Aufgaben im Haushalt, auch der Küchendienst ist aufgeteilt. Am Samstagabend sieht die Küche ziemlich übel aus. Du kommst gerade herein, als deine Mutter oder ein WG-Mitglied sagt: „Kannst du nicht mal abwaschen, du bist längst an der Reihe?"

Beziehung

Du bist mit einer Freundin / einem Freund verabredet, um ins Kino zu gehen. Als sie / er bei dir klingelt, hat sie / er ihren besten Freund / seine beste Freundin dabei – und das ist jetzt bestimmt schon das fünfte Mal so abgelaufen.

Familie

Du bewirbst dich bei den Stadtwerken / in einem Hotel und erzählst davon beim Abendessen deinen Eltern. Dein Vater sagt dazu nur einen Satz: „Willst du denn Straßenfeger / Putzfrau werden?"

Beziehung

Du bist mit deiner Freundin / deinem Freund gemeinsam zu einem Geburtstag eingeladen. Deine Freundin / dein Freund sagt dir zwei Tage vorher, dass sie / er nicht mitkommt, weil sie / er die Leute dort nicht mag. Du möchtest aber, dass sie / er dabei ist.

Arbeitsblatt 33
Fremd- und Selbstwahrnehmung

Aufgabe einzeln:

1. Erinnere dich an eine Situation, in der Menschen sich durch Merkmale wie Kleidung, Hautfarbe, Haartracht und Verhalten so sehr von dem bisher Gewohnten unterschieden, dass du erschrocken, irritiert, abgestoßen, ängstlich oder misstrauisch warst.

_____

2. Beschreibe die Situation so genau wie möglich:

_____

3. Beschreibe deine spontanen Gefühle und Gedanken in der Situation so genau wie möglich:

_____

4. Selbstwahrnehmung:
   a) Haben sich deine Gefühle und Gedanken im Laufe der Begegnung geändert?
   b) Beschreibe, wodurch sie sich verändert haben:

_____

Aufgabe in der Trainingsgruppe:

5. Erzählt euch gegenseitig eure Situationen. Wie haben sich eure Gefühle und Gedanken dabei geändert?

_____

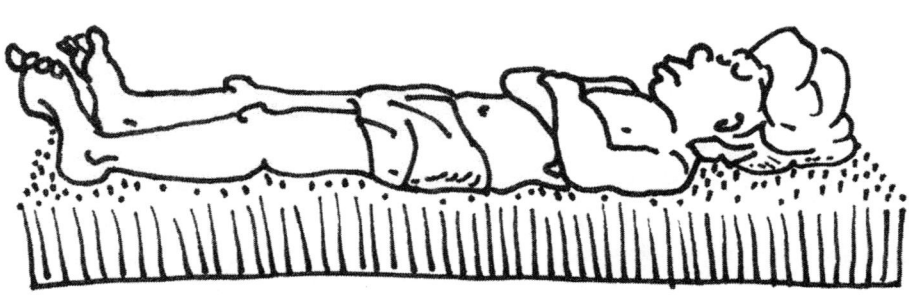

Arbeitsblatt 34
Was machen die denn?

Aufgabe einzeln:

1. Schreibe Situationen, die dir fremd waren,
   in Stichworten auf:

   _____

   _____

   _____

2. Was hast du gefühlt und gedacht, als du neu in die Situation hinein kamst?

   _____

   _____

   _____

3. Warum hast du dich so gefühlt? Was hat deine Gefühle und Gedanken ausgelöst?

   _____

   _____

   _____

Aufgabe zu zweit:

4. Erzählt euch gegenseitig, was ihr aufgeschrieben habt. Vergleicht eure Gedanken und Gefühle und denkt
   darüber nach, wie sie zustande gekommen sind. Schreibt eure Ergebnisse auf.

   _____

   _____

   _____

   _____

   _____

Arbeitsblatt 35
Toleranz und Vielfalt

Aufgabe einzeln:

1. Beschreibe ein früheres Erlebnis, bei dem Menschen
   etwas taten, das dir sehr fremd war.

   _____

   _____

   _____

2. Welche ersten und spontanen Gefühle und Gedanken hattest du in der Situation? Gab es dafür Gründe?

   _____

   _____

   _____

3. Wie haben sich deine Gefühle und Gedanken in der Zwischenzeit verändert? Welche Gründe gab es dafür?

   _____

   _____

   _____

Aufgabe zu zweit:

4. Ihr erzählt euch eure Erlebnisse und tauscht euch über eure Gefühle und Gedanken aus. Informiert euch
   darüber.

   _____

   _____

   _____

Arbeitsblatt 36
Nachdenken und zuhören!

Aufgabe einzeln:

1. Erinnere dich an eine Situation, in der du
    mit jemandem aus einem anderen Herkunfts-
    land einen Streit hattest.
    Schreibe diese Situation und das Gespräch
    in Stichworten auf.

    _____

    _____

Aufgabe in der Kleingruppe:

2. Tragt euch eure Situation gegenseitig vor und sucht eine der Situationen aus, die ihr im Rollenspiel durch-
    spielt.

    _____

    _____

3. Nach der üblichen Vorbereitung mit Rollenverteilung, Klärung des Ablaufs und Einfühlung in die Rolle
    spielt ihr die Situation im Rollenspiel durch.

    _____

    _____

4. Jeder Beteiligte denkt über sein Verhalten, seine Reaktionen und seine Worte in dem Streit nach und
    macht sich dazu Notizen.

    _____

    _____

5. Jeder spricht nun über seine eigene Rolle in dem Konflikt, ohne sich abzuwerten. Dann stellt er Verbesse-
    rungsvorschläge für sein Verhalten dar und notiert sich hier das wichtigste:

    _____

    _____

Arbeitsblatt 37
Meine Rolle im Streit

Merke dir diese Regeln beim Nachdenken über dich selbst:

◢ Beschreibe für dich, was war	◢ Verurteile dich nicht, werte dich nicht ab
◢ Stelle dir Wie- und Was-Fragen	◢ Stelle dir keine Warum-Fragen
◢ Verwende ICH-Sätze	◢ Verwende keine DU-Sätze

Aufgabe für die Kleingruppe:

1. Übe mit deinen Partnern in der Kleingruppe jede dieser Regeln mit je einem Beispiel: Bei den ICH-Sätzen kannst du noch mal in das Arbeitsblatt 24 „ICH- und DU-Sätze" schauen und dann einige Beispiele mit deinem Partner ausprobieren.

2. Wählt eine Situation, in der ihr ein Missverständnis, einen Streit oder Konflikt mit jemandem aus einem anderen Herkunftsland hattet.

3. Bereitet das Rollenspiel vor (Rollenverteilung, Klärung der Handlung, Rolleneinfühlung) und führt dann das Rollenspiel durch, so wie der Streit damals abgelaufen ist.

4. Die beiden Partner des Streits denken nacheinander über die eigene Rolle und den eigenen Anteil an der Konfliktsituation nach und teilen sich ihre Gedanken und Gefühle mit.
   Notiert hier das Wichtigste:

5. Die Situation wird noch einmal mit verbesserter Kommunikation durchgeführt. Die Teilnehmer geben sich gegenseitig Feedback. Dann erfolgt ein Rollentausch. Notizen:

Arbeitsblatt 38
Mein Rezept fürs Nachdenken

Aufgaben in der Kleingruppe:

1. Erzählt euch Situationen in Gruppen
   mit Personen unterschiedlicher Herkunft,
   in denen ihr ein Missverständnis,
   einen Streit oder einen Konflikt hattet.

   _____

   _____

2. Nach kurzem Gespräch sucht ihr eine dieser Situationen heraus, um sie im Rollenspiel so durchzuspielen, wie sie damals abgelaufen ist.
   Führt wie immer eine gute Vorbereitung des Rollenspiels mit Rollenverteilung, mit Klärung des Ablaufs und des Gesprochenen und mit Rolleneinfühlung durch und spielt es dann.

   _____

   _____

3. Erinnert euch an die Hinweise vom Arbeitsblatt 1 „Nachdenken und zuhören". Notiert euch hier noch mal die wichtigsten:

   _____

   _____

4. Jeder denkt jetzt laut darüber nach, was seine Rolle und sein Anteil an diesem Missverständnis, Streit oder Konflikt war und macht sich Notizen dazu.

   _____

   _____

5. Spielt die Situation in der verbesserten Fassung noch einmal durch. Ihr gebt euch gegenseitig Feedback und sagt dabei, was sich im Verhalten der Gesprächspartner und im Ablauf des Streits in der zweiten Fassung geändert hat.

   _____

   _____

Fragebögen zur Evaluation

(1) Einschätzung interkultureller Kompetenz von Jugendlichen

(2) Einschätzung der Mitarbeit der Jugendlichen im Training

(3) Selbsteinschätzung interkultureller Kompetenz von Jugendlichen

(4) Rückmeldung der Jugendlichen zum Training

Einschätzung interkultureller Kompetenz von Jugendlichen

Name des Einschätzers: _____ Datum: ☐☐.☐☐.☐☐☐☐

Schule: _____ Klasse/Gruppe: _____

Code/Name des Jugendlichen: _____ Geschlecht: ☐ weiblich ☐ männlich

Hat der Jugendliche einen Migrationshintergrund?   ☐ ja ☐ nein

Bitte denken Sie an das Verhalten des Jugendlichen in den letzten 3–4 Wochen.

Wie schätzen Sie zum jetzigen Zeitpunkt den Jugendlichen bezüglich folgender Verhaltensweisen ein?	Null 0	1	2	3	4	5	Total 6
Der Jugendliche findet es gut, dass im Sport fast alle Mannschaften international zusammengesetzt sind.	○	○	○	○	○	○	○
Der Jugendliche versucht bei einem Streit zu erreichen, dass beide Seiten einander zuhören.	○	○	○	○	○	○	○
Bei Problemen geht der Jugendliche auf den Standpunkt des anderen ein.	○	○	○	○	○	○	○
Der Teilnehmer hört gerne zu, wenn Jugendliche anderer Herkunft etwas von ihrem Herkunftsland erzählen.	○	○	○	○	○	○	○
Wenn der Jugendliche provoziert wird, reagiert er ebenfalls aggressiv.	○	○	○	○	○	○	○
Ich habe den Eindruck, dass der Teilnehmer Jugendlichen anderer Herkunft misstraut.	○	○	○	○	○	○	○
Wenn der Jugendliche Stress hatte, beruhigte er sich schnell wieder.	○	○	○	○	○	○	○
Der Jugendliche akzeptiert, dass jeder an etwas festhält, das in seinem Herkunftsland typisch ist.	○	○	○	○	○	○	○
Der Teilnehmer kann eine unklare Situation nur schwer aushalten.	○	○	○	○	○	○	○
Der Jugendliche geht rücksichtsvoll mit der Laune des anderen um.	○	○	○	○	○	○	○
Der Jugendliche sagt ein deutliches Nein, wenn er das Verhalten eines anderen Jugendlichen nicht akzeptieren kann.	○	○	○	○	○	○	○
Der Jugendliche macht sich gerne über andere lustig.	○	○	○	○	○	○	○
Der Jugendliche toleriert es, wenn jemand einen ausgefallenen „Style" pflegt.	○	○	○	○	○	○	○
Der Jugendliche fragt interessiert nach, um mehr von anderen Kulturen zu erfahren.	○	○	○	○	○	○	○
Der Jugendliche fragt nach, um die Gefühle des anderen besser zu verstehen.	○	○	○	○	○	○	○
Wenn der Teilnehmer im Gespräch mit Jugendlichen anderer Herkunft etwas nicht versteht, fragt er nach.	○	○	○	○	○	○	○
Der Jugendliche gibt selten Lob oder Anerkennung.	○	○	○	○	○	○	○
Wenn der Jugendliche sich aufgeregt hat, war seine Erregung noch lange zu beobachten.	○	○	○	○	○	○	○
Der Jugendliche sagt seine Meinung, ohne andere zu beschimpfen.	○	○	○	○	○	○	○
Der Jugendliche ist anderen gerne behilflich.	○	○	○	○	○	○	○

Einschätzung der Mitarbeit der Jugendlichen im Training

Name des Einschätzers: _____   Datum: ☐☐.☐☐.☐☐☐☐

Schule: _____   Klasse/Gruppe: _____

Code/Name des Jugendlichen: _____   Geschlecht: ☐ weiblich ☐ männlich

Bitte denken Sie an das Verhalten des Jugendlichen in den letzten 4 Trainingssitzungen.
Geben Sie ihre Einschätzungen spontan ab.

Verhaltensweisen des Jugendlichen	Nie 0	1	2	3	4	5	Immer 6
Der Jugendliche beteiligte sich aktiv an den Diskussionen im Training.	○	○	○	○	○	○	○
Der Jugendliche fehlte bei den Trainingssitzungen.	○	○	○	○	○	○	○
Der Jugendliche nahm aktiv an den Rollenspielen und Übungen teil.	○	○	○	○	○	○	○
Der Jugendliche kooperierte mit den Trainern.	○	○	○	○	○	○	○
Der Jugendliche hielt die Gruppenregeln ein.	○	○	○	○	○	○	○
Der Jugendliche kooperierte mit den anderen in der Gruppe	○	○	○	○	○	○	○
Der Jugendliche störte das Training.	○	○	○	○	○	○	○

Ausprägung

Weitere Anmerkungen:

_____

_____

_____

_____

_____

_____

_____

_____

Selbsteinschätzung interkultureller Kompetenz von Jugendlichen

In diesem Fragebogen geht es unter anderem um deine Meinung anderen Jugendlichen gegenüber. Manchmal beziehen sich die Aussagen auf Jugendliche, die aus anderen Ländern kommen, beziehungsweise deren Eltern oder Großeltern aus anderen Ländern kommen, dann sprechen wir von Jugendlichen „anderer Herkunft" oder aus „anderen Kulturen kommend". Vielleicht bist du ja ein Jugendlicher nichtdeutscher Herkunft, dann sind für dich auch die deutschen Jugendlichen „Jugendliche anderer Herkunft".

Auf der Rückseite dieses Blattes findest du Sätze, die immer wieder zu hören sind. Wir bitten dich, zu jedem Satz anzukreuzen, was du dazu denkst.

Wir versichern dir:

- Alle Angaben, die du hier machst, bleiben absolut anonym, das heißt, niemand wird etwas darüber erfahren, wer welche Angaben gemacht hat.
- Die Teilnahme an dieser Befragung ist selbstverständlich freiwillig und niemand wird irgendwelche Nachteile haben, wenn einzelne Fragen ausgelassen werden.
  Für uns ist es allerdings sehr wichtig, dass alle Angaben vollständig ausgefüllt werden.

Wichtig:

- Deine eigene Meinung zu jedem Satz ist uns wichtig. Überlege dabei kurz, was du zu dem Satz denkst und kreuze die für dich richtige Antwort an. Was andere darüber denken, ist deren Sache.
- Hier gibt es kein „Richtig" oder „Falsch". Es wird auch keine Bewertung folgen.

Gib uns hier bitte einige Angaben zu dir:

Code: _____

Alter: _____

Geschlecht: ☐ weiblich ☐ männlich

Dein Geburtsland (z. B.: Türkei, Deutschland, Russland): _____

Geburtsland deiner Eltern: _____

Geburtsland deiner Großeltern: _____

Kreuze an, wie das für dich ist.

Wie sehr stimmt das für dich?	völlig falsch	eher falsch	eher richtig	völlig richtig
Ich finde es gut, dass im Sport fast alle Mannschaften international zusammengesetzt sind.	○	○	○	○
Ich versuche bei einem Streit meistens, beide Seiten dazu zu bringen, dass sie sich zuhören.	○	○	○	○
Wenn ich mit jemandem ein Problem habe, versuche ich, seinen Standpunkt zu verstehen.	○	○	○	○
Ich höre gerne zu, wenn ein anderer Jugendlicher etwas von seinem Heimatland erzählt	○	○	○	○
Wenn mich jemand provoziert, kriegt er sofort Entsprechendes zurück.	○	○	○	○
Ich habe häufig das Gefühl, dass ich Jugendlichen anderer Herkunft nicht trauen kann.	○	○	○	○
Ich weiß, wenn ich Stress habe, komme ich auch wieder runter.	○	○	○	○
Ich bin dafür, dass jeder an etwas festhält, das in seinem Heimatland typisch ist.	○	○	○	○
Ich kann es schwer aushalten, wenn ich nicht genau weiß, was gerade los ist.	○	○	○	○
Ich lasse den anderen in Ruhe, wenn er schlechte Laune hat.	○	○	○	○
Ich sagen ein klares Nein, wenn ich das Verhalten eines anderen Jugendlichen nicht akzeptieren kann.	○	○	○	○
Ich mache mich gerne über andere lustig.	○	○	○	○
Wenn jemand einen ausgefallenen Style hat, dann ist es mir egal, denn jeder muss selbst herausfinden, was ihm gefällt.	○	○	○	○
Ich bin total neugierig, etwas über andere Kulturen zu erfahren.	○	○	○	○
Wenn mir jemand erklärt, was ihn wütend gemacht hat, dann kann ich ihn meistens gut verstehen.	○	○	○	○
Wenn ich mit Jugendlichen anderer Herkunft rede und etwas nicht verstehe, dann frage ich halt nach.	○	○	○	○
Von mir kriegt keiner Lob oder Anerkennung.	○	○	○	○
Wenn ich von etwas genervt bin, dann geht mir das noch stundenlang durch den Kopf	○	○	○	○
Ich äußere meine Meinung, ohne andere zu beschimpfen.	○	○	○	○
Wenn einer Hilfe braucht, kann er gerne zu mir kommen.	○	○	○	○

Rückmeldung der Jugendlichen zum Training

Code

Deine ehrliche Rückmeldung (Feedback) ist uns sehr wichtig. Mit den anonymen Angaben, die wir mit diesem Fragebogen erhalten, lernen wir etwas darüber, wie gut das Training „Fit für kulturelle Vielfalt" bei dir angekommen ist. Wir werden überlegen, ob und was wir anders machen können, damit wir in Zukunft noch mehr Lernerfolg erzielen.

Wir versichern dir:

- Alle Angaben, die du hier machst, bleiben absolut anonym, das heißt, niemand wird etwas darüber erfahren, wer von euch welche Angaben gemacht hat.
- Wir verwenden diese Angaben nur für die Überprüfung des Trainings „Fit für kulturelle Vielfalt".
- Hier gibt es kein „Richtig" oder „Falsch". Es wird auch keine Bewertung folgen.

Niemand ist gezwungen Angaben zu machen,
aber wir danken jetzt schon allen, die den Fragebogen
ehrlich und vollständig ausfüllen.

Unterschrift des Trainers

	Zustimmung						
Gib bitte zu jeder Frage mit einem Kreuzchen auf der rechten Seite an, inwieweit du ihr zustimmst.	Nie 0	1	2	3	4	5	Immer 6
Ich habe beim Training gerne mitgemacht.	○	○	○	○	○	○	○
Mir ist klar, um was es bei dem Training ging.	○	○	○	○	○	○	○
Ich habe mich vor den Übungen und Rollenspielen gedrückt.	○	○	○	○	○	○	○
Ich fand die Themen interessant.	○	○	○	○	○	○	○
Was ich hier gelernt habe, kann mir im Beruf und im Leben eine Hilfe sein.	○	○	○	○	○	○	○
Mir hat es gefallen, wie unsere Trainer das Training durchgeführt haben.	○	○	○	○	○	○	○

Ich möchte noch mehr loswerden:

_____

_____

_____

_____

Vielen Dank für deine Unterstützung!

Hinweise zu den Online-Materialien

Folgende Materialien werden online (www.beltz.de) zur Verfügung gestellt:

◢ Titelbilder zu den Trainingssitzungen

◢ Beobachtungsbogen

◢ Arbeitsblätter

◢ Fragebögen zur Evaluation

Literatur

Allport, G. W. (1971). Die Natur des Vorurteils. Hrsg. und kommentiert von C. F. Graumann. Köln: Kiepenheuer & Witsch.

Altmayer, C. (1997). Zum Kulturbegriff des Faches Deutsch als Fremdsprache. Zeitschrift für interkulturellen Fremdsprachenunterricht 2(2), 1–24. Online: http://zif.spz.tu-darmstadt.de/jg-02-2/beitrag/altmayer3.htm (Stand: 28.01.2013).

Aronson, E., Wilson, T. D. & Akert, R. (2004). Sozialpsychologie (4., aktual. Aufl.). München: Pearson.

Asendorpf. J. & Neyer, F.J. (2012). Psychologie der Persönlichkeit (5. vollst. überarb. Aufl.). Berlin, Heidelberg: Springer.

Bandura, A. (1979). Sozial-kognitive Lerntheorie. Stuttgart: Klett-Cotta.

Bandura, A. (1986). Social foundation of thought and actions: A social cognitive theory. Englewood Cliffs: Prentice Hall.

Bandura, A. (1992). Exercise of personal agency through self-efficacy mechanisms. In R. Schwarzer (Ed.), Self-efficacy: Thought control of action (pp. 3–38). Washington: Hemisphere Publishing Corporation.

Bandura, A. (1994). Self-efficacy. The exercise of control. New York: Freeman.

Barna, L.M. (1994). Stumbling blocks in intercultural communication. In L.A. Samovar & R.E. Porter (Eds), Intercultural communication: A reader (7thed, pp. 337–346). Belmont: CA: Wadsworth.

Bay, R.H. (2010). Erfolgreiche Gespräche durch aktives Zuhören (7. Aufl.). Renningen: expert-Verlag.

Bennett, J.M. & Bennett, M.J. (2004). Developing intercultural sensitivity: An integrative approach to global and domestic diversity. In D. Landis, J.M. Bennett & M. J. Bennett (Eds),Handbook of intercultural training (3rded, pp. 147–165). Thousand Oaks: CA: SAGE.

Berry, J.W. & Poortinga, Y. H. (2006).Cross-cultural theory and methodology. In J. Georgas, J.W. Berry, F.J.R. van de Vijver, Ç. Kağitçibaşi & Y.H. Poortinga (Eds), Families across cultures: A 30-nation psychological study (pp. 51–71). New York, NY: Cambridge University Press.

Bertelsmann Stiftung (2008). Interkulturelle Kompetenz – Schlüsselkompetenz des 21. Jahrhunderts? Thesenpapier der Bertelsmann Stiftung auf der Basis der Interkulturellen Kompetenzmodelle von Dr. Darla K. Deardorff. Gütersloh. Online: www.bertelsmann-stiftung.de/bst/de/media/xcms_bst_dms_17145_17146_2.pdf (Stand: 19.02.2013).

Blumensath, C. & Blumensath, H. (1999). Das sind wir. 2. Ein interkulturelles Lernprojekt für Jugendliche. Berlin. E-Motion. Film & Video. Anna Frank Stichting. Amsterdam.

Bolten, J. (2007). Interkulturelle Kompetenz. Landeszentrale für politische Bildung Thüringen. Erfurt.

Cameron, L. & Turner, R. (2010).The application of diversity-based Interventions to policy and practice. In R. J. Crisp (Ed.),The psychology of social and cultural diversity (pp. 322–351). Chichester. Wiley-Blackwell.

Crick, N.R. & Dodge, K.A. (1994).A review and reformulation of social information processing mechanisms in childrens's social adjustment. Psychological Bulletin, 115, 74–101.

Crisp, R.J. (Ed.) (2010). The psychology of social and cultural diversity. Chichester: Wiley-Blackwell.

Cushner, K. & Mahon, J. (2009).Intercultural Competence in Teacher Education. In D.K. Deardorff (Ed.) (2009a),The SAGE Handbook of intercultural competence(pp. 304–320).Thousand Oaks: CA: SAGE.

Deardorff, D.K. (2006).Identification and assessment of intercultural competence as a student outcome of internationalization. Journal of Studies in International Education, 10, 241–266.

Deardorff, D.K. (Ed.) (2009a).The SAGE Handbook of intercultural competence. Thousand Oaks: CA: SAGE.

Deardorff, D.K. (2009b). Synthesizing conceptualisations of intercultural competence. In D.K. Deardorff (Ed.), The SAGE Handbook of intercultural competence (pp. 264–269).Thousand Oaks: CA: SAGE.

Deardorff, D.K. (2009c). Implementing intercultural competence assessment. In D.K. Deardorff (Ed.), The SAGE Handbook of intercultural competence (pp. 477–491).Thousand Oaks: CA: SAGE.

Dodge, A. (1993). Social-cognitive mechanisms in the developement of conduct disorder and depression. Annual Review of Psychology, 44, 559–584.

Dollase, R. (2001). Persönliche Mitteilung.

Dollase, R., Kliche, T. & Moser, H. (Hrsg.) (1999). Politische Psychologie der Fremdenfeindlichkeit. Opfer-Täter-Mittäter. Weinheim, München: Juventa.

Fisseni, H.-J. (1991). Persönlichkeitspsychologie. (2. Aufl.). Göttingen: Hogrefe.

Földes, C. (2009). Black Box ,Interkulturalität': Die unbekannte Bekannte (nicht nur) für Deutsch als Fremd-/Zweitsprache. Rückblick, Kontexte und Ausblick. Wirkendes Wort 59(3), 503–525.

Frederickson, G.M. (2011). Rassismus. Ein historischer Abriss. Stuttgart: Reclam.

Frenkel-Brunswik, E. (1949). Intolerance of ambiguity as an emotional and perceptual personality variable. Journal of Personality 18 (1), 108–143.

Fritsch, G.R. (2012). Praktische Selbst-Empathie: Herausfinden, was man fühlt und braucht. Gewaltfrei mit sich selbst umgehen (4. Aufl.). Paderborn: Junfermannsche Verlagsbuchhandlung.

Gogolin, L. & Krüger-Potratz, M. (2006). Einführung in die interkulturelle Pädagogik. Opladen: Leske und Buderich.

Grob, U. (2001). Persönliche Mitteilung.

Gudykunst, W.B. (1998). Applying anxiety/uncertainty management (AUM) theory to intercultural adjustment training. International Journal of Intercultural Relations, 22, 227–250.

Gudykunst, W.B. (Ed.) (2005). Theorizing about intercultural communication. Thousand Oaks: CA: SAGE.

Günther, U. & Sperber, W. (2008). Handbuch für Kommunikations- und Verhaltenstrainer (4., aktual. und erw. Aufl.). München: Ernst Reinhardt.

Hall, E. T. (1990). Understanding cultural differences. New York: Anchor.

Hatzer, B. & Layers, G. (2005).Interkulturelle Handlungskompetenz. In A. Thomas (Hrsg.). Handbuch der interkulturellen Kommunikation. Band 1. Grundlagen und Praxisfelder (S. 138–148). Göttingen: Vandenhoeck & Ruprecht.

Heilmann, M. (2012). WIN-WIN-GESPRÄCHE. Gelassen reden, selbstsicher auftreten, Konflikte vermeiden. Göttingen: Businessvillage.

Heitmeyer, W. & Müller, J. (1995). Fremdenfeindliche Gewalt junger Menschen. Biographische Hintergründe, soziale Situationskontexte und die Bedeutung strafrechtlicher Sanktionen. Bonn. Forum Verlag Godesberg.

Herbrand, F. (2000). Interkulturelle Kompetenz. Wettbewerbsvorteil einer globalisierenden Wirtschaft. Stuttgart: Haupt.

Herder, J.G. (1957). Mensch und Geschichte. Stuttgart. Kröner.

Hinz-Rommel, W. (1994). Interkulturelle Kompetenz. Ein neues Anforderungsprofil für die soziale Arbeit. Münster: Waxmann.

Hofstede, G.J. (2001). Cultures consequences: Comparing values, behaviors, institutions, and organizations across cultures (2nded.). Thousand Oaks: CA: SAGE.

Jacobsen, E. (2002). Entspannung als Therapie. Progressive Relaxation in Theorie und Praxis (5. Aufl.). München: Klett-Cotta.

Jugert, G., Kabak, S. &Notz, P. (2010). Fit for Differences. Training interkultureller und sozialer Kompetenz für Jugendliche (2. Aufl.). Weinheim, München: Juventa.

Jugert, G., Rehder, A., Notz, P. & Petermann, F. (2013). Soziale Kompetenz für Jugendliche. Grundlagen und Training (8. Aufl.). Weinheim, Basel: Beltz Juventa.

Jugert, G., Rehder, A., Notz, P. & Petermann, F. (2014). Fit for Life. Module und Arbeitsblätter zum Training sozialer Kompetenz für Jugendliche (10. Aufl.). Weinheim, Basel: Beltz Juventa.

Jugert, P., (2009). Can they be friends? Variability and stability of friendship choices among German and Turkish pre-adolescents entering ethnically heterogeneous schools. Dissertation. Universität Jena, Fakultät für Sozial- und Verhaltenswissenschaften. Jena.

Karakaşoğlu, Y., Gruhn, M. &Wojciechowicz, A. (2011). Interkulturelle Schulentwicklung unter der Lupe. (Inter-)Nationale Impulse und Herausforderungen für Steuerungsstrategien am Beispiel Bremen. Münster: Waxmann.

Kercher, J. (2011). Nonverbale Kommunikation. München, Ravensburg: GRIN Verlag.

Klinge, K. (2007). Interkulturelles Training mit synthetischen Kulturen. Konzeption und Evaluation einer multimedialen Lernsoftware zur interkulturellen Sensibilisierung. Inaugural-Dissertation, Philosophische Fakultät der Westfälischen Wilhelms-Universität zu Münster.

Klose, C. (2000). Gewalt und Fremdenfeindlichkeit – jugendpädagogische Auswege. Fünf Modellprojekte im hessischen Jugendaktionsprogramm gegen Gewalt, Fremdenfeindlichkeit und Rechtsextremismus. Werkstattbericht. Opladen: Leske und Budrich.

Krapp, A. & Ryan, M. (2002). Selbstwirksamkeit und Lernmotivation. Eine kritische Betrachtung der Theorie von Bandura aus der Sicht der Selbstbestimmungstheorie und der pädagogisch-psychologischen Interessentheorie. In Zeitschrift für Pädagogik, Beiheft, 44, 54–82.

Krüger-Potratz, M. (2006). Migration als Herausforderung für Bildungspolitik. In R. Leiprecht & A. Kerber (Hrsg.). Schule in der Einwanderungsgesellschaft. Ein Handbuch. Reihe Politik und Bildung – Band 38 (2. Aufl., S. 56–82). Schwalbach/Ts.: Wochenschau Verlag.

Kultusministerkonferenz (1996). Empfehlung „Interkulturelle Bildung und Erziehung in der Schule". Beschluss der KMK vom 25.10.1996. In Bundeszentrale für politische Bildung (Hrsg.). Interkulturelles Lernen (S. 310–316). Bonn.

Kumbier, D. & Schulz von Thun, F. (Hrsg.) (2006). Interkulturelle Kommunikation. Methoden, Modelle, Beispiele. Reinbeck bei Hamburg: Rowohlt-Taschenbuch-Verlag.

Leiprecht, R. & Kerber, A. (Hrsg.) (2006). Schule in der Einwanderungsgesellschaft. Ein Handbuch. Reihe Politik und Bildung – Band 38 (2. Aufl.). Schwalbach/Ts.: Wochenschau Verlag.

Lott, B. (2010). Multiculturalism and diversity: A social psychological perspective. Chichester, UK: Wiley-Blackwell.

Mezirow, J. (1997). Transformative Erwachsenenbildung. Baltmannsweiler: Schneider.

Niedersächsisches Landesinstitut für schulische Qualitätsentwicklung. (2011). Online: www.nibis.ni.schule.de/nli1/ikb/iktraining.html (Stand: 28.01.2013).

Nieke, W. (2008). Interkulturelle Erziehung und Bildung. Wertorientierungen im Alltag. Reihe: Schule und Gesellschaft – Band 4 (3., aktual. Aufl.).Wiesbaden: VS Verlag für Sozialwissenschaften.

Noack, P. (2001). Fremdenfeindliche Einstellungen vor dem Hintergrund familialer und schulischer Sozialisation. Zeitschrift für politische Psychologie, 2+3, 67–80.

Petermann, F. (2012). Psychologie des Vertrauens (4. überarb. Aufl.). Göttingen: Hogrefe.

Petermann, F., Jugert, G., Tänzer, U. & Verbeek, D. (2012). Sozialtraining in der Schule. Aufbau von Arbeits- und Sozialverhalten (3. überarb. Aufl.). Weinheim, Basel: Beltz.

Petermann, F., & Petermann, U. (2010). Training mit Jugendlichen (9. überarb. und erw. Aufl.). Göttingen: Hogrefe.

Petermann, F. & Vaitl, D. (Hrsg.) (2009). Entspannungsverfahren. Das Praxishandbuch (4., vollst. veränd. Aufl.).Weinheim, Basel: Beltz.

Petermann, U. (2012). Entspannungstechniken für Kinder und Jugendliche: Ein Praxishandbuch (7. vollst. überarb. Aufl.). Weinheim, Basel: Beltz.

Preiser, S. & Wagner, U. (2003). Gewaltprävention und Gewaltverminderung. Qualitätskriterien für Präventions- und Interventionsprogramme. Report Psychologie, 28, 660–666.

Rohmann, A. & Mazziotta, A. (2012). Interkulturelle Kommunikation. Manuskript.

Sader, M. (2002). Toleranz und Fremdsein. 16 Stichworte zum Umgang mit Intoleranz und Fremdenfeindlichkeit. Weinheim, Basel: Beltz.

Schmidtke, H.-P.(2006). Entwicklung der pädagogischen Betrachtungsweise – Ausländerpolitik, interkulturelle Pädagogik, Pädagogik der Vielfalt. In R. Leiprecht & A. Kerber (Hrsg.). Schule in der Einwanderungsgesellschaft. Ein Handbuch. Reihe Politik und Bildung – Band 38 (2. Aufl., S. 142–161). Schwalbach/Ts.: Wochenschau Verlag.

Schulz von Thun, F., Zach, K. & Zoller, K. (2012). Miteinander reden von A bis Z: Lexikon der Kommunikationspsychologie. Reinbeck bei Hamburg: Rowohlt-Taschenbuch-Verlag.

Seligmann, M.E. (2010). Erlernte Hilflosigkeit: Anhang: „Neue Konzepte und Anwendungen" von Franz Petermann (2. Aufl.).Weinheim, Basel: Beltz.

Storti, C. (2009). Synthesizing conceptualizations of intercultural competence. In D.K. Deardorff (Ed.), The SAGE Handbook of intercultural competence (pp. 272–286).Thousand Oaks: CA: SAGE.

Takeda, A. (2012). Wir sind wie Baumstämme im Schnee. Ein Plädoyer für transkulturelle Erziehung. Münster: Waxmann.

Terkessidis, M. (2008). Diversity statt Integration. Kultur- und Integrationspolitische Entwicklung der letzten Jahre. Kulturpolitische Mitteilungen 123 (4), 47–52.

Terkessidis, M. (2010). Interkultur. Frankfurt a.M.: Suhrkamp.

Thijs, J. & Verkuyten, M. (2013). Multiculturalism in the classroom: Ethnic attitudes and classmates' beliefs. International Journal of Intercultural Relations 37 (2), 176–187.

Thomas, A. (1996a). Psychologie und multikulturelle Gesellschaft (2. Aufl.).Göttingen: Hogrefe.

Thomas, A. (1996b). Psychologie interkulturellen Handelns (2. Aufl.). Göttingen: Hogrefe.

Thomas, A. (Hrsg.) (2003a). Kulturvergleichende Psychologie (2. überarb. und erw. Aufl.). Göttingen: Hogrefe.

Thomas, A. (2003b). Interkulturelle Kompetenz. Grundlagen, Probleme und Konzepte. Erwägen-Wissen-Ethik 14(1), 137–150.

Treichel, D. (2011). Geist und Kultur. In D. Treichel & C.-H. Mayer (Hrsg.). Lehrbuch Kultur. Lehr- und Lernmaterialien zur Vermittlung kultureller Kompetenzen (S. 95–104). Münster: Waxmann.

Treichel, D. & Mayer C.-H. (Hrsg.) (2011). Lehrbuch Kultur. Lehr- und Lernmaterialien zur Vermittlung kultureller Kompetenzen. Münster: Waxmann.

Trompenaars, F. & Wooliams, P. (2009).Research application. Toward a general framework of competence for today's global village (pp. 438–455). In D.K. Deardorff (Ed.), The SAGE Handbook of intercultural competence. Thousand Oaks: CA: SAGE.

UNESCO (2001). Allgemeine Erklärung zur kulturellen Vielfalt –Deutsche UNESCO. Online: www.unesco.de/443.html (Stand: 26.01.2012).

Vopel, K. (2002, 2003). Interaktionsspiele für Jugendliche. Teil 1 bis 4 (8. Aufl.). Hamburg: ISKO-Press.

Wagner, U., van Dick, R. & Zick, A. (2001). Sozialpsychologische Analysen und Erklärungen von Fremdenfeindlichkeit in Deutschland. Zeitschrift für Sozialpsychologie 32 (2), 59–79.

Welsch, W. (2009). Was ist eigentlich Transkulturalität? In L. Darowska & C. Machold (Hrsg.). Hochschule als transkultureller Raum? Beiträge zur Kultur, Bildung und Differenz (S. 1–16). Bielefeld: transcript.

Yousefi, H.R. & Braun, I. (2011). Interkulturalität. Eine interdisziplinäre Einführung. Wissenschaftliche Buchgesellschaft. Darmstadt.

Glossar[21]

Akkommodation. Akkommodation ist ein Begriff aus der Theorie von Piaget (siehe auch „Assimilation"). Akkommodation bedeutet lerntheoretisch die Schaffung eines neuen „Schemas" (siehe unten), um sich an die veränderte Umwelt anzupassen. Dadurch kommt es zur Ausdifferenzierung und Erweiterung des Vorwissens durch neue Erkenntnisse. Akkommodation bedeutet im interkulturellen Kontext, das „Fremde" wird aufgenommen, indem das eigene Schema angepasst, korrigiert, differenziert oder weiterentwickelt wird und so einer verbesserten Problemlösung dienlich ist.

Akkulturation. Akkulturation bedeutet die einseitige Anpassung einer Kultur an eine andere.

Akzeptanzgrenze. Im interkulturellen Kontexten geht es darum, einen gemeinsamen Nenner auszuhandeln. Dabei ist es wichtig, die eigenen Akzeptanzgrenzen und die des Gegenübers erkennen, formulieren und wahren zu können (siehe auch „Dissensbewusstsein").

Ambiguitätstoleranz. Im interkulturellen Kontext wird unter Ambiguitätstoleranz das Aushalten von Widersprüchen und gegensätzlichen Erwartungen, welche durch kulturell bedingte Unterschiede und mehrdeutige Informationen auftreten können, verstanden. Menschen mit hoher Ambiguitätstoleranz sind auch in neuen, unstrukturierten und schwer kontrollierbaren Situationen fähig, Abweichungen von gewohnter Normalität zu akzeptieren, statt sie als Bedrohung zu empfinden. Sie bleiben dadurch handlungsfähig.

Assimilation. Assimilation bedeutet lerntheoretisch, neue Erfahrungen und Wahrnehmungen in ein bereits bestehendes Schema (siehe „Schema"), in das vorhandene Wissen, in das Bekannte einzupassen. Assimilation bedeutet im interkulturellen Kontext, das „Fremde" wird aus der Perspektive des „Eigenen" erklärt, bewertet und betrachtet. Das eigene Schema verändert sich nicht, wodurch es zu Wahrnehmungsverzerrungen kommen kann (siehe auch „Akkommodation").

Attribution. Die Attributionsforschung befasst sich mit der subjektiven Ursachenzuschreibung, Erklärung und Begründung von Handlungen und Ereignissen. Ursachen werden interpretiert und vermutet, d.h. sie können von den objektiven Ursachen abweichen. Selbstattribuierung: Die Ursachen für ein Verhalten oder Ereignis schreibt man sich selbst zu. Fremdattribuierung: Die Ursache für ein Verhalten oder Ereignis schreibt man anderen zu. Erfolge und Misserfolge veranlassen uns in hohem Maße zu Attributionen. Menschen neigen bei Misserfolgen zur Fremdattribuierung.

Diskriminationslernen. Diskriminationslernen, auch „Unterscheidungslernen", beschreibt die Fähigkeit zu unterscheiden, in welchen Situationen ein bestimmtes Verhalten angemessen ist und in welchen nicht.

Dissensbewusstsein. Dissensbewusstsein bedeutet, sich unterschiedlicher Standpunkte bewusst zu sein. Das ist wichtig, um eine Akzeptanz aller Beteiligten herbeiführen zu können. Ein voreilig herbeigeführter Konsens wirkt langfristig in der Regel negativ, weil er kulturelle Unterschiede nur verdeckt.

Empathie. Empathie bedeutet Einfühlungsvermögen. Im interkulturellen Kontext bezieht sich Empathie darauf, die Befindlichkeiten und Denkweisen des fremdkulturellen Partners nachvollziehen zu können (siehe auch „Perspektivenwechsel").

Erlernte Hilflosigkeit. Von erlernter Hilflosigkeit spricht man, wenn Menschen längere Zeit unkontrollierbaren unangenehmen Ereignissen ausgesetzt sind, und sie schließlich alle Versuche einstellen, der Situation Herr zu werden oder sich ihr zu entziehen.

Ethnozentrismus. Beim Ethnozentrismus steht der Blickwinkel der eigenen Kultur im Mittelpunkt beziehungsweise wird als die überlegene Sichtweise angesehen.

Flexibilität. Flexibilität ist die Bereitschaft, Neues zu lernen und die eigenen Denk- und Verhaltensschemata zu korrigieren. Es ist die Fähigkeit, sich auf ungewohnte, fremde Situationen schnell und spontan einstellen zu können.

Handlungskompetenz. Für effizientes Handeln und Zielerreichen sind sowohl Wissen über Besonderheiten des Gegenübers als auch die Kommunikations- und Konfliktfähigkeit der Interagierenden ausschlaggebend.

Interaktionsangst. Interaktionsangst bezieht sich im interkulturellen Kontext auf ein Gefühl der Unsicherheit und Unbeholfenheit in einer Begegnung. Diese Angst kann zur Vermeidung interkultureller Begegnungen, zu negativen Erwartungen, Interpretationen und Ablehnung des Fremden führen.

Interkultur. Bei Interkultur handelt sich um einen Prozessbegriff: Interkulturen ereignen sich in einem selbstorganisatorischen reziproken Prozess dann, wenn Beteiligte aus konzeptionell unterschiedlichen Lebenswelten A und B miteinander agieren beziehungsweise kommunizieren. Interkultur ist also nicht statisch, sondern wird im Sinne eines klassischen Lerneffekts permanent neu erzeugt, und zwar durch Entwicklung einer „dritten" Welt C, die weder der Lebenswelt

---

21 Unter Zuhilfenahme von Bolten (2007) und online: www.ikkompetenz.thueringen.de/a_bis_z/index.htm (Stand: 25.01.2013) sowie Asendorpf & Neyer (2012).

A noch der Lebenswelt B vollkommen entspricht. In einer solchen Begegnung kann eine vollständig neue Qualität, eine „Synergie" (siehe dort) entstehen, die für sich allein weder A noch B erzielt hätten.

Interkulturelle Kompetenz. Interkulturelle Kompetenz ist die Fähigkeit, mit Menschen, die über andere kulturelle Hintergründe verfügen, effektiv und sozial kompetent umzugehen und zusammenzuarbeiten. Die interkulturelle Kompetenz erfordert soziale und interkulturelle Sensibilität. Dadurch entsteht die Bereitschaft, Stereotype und Vorurteile zu reflektieren und zu revidieren sowie Neues zu erlernen. Man benötigt die Fähigkeit, die eigene „kulturelle Brille" abzusetzen und im Kontakt eine Haltung der Offenheit und des Lernens einzunehmen.

Interkulturelle Lernbereitschaft. Interkulturelle Lernbereitschaft ist die Bereitwilligkeit, interkulturelle Situationen als Lernsituationen und nicht als Bedrohung oder notwendiges Übel zu betrachten. Sie sollte verknüpft sein mit Offenheit gegenüber Fremdem.

Interkulturelles Training. Interkulturelle Trainingsprogramme sind in Deutschland im pädagogischen Bereich selten, wenig strukturiert und kaum theoriebasiert. Allgemein unterscheidet man kultursensibilisierende Trainings (wozu das hier vorliegende Training „Fit für kulturelle Vielfalt" gehört) und kulturspezifisch ausgerichtete (die in den Wirtschafts- und Sprachwissenschaften bis dato vorwiegend üblich sind und Wissen über eine oder mehrere Kulturen vermitteln).

Kognitives Umstrukturieren. Kognitives Umstrukturieren beschreibt die Veränderung der gedanklichen (= kognitiven) Lebenskonzepte oder -vorstellungen. Der Begriff stammt aus der Verhaltenstherapie. Kognitive Umstrukturierung ist mit verschiedenen Methoden erreichbar, zum Beispiel mit der Aufdeckung von Widersprüchen, durch Infragestellen (sokratischer Dialog), Rollenspiel oder Verhaltensübung.

Kulturbegriff. „Kultur" ist keine abgeschlossene autarke Ganzheit. Diesem Buch liegt der sogenannte „erweiterte" Kulturbegriff zugrunde, der sich allgemein auf lebensweltliche Zusammenhänge bezieht. „Kulturen" werden durch beliebige, mehr oder weniger große Kollektive repräsentiert, die nach außen durch offene Netzwerkverbindungen charakterisiert und intern heterogen sind. Durch den offenen Netzwerkcharakter wird vor allem die Prozesshaftigkeit und Wandelbarkeit von „Kulturen" betont. Zu den „Netzwerken" können Familien genauso zählen wie Migrantengruppen, Unternehmen oder Nationalstaaten. Ein solcher Kulturbegriff ist unabhängig von festgeschriebenen „Kulturräumen" (wie zum Beispiel Nationalstaaten).

Kulturelle Vielfalt. *siehe „Vielfalt"*

Metakommunikation. Metakommunikation ist die Fähigkeit, über den Kommunikationsprozess selbst zu kommunizieren, um Probleme, die im interkulturellen Handeln auftreten, früh genug und sozial kompetent zu thematisieren. Die einfachste Zugangsfrage ist: „Wie meinen Sie das?" Es geht darum, unklare und eventuell missverständliche Situationen rechtzeitig zu thematisieren und anderen das eigene Verhalten zu erklären.

Modell der sozial-kognitiven Informationsverarbeitung. Das Modell der sozial-kognitiven Informationsverarbeitung ist ein hypothetisches Konzept über die Verarbeitung von Informationen in sozialen Situationen und beschreibt den Prozess von der Wahrnehmung, der Interpretation, der Suche nach einer geeigneten Reaktion, der Abschätzung der Reaktionsfolgen bis zur Ausführung der Handlung. Aufgrund von ungünstigen Bedingungen der Sozialisation (zum Beispiel Gewalterfahrungen) können Phasen des Prozesses verzerrt sein. Das führt zu Störungen in der Informationsverarbeitung (etwa zu einer falschen Interpretation der Situation) und in der Reaktion.

Motivation. Man unterscheidet zwischen intrinsischer und extrinsischer Motivation: Bei der intrinsischen Motivation handelt man für interne subjektive Ideale und Werte (zum Beispiel: die Arbeit an sich macht Spaß). Bei der extrinsischen Motivation geht es darum, Anforderungen von außen zu erfüllen oder für ein gemeinsames Ziel zu arbeiten.

Multikulturalität. Der Begriff erfährt einen ganz unterschiedlichen Gebrauch. In Deutschland wird er eher eng, statisch und wertend gesehen, während der Begriff in anderen Ländern überwiegend deskriptiv benutzt wird. Auf dieser Dimension kann man drei Varianten unterscheiden: Multikulturalität I – „unechte" Multikulturalität als statisch nebeneinander lebende Kulturen, in der häufig die dominante Kultur von den Einwanderern strikte Akkulturation fordert. Multikulturalität II – kulturelle Gruppen können ihre Identität weitgehend bewahren, grenzen sich aber voneinander ab, im positiven Fall in friedlicher Koexistenz. Multikulturalität III – kulturelle Gruppen bewahren sich identitätsstiftende Freiräume, akzeptieren diese gegenseitig und praktizieren ein interkulturelles Miteinander.

Offenheit. Offenheit bezieht sich auf die Bereitschaft, Erfahrungen zu sammeln. Je mehr man sich fremden Erfahrungen öffnet, desto differenzierter und flexibler bilden sich die eigenen Wahrnehmungsschemata (siehe „Schemata") aus. Dies ist die Voraussetzung dafür, stereotype Denkweisen und Vorurteile zu reflektieren.

Perspektivenwechsel, Perspektivenübernahme. Perspektivenübernahme setzt Reflexionskompetenz (siehe dort) voraus, also die Fähigkeit und Bereitschaft zur Relativierung des eigenen Referenzrahmens, die Erweiterung des eigenen Wertesystems, die Bereitschaft, Neues zu lernen und seine eigenen Denk- und Verhaltensmuster zu korrigieren. Dieser kognitive Vorgang der Reflexion kann zu einer affektiven Neubewertung der fremden Denk- und Verhaltensweisen führen. Dadurch wird das Neue leichter emotional angenommen und Ängste vor dem Fremden nehmen ab. Dies wiederum bildet die Voraussetzung zum empathischen Umgang (siehe „Empathie") miteinander.

Polyzentrismus. Polyzentrismus ist das Gegenteil von „Ethnozentrismus" (siehe dort) und beinhaltet die Bereitschaft, die Eigenständigkeit anderer Kulturen anzuerkennen und die für die eigene Kultur spezifischen Wertungen zu reflektieren und zu relativieren.

Prävention. Prävention ist eine vorbeugende vorausschauende Maßnahme, um ein unerwünschtes Ereignis oder eine unerwünschte Entwicklung zu vermeiden. Präventive Verhaltenstrainings beugen Gewalt, sozialer Angst, Fremdenfeindlichkeit und Rassismus vor.

Reflexionskompetenz. Reflexionskompetenz ist die Fähigkeit, sich selbst „auf den Kopf zu schauen", sich in seinem eigenen Handeln zu beobachten. Dies erleichtert es, die Gemeinsamkeiten und Differenzen zwischen Eigenem und Fremdem zu reflektieren. Rollendistanz, Selbstreflexion und Selbstbeobachtung sind die Basis für selbstkontrolliertes Handeln, Perspektivenübernahme und Empathie (siehe „Perspektivenwechsel", „Empathie").

Reziprozität. Reziprozität bedeutet Rückbezüglichkeit oder Wechselseitigkeit und ist eine grundlegende Bedingung für den Aufbau von partnerschaftlicher Interaktion. Im interkulturellen Kontext ist Reziprozität eine Voraussetzung für die Interaktion und Vernetzung zwischen „Kulturen" als gleichberechtigten Lebenswelten (siehe „Interkultur").

Rollendistanz. Rollendistanz ist die Fähigkeit zur Selbstbeobachtung und Selbstreflexion, sich also bei seinem eigenen Handeln reflektierend beobachten zu können. Das erleichtert es, die Differenz zwischen Eigenem und Fremdem zu reflektieren. Selbstbeobachtung und Rollendistanz sind Voraussetzungen für selbstkontrolliertes Handeln.

Schema. Schema ist eine kognitive Struktur, die Wahrnehmungen und Wissen organisiert. Unsere Wahrnehmungen sind nicht „objektiv", sondern interpretatorisch geleitet durch Schemata, die sich im permanenten Wechsel von Erfahrung und Erwartung in unserem Denken herausgebildet haben. Im interkulturellen Kontext haben Schemata einen Einfluss auf die Stereotype und Vorurteile einer Person einerseits und die Flexibilität und Toleranzfähigkeit andererseits. Je differenzierter Schemata ausgeprägt sind, desto geringer ist die Gefahr einer stereotypengeprägten Weltsicht. Schemata unterliegen den Prozessen der „Akkommodation" und „Assimilation" (siehe dort).

Schlüsselkompetenzen. Soziale Schlüssel- oder Basiskompetenzen bestehen im Wesentlichen aus Interaktions- und Kommunikationskompetenzen, die für ein konstruktives und effizientes Miteinander erforderlich sind. Diese Kompetenzen sind kulturübergreifend und befähigen eine Person, die Vorstellungen des Gegenübers im Gespräch und im gemeinsamen Handeln kennen zu lernen und sozial kompetent miteinander umzugehen.

Selbstbild – Fremdbild. Selbstbild und Fremdbild existieren in gegenseitiger Abhängigkeit voneinander. Bei Definitionen des Fremden kommen nicht „objektive" Kriterien zur Geltung, sondern die Einschätzung des Fremden in Bezug auf einen selbst. Daraus entstehen leicht unreflektierte Selbst- und Fremdattribuierungen. Wir definieren uns immer im Verhältnis zum anderen – und umgekehrt. Diese Definitionen sind nicht statisch, sondern kontextabhängig (zum Beispiel fühlt man sich zu dick zwischen Magermodels, aber nicht zwischen Vollschlanken).

Selbstreflexion. *siehe „Reflexionskompetenz", „Perspektivenwechsel"*

Selbstwirksamkeit. Das Individuum entwickelt aufgrund seiner Erfahrungen und Erlebnisse und den Reaktionen der Umwelt eine Überzeugung der Selbstwirksamkeit. Die Selbstwirksamkeitsüberzeugung setzt sich aus der Kompetenzerwartung in Bezug auf gegenwärtige Möglichkeiten und Fertigkeiten einer Person und der Erfolgserwartung, die gestellte Aufgabe erfolgreich meistern zu können, zusammen. Man spricht auch von dem Gefühl der Selbstwirksamkeit.

Sozial-kognitive Lerntheorie von Bandura. Die sozial-kognitive Lerntheorie von Bandura beschreibt das Lernen sozialer Verhaltensweisen durch Beobachtung und Imitation des Verhaltens von sogenannten Modellpersonen, die von dem Lernenden als Autorität anerkannt werden. Der Lernprozess erfordert Aufmerksamkeit, ein funktionierendes Gedächtnis, eine Ausführung des neuen Verhaltens sowie eine wirksame Verstärkung des ausgeführten Verhaltens. Man spricht auch von sozial-kognitiver Verhaltensmodifikation, Modelllernen oder Imitationslernen.

Stereotype. Stereotype und Vorurteile sind Generalisierungen und Vereinfachungen, mit denen wir Erwartungen, Eindrücke, Bilder, Gruppen oder Individuen kategorisieren und ihnen bestimmte Eigenschaften und Wertungen zuschreiben.

Synergiebewusstsein. Synergiebewusstsein bedeutet im interkulturellen Kontext, dass man nicht an bestehenden Strukturen festhält, sondern prozessorientiert handelt, Zufälligkeiten zulässt und die Entstehung von qualitativ Neuem, das weder für die eine noch für die andere „Kultur" „typisch" ist, befördert. Die Grundhaltung ist: „Wir verändern uns gemeinsam".

Toleranz. Toleranz ist die Einstellung, kulturelle Andersheit nicht zu bewerten, sondern zu akzeptieren und die Unterschiede zu verstehen versuchen (siehe „Empathie", „Perspektivenwechsel").

Transkulturalität. Transkulturalität ist der von dem Philosophen Welsch geprägte Begriff, der vor allem die Offenheit kultureller Netzwerke betont und damit einem offenen Verständnis von „Interkulturalität" entspricht. Kulturen sind keine räumlich-zeitlich bestimmbaren statischen Gebilde. In allen Gesellschaften gibt es unterschiedliche Identitätsformen. Vergleichbare Identitätsformen gibt es in mehreren Gesellschaften. Transkulturalität erfordert die gleichzeitige

Anerkennung unterschiedlicher Identitätsformen innerhalb einer Gesellschaft. Zuwanderer sind in mindestens zwei „Kulturen" zu Hause: in ihrer Herkunftskultur, aber auch in der Kultur ihrer Aufnahmegesellschaft.

Verhaltenstheorie. Bei der Verhaltenstheorie handelt es sich um das wissenschaftliche Konzept, Verhalten von Menschen (und Tieren) mit naturwissenschaftlichen Methoden (Behaviorismus) zu untersuchen und zu erklären.

Vielfalt (Diversity). Kulturelle Vielfalt: In einer Welt mit kultureller Vielfalt können sich kulturelle Gruppen ihre identitätsstiftenden Freiräume bewahren, gegenseitig akzeptieren und ein interkulturelles und transkulturelles Miteinander praktizieren.

Vorurteile. Vorurteile sind Urteile, Einstellungen und Wertungen gegenüber Personen oder Gruppen, die ähnlich wie „Stereotype" (siehe dort) durch statische „Schemata" (siehe dort) charakterisiert sind.

Xenophobie. Unter Xenophobie versteht man die Angst vor Fremden und Fremdenfeindlichkeit (siehe „Interaktionsangst").